期货市场的技术

——由新手修炼成职业炒家的必经之路

（典藏版）

［日］林辉太郎 著

毛兰频 译

地震出版社
Seismological Press

图书在版编目（CIP）数据

期货市场的技术：由新手修炼成职业炒家的必经之路：典藏版/（日）林辉太郎著；毛兰频译.—北京：地震出版社，2021.6
ISBN 978-7-5028-5296-2

Ⅰ.①期⋯ Ⅱ.①林⋯ ②毛⋯ Ⅲ.①期货交易-基本知识 Ⅳ.①F830.9

中国版本图书馆 CIP 数据核字（2021）第 085466 号

著作权合同登记　图字：01-2015-3228

商品相場の技術
——相場師の技法と練習法
林輝太郎
Original Japanese Language Edition Published by　同友館
Text Copyright ⓒ1998 by　林輝太郎
All Rights Reserved

地震版　XM4778/F（6072）

期货市场的技术——由新手修炼成职业炒家的必经之路（典藏版）

［日］林辉太郎　著
毛兰频　译
责任编辑：范静泊
责任校对：凌　樱

出版发行：地震出版社
北京市海淀区民族大学南路 9 号　　　　邮编：100081
发行部：68423031　68467991　　　　 传真：68467991
总编室：68462709　68423029
证券图书事业部：68426052
http：//seismologicalpress.com
E-mail：zqbj68426052@163.com
经销：全国各地新华书店
印刷：北京盛彩捷印刷有限公司

版（印）次：2021 年 6 月第二版　2021 年 6 月第三次印刷
开本：787×1092　1/16
字数：345 千字
印张：19
书号：978-7-5028-5296-2
定价：80.00 元

版权所有　翻印必究
（图书出现印装问题，本社负责调换）

林辉太郎先生写给中国读者的话：

　　做股票或期货交易不是猜测行情涨跌的赌博。
　　说到底，这些都需要发挥个人的盘面感觉和交易技术，操作者是高明还是拙劣，决定了交易是否成功。
　　希望读者务必掌握交易的基本技术，踏实地提高收益。祝愿各位读者的交易获得成功。

林辉太郎

2009 年 10 月

阅 读 说 明

（1）本书所引用的图以及价格波动的例子，几乎都是从东京谷物期货交易所小豆和白扁豆的数据中提取出来的，对其他期货以及股票也适用。

（2）对有关期货技术里使用的特殊用语，或当场注解，或者叙述得使人能够理解，让人能够读下去。如果把用语集写在书尾的话，不得不一次次地翻到书尾查看，当场注解就是为了避免这种麻烦。

（3）为了避免不得不参照其他同类书的麻烦，参照其他著作的"某处"等话语一处也不写，内容仅仅是这本书自身一贯到底。但是，在书尾登载了其他著作的目录，有兴趣的读者请自己研究。

（4）第八章"职业炒手们"里被选入了交易谱的人，虽然用的都不是真名，但我也为在本书中擅自公开了他们的交易谱而向当事人深表歉意。

中文版序

　　林辉太郎的理论是以"股价是不可能预测的"的想法为前提的。世上的股票或期货的理论多半是预测的方法，它们都拼命地夸耀自己的方法猜中的比率高。如果这些理论是常识的话，那么林辉太郎的理论就是"毫无意义"的了。经济学者们在论述"股价是不可预测"的观点时得出"即使对交易的方法再下功夫，能够在市场中交易的平均成绩高于他人的技术也是不存在的"的结论。但是，林辉太郎的观点与经济学者们的观点相反，他明确指出"赚钱的方法是存在的"。

　　按照教科书上的说法是："市场是高效的，价格通常都是妥当的。"但是实际的情况是，尽管形势没有变化，价格也在天天大幅度地变化着。这就表明，不管是刚开始交易的个人投资者还是运作巨额资金的专业的基金管理人，都未能采取高效的行动。在此，我们着眼于林辉太郎主张的"能够赚钱"的理论，这就是行情技术的理论。就是说，尽管不能期望自己在交易中百分之百地采取高效的、正确的行动，但只要能够把每次的交易行动进行得略微合理一点，这微小的差别就能够导致自己的交易成绩要比其他人好一些，反复进行出色的交易、累积起来就能够产生巨大的利益。

　　但凡是着眼于预测命中率的理论，不外乎以下两类：或者是无限复杂的理论，或者是可以用简单的数学公式来表达的理论，但《期货市场的技术（典藏版）》这本书是以单纯的分析为基础，其中的讲解涉及操作者的复杂的心理活动。由于讲解得过于细致，所以本书略微有些深奥难读。但是，像这本书这样详尽讲解了简单交易中存在着的深奥的道理，肯定再也没有其他的书可以与之相比了。读者可以先将读不懂的地方跳过去，等将来经验积累以后，再回过头来阅读这些地方，一定能有新发现。通过反复阅读，以中国读者的探索心和执着心，一定能够得到收获。

最后，我想向为我父亲这本书中文版翻译、出版尽心尽力的毛兰频先生表示感谢，并祝愿读者通过交易获得成功。

林知之[①]

2009 年 10 月

[①] 林知之先生是本书作者林辉太郎先生之子。基于其家传及其本人的天赋和努力，他也是一位纵横期货、股票两市的顶级交易员。他本人的著作有《FAI 股票操作法》《行情术语词典》等等。

译 者 序

期货投资作为一种高回报的投资项目，其准入的门槛低，初始投资少，无须如投资实业、房地产等行业那样需要拥有巨大的资金，对中小投资者而言，与投资上述行业相比，这在资金的筹措上有着无可比拟的便利优势。期货投资的另一个优越之处在于市场的流动性好，随时可以变现。像现如今房地产投资者在不利的情况下无法随时套现的烦恼，在期货投资中是不存在的。期货投资的第三个优越之处在于投资周期短。股票或房地产的投资周期相对来说比较长，投资以后往往需要等待好几年才能获利，但一般的期货投资，一波行情也可能只需要2~3个月，短的可能只需要十几天，甚至几天就能获利，这在房地产业是不可想象的（以上只是就一般情况而言，当然期货也有长期和短期投资。长期投资，如期货高手罗杰斯所说的连续数年做多商品期货，涉及对冲等较高的技术；超短期投资，如日内交易，也需要特殊的技术；此两者都不在本书讨论之列）。投资获利周期短，就说明投资效率高。第四个优点是股票的下跌行情往往长达数年，在下跌行情中做多的风险是很大的。由于股票不能卖空，所以在下跌行情中最好的策略就是等待，这一等就要等待数年，是很寂寞的。而期货则是双向交易，买入和卖空都能够赚钱，也就是说，在上升和下跌行情中都有获利机会。相对来说，期货交易的获利机会比股票多得多。

既然期货投资有这么多优越性，那么为什么期货市场的参与人数比股票市场和房地产市场的参与人数少得多呢？先说房地产市场，中国房地产市场近年来房价逐年上涨，房地产市场投资者的心理是买涨不买跌，因此出现了大量的投资者。再说股票市场，由于股票的交易规则最为简单，即使被套也不会被强制平仓，谁都敢于炒股。股票的套现了结比房产容易，因此股票市场投资者最为众多。期货的交易规则相对复杂，有很多股民不能理解卖空的概念，很多人都不知道如何进行期货交易，更主要的是因为期货投资特有的高风险性使得人们对其望而却步。这三个市场都具有各自的风险，就看投资者是如何去控制风险了。

对于期货，投资者了解得最少。因此，目前投资者最需要期货方面的读物了。

与欧美、日本等国相比，中国的期货历史比较短，投资者对期货的了解也比较有限，期货方面的经典读物还比较少。译者曾经在日本从事了十多年的期货交易，有幸接触到日本期货界的顶级人物——林辉太郎先生，他是日本最著名的操盘手，通过期货操作积累了巨额的财富，几十年来，写出了大量杰出的期货著作。这次我把他的一部经典著作——《期货市场的技术》翻译成中文，介绍给中国的读者。由于这本书是由在月刊杂志上连载的一系列文章编辑而成的，因此读者读来可能会感到比较枯燥，但其内容堪称是集期货知识之大全，该书探讨了期货技术中深具奥妙性的问题，读者如果能够耐心地读完，细加琢磨，必然对期货交易技术的提高有极大的帮助。

纵观各大书店的期货书籍，大部分都是技术分析方面的书，几乎看不到期货交易技术方面的书，本书正是一本期货交易技术的专著。

从定位上来看，期货技术分析是分析预测走势的技术；而期货交易技术则是根据行情的变化调整操作策略的技术。交易技术的书与技术分析的书讨论问题的侧重点是不同的。

很多刚开始做期货的朋友总是提这样的问题："按照现在的行情，应该做多还是做空？"他们以为只要知道了建仓的方向就能够获利。可是，期货的行情是瞬息万变的，如果不知道操作策略方面的知识，即使所建的头寸合乎目前的走势，但如果行情一发生变化他们就傻眼了，不知道应该如何应对，所建立的头寸很快也会被震荡出局，他们在不利的情况下又死死抱住被套住的头寸不放，使情况越来越糟糕。

令他们困惑的问题，在本书中都有详细的叙述。例如，如何建立试验头寸去探测行情的方向；为了提高抗风险的能力，如何进行资金管理；在何种情况下应该止损，在何种情况下应该再坚持一下，在何时应该掉头反向建仓，在何种行情下应该休息或观望；在出现浮动盈利以后，如何操作才能保证浮动盈利不至于缩水；头寸记录和交易谱的书写方法等等（交易谱与棋谱很相似，阅读高手的交易谱也是一种很好的学习），在此不再一一列举。总之，本书的内容详尽，是一部难得一见的期货交易技术专著。

与预测技术相比，投资者更加迫切希望尽早地了解期货的交易技术。如果不懂得期货交易技术，即使预测成功，最初积累起来的盈利也可能被后面的操作错误导致的亏损所冲蚀掉。要做好期货投资的关键，不在于如何猜测行情，而在于扎实地掌握好期货的交易技术。

期货投资是一项长期的行为。在找到了符合自己的交易模式之后，要准备打长久之战，争取做到赢大亏小，积少成多。不要追求过高的投资回报率，因为那样会使风险增加。这也是林辉太郎投资理念的精髓。

《期货市场的技术》一书在日本首次出版于1969年，而后，随着期货市场不断变化，作者多次补充、修改，本书翻译是1984年9月的修订、1998年8月第七次印刷的版本。

本书（《期货市场的技术（典藏版）》）得以翻译、出版成功，我非常感谢地震出版社的薛广盈先生。在几年以前，当我向薛广盈先生首次提出翻译林辉太郎先生的期货著作设想的时候，如果不是他明确的肯定和支持，我也许早就放弃了，因为我对出版方面完全是外行。在翻译过程中，薛广盈先生还向我提出了许多具有建设性意义的建议。另外我还非常感谢林辉太郎先生和他的儿子林知之先生，他们在我的翻译过程中耐心地解释了我的大量疑问，给了我许多帮助，在此谨向他们表示衷心的感谢。特别是林知之先生，如果没有林知之先生自始至终的友好帮助，这部译作是不可能完成的。此外，还要感谢我的家人的支持和理解。

由于译者水平有限，难免有错误和疏漏之处，恳请读者指正，以便再版时修订。

译者　毛兰颂

林辉太郎写在书前的话
——关于期货技术论

我认为购买这本书的读者，应该是那些对期货的操作技术开始逐渐领悟，并且正在探索期货技术奥秘的人。

因此，我想先讲一下与猜测行情的人们完全不同的另一种思路：期货技术派的一些观点。

参与市场交易的人面对行情的心态有两种：

对立：持有这种心态的人在参加交易的时候，总想把自己的想法强加于行情。

顺应：持有顺应心态的人，考虑的是"顺应环境，改变自己"。比如说，冬天气温变得寒冷，狗的毛会变密变长，这就是顺应环境。持有顺应观点的人会改变自己的头寸的布局去适应行情。

这两种思路的操作方法是完全不同的。①

想清楚自己应该"顺应"行情，还是与行情"对着干"，非常重要。

经常有人在预测行情，这样的文章也随处可见。

这些人，把"参与市场交易"看成如剑术的比赛或赌博的胜负一样。

因此，持有对立的思路的人，充满了赌胜负的悲壮感，是多愁善感的，他们最终把胜负归咎于命运。

而另一方面，持有"顺应"的思路的人，并没有悲壮感，因此不带有感情色彩。但是，他们追求的是跟上价格波动的感觉（变动感觉）和技术（即交易技术。学习尽量把买入平均价降低，尽量把卖出平均价升高的方法），他们这一流派就是所谓的技术派。

交易的成功与否的道理也是一样的。这里的交易，不仅仅指某一次交易，

---

① 译者注：对立的一种极端的情况是用大资金去改变行情，制造出自己希望的行情，林辉太郎先生在这里讨论的不是这种情况，只是一般的行情参与者的两种心态。

而是泛指某一期间，从大一点的范围来说甚至包括人的一生中的所有交易。

但凡那些描写期货或职业炒手的小说或者故事，必然是持有前面所叙的"对立"的立场，它们的主题甚至是以宿命论为主的。因为如果不这样就无法表现出浪漫的情节了。

但是，技术派采取的是"顺应"的态度。

因为交易的成功与否完全是根据"对价格变动的应对办法"和"交易手法的高明、拙劣"来决定的。这里不需要添加什么浪漫情节，只需要有接受价格波动的感觉，对新闻和材料要冷静地批判，不要被交易气氛所左右，要求操作者具有跟上行情波动的技术。

哪一种方法更有趣并且有效？

顺便讨论一下期货技术的高明与拙劣的问题。

期货高手，不是指那些会做很复杂的交易的人，而是指扎实地掌握了基础性的（简单的）交易技术的人。

要学会一门技术并提高这门技术的水准，必须把正式的操作的一部分内容提取出来，或者把最基础的东西提取出来，进行反复的练习，直至掌握。学习做期货的过程也是这样的。

看上去很复杂的交易谱，也是由具有某种规律分批建仓的头寸所组成的，比如说，分两次 (1, 1)，分三次 (1, 1, 1)，甚至是 (2, 3, 5) 等等，复杂的建仓方法仅仅是单纯的建仓方法的反复重叠而已。

不会基础技术的人不可能灵活地应用较高的期货技术，只有基础技术扎实的人才可能成为高手，希望读者也要把看上去很简单的基本技术扎实地掌握好。

本书为了专门讨论技术理论连相关知识也尽可能地排除在外，专门围绕着作为核心的期货技术理论这一条主线展开，因为这才是人们所说的基础性的东西，尽管价格记录是基础中的基础，但本书甚至连价格记录本的书写方法也舍弃了。这些相关知识的内容请读者阅读其他的书吧。

目录①

第一章 绪论

一、无法满足要求的原因 ………………………………………………………… 2

二、理论的理解和技术的掌握 …………………………………………………… 3

三、职业炒手们的遗产 …………………………………………………………… 4

四、在第五版发行之际 …………………………………………………………… 5

第二章 我曾经历过的几波行情

一、月份的交叉 …………………………………………………………………… 9

二、连续贴水价差的顶部 ………………………………………………………… 12

三、价差的转换 …………………………………………………………………… 12

四、底部的价差收缩 ……………………………………………………………… 15

五、不同品种的利用 ……………………………………………………………… 15

六、独家包购的失败 ……………………………………………………………… 18

七、轧空成功与失败的实例 ……………………………………………………… 18

第三章 所谓的价格波动

价格波动的修正 …………………………………………………………………… 23

1. 市场的舞台和演员 ………………………………………………………… 23

2. 走势图的用途 ……………………………………………………………… 24

3. 实践家的立场 ……………………………………………………………… 25

---

① 图表的目录也附加在这个目录之中,以方便读者的检索。

  4. 各种线图的不同之处 ………………………………… 29

第四章 月份的选择

 一、头寸的效率 …………………………………………… 35
  1. 各个月份的价格波动 ………………………………… 35
  2. 流动的行情当中的月份 ……………………………… 38
  3. 更有效地进行建仓 …………………………………… 39
 二、远期合约的崩溃 ……………………………………… 41
  1. 在顶部建仓的月份 …………………………………… 41
  2. 远期合约最先崩溃 …………………………………… 43
 三、关于贴水价差 ………………………………………… 44
  1. 何为贴水价差 ………………………………………… 45
  2. 价格向近期合约靠拢 ………………………………… 46

第五章 建仓的技术

 一、强弱观与月份 ………………………………………… 51
  1. 什么是"行情观" …………………………………… 51
  2. 建仓的操作 …………………………………………… 52
 二、建仓的法则 …………………………………………… 53
  1. 建仓的方法 …………………………………………… 53
  2. 逆势操作的实例 ……………………………………… 55
  3. 资金和安全系数 ……………………………………… 58
  4. 对顺势操作建仓的解释 ……………………………… 59
  5. 建仓的计划性 ………………………………………… 61
 三、头寸换月 ……………………………………………… 66
  1. 头寸操作的三大要素 ………………………………… 66
  2. 进行头寸换月的状况 ………………………………… 66
  3. 头寸换月的操作方法 ………………………………… 67
 四、波动和节奏 …………………………………………… 71
  1. 价格波动的分类 ……………………………………… 71
  2. 要重视节奏 …………………………………………… 73

第六章　仓位的转换和头寸的对冲

一、价差的运动 …………………………………………………… 77
对顶部行情的认识 …………………………………………… 77

二、卖空头寸的变化 ……………………………………………… 79
1. 远期期货的卖空头寸 ……………………………………… 82
2. 具体的卖空方法 …………………………………………… 83
3. 投机性的卖空头寸 ………………………………………… 85
4. 灵活运用卖空头寸 ………………………………………… 87

三、对冲的头寸 …………………………………………………… 89
1. 对冲头寸的费用 …………………………………………… 89
2. 各种各样的对冲头寸（一） ……………………………… 91
3. 各种各样的对冲头寸（二） ……………………………… 93
4. 各种各样的对冲头寸（三） ……………………………… 95
5. 下跌的过程 ………………………………………………… 99

第七章　走出期货外行的阶段

一、什么是期货技术 ……………………………………………… 104
1. 期货的职业炒手 …………………………………………… 104
2. 具体的方法 ………………………………………………… 105

二、资金和时间 …………………………………………………… 106
1. 期货行情分析的不合理之处 ……………………………… 106
2. 经济方面的活动 …………………………………………… 109
3. 无主见的方法 ……………………………………………… 109

三、建仓和概率 …………………………………………………… 110
1. 掷骰子论 …………………………………………………… 110
2. 假定的事项 ………………………………………………… 113
3. 对相关事件的处理 ………………………………………… 114

四、技术的提高所需经过的阶段 ………………………………… 115
1. 初级阶段 …………………………………………………… 115
2. 期货技术的进步历程 ……………………………………… 116
3. 锤炼出自己擅长的招数 …………………………………… 118

第八章　交易基础练习法——散户投资者的必胜法

一、真刀真枪的比赛论 ··· 123
　　1. 惨败了的人的做法 ·· 123
　　2. 在实践方面的困难之处 ··· 124
　　3. 实际操作的阶段 ·· 125
二、交易的战术法则 ··· 126
　　1. 安全系数和效率 ·· 126
　　2. 资金的分批投入 ·· 127
　　3. 做有准备的交易 ·· 128
三、下单开仓的头寸 ··· 130
　　1. 建仓的计划 ·· 130
　　2. 试验头寸 ··· 133
四、头寸的增加 ·· 138
　　1. 试验头寸和仓位 ·· 138
　　2. 具备一定规模的头寸群——主力头寸的建仓 ················· 140
　　3. 分批建仓的主力头寸 ··· 142
　　4. 期货的价差对建仓方式的影响 ···································· 145
五、建仓失败时的应对措施 ··· 149
　　1. 改变建仓的计划 ·· 149
　　2. 当建仓计划失败的时候 ·· 151
　　3. 主力头寸的失败 ·· 154
　　4. 锁仓之后的操作 ·· 157
六、对冲与平仓 ·· 161
　　1. 头寸换月的操作 ·· 161
　　2. 对冲交易的练习 ·· 164
　　3. 对冲头寸的变化 ·· 166
　　4. 不可能进行对冲的仓位 ·· 168
　　5. 反转头寸的计算 ·· 170
　　6. 反手做空的方法 ·· 173
七、股票交易练习法 ··· 175
　　1. 持股的优化法 ··· 177

2. 整体的事项 ……………………………………………………… 178
3. 技术方面的要点 ………………………………………………… 184
4. 某个"斯巴达克式"的练习方法的条件 ……………………… 189
5. "斯巴达克式"的交易方法 …………………………………… 192

第九章 头寸操作与平衡

[第一部分 升水价差]

一、买入头寸的变化 ……………………………………………… 201
1. 实践性的升水价差的理解 ……………………………………… 202
2. 实践性的试验头寸 ……………………………………………… 202
3. 避免进行期待性的预测 ………………………………………… 205
4. 试验头寸的重复建仓 …………………………………………… 206

二、头寸的整理 …………………………………………………… 207
1. 头寸记录卡片 …………………………………………………… 207
2. 卖空头寸的增加 ………………………………………………… 210
3. 根据不同的资金量而采取不同的策略 ………………………… 210

三、顶部的判断 …………………………………………………… 212
1. 第三次试验头寸 ………………………………………………… 212
2. 价差久久地停留在缩小的状态 ………………………………… 213

[第二部分 贴水价差]

四、贴水价差的仓位 ……………………………………………… 215
1. 对贴水价差的理解 ……………………………………………… 215
2. 贴水价差的分类 ………………………………………………… 216
3. 成功的例子与失败的例子 ……………………………………… 217

五、过早的平仓 …………………………………………………… 220
1. 错失了龟背形价差行情的远期卖空头寸 ……………………… 220
2. 耐心不够，没有抱牢头寸 ……………………………………… 223
3. 通过正确的对冲操作而使交易获得成功 ……………………… 224

六、探究失败的原因 ……………………………………………… 224
1. 失败交易的交易谱 ……………………………………………… 224

  2. 对冲头寸操作得过于频繁 ·· 227
  3. 无主见的加码买入 ·· 228
七、成功确保利益的对冲 ··· 233

第十章　职业炒手们的交易谱

一、什么叫职业炒手 ·· 241
  1. 低调地赚钱 ·· 241
  2. 风险的计算 ·· 242
  3. 各人按照各自的感觉进行交易 ·································· 243
二、P 先生的像定期航班一样准时的卖空头寸 ························· 244
  1. 大规模的头寸变化 ·· 244
  2. 像定期航班一样准时到来的卖空 ······························· 246
三、从市场新手的水平开始成长 ··· 250
  1. 头寸的睡眠方法和交易的频繁程度 ····························· 250
  2. 追低的卖空 ·· 251
  3. 不知道单方向头寸的危险性 ····································· 255
四、自豪感很高的顺势操作 ··· 257
  1. 顺势操作及其价格波动的计算 ·································· 257
  2. 顺势操作的宿命 ··· 258
  3. 顺势操作大师所独有的大手笔 ·································· 261
五、出神入化的对冲头寸 ·· 262
  1. 先于行情之动而动的技术 ·· 262
  2. 建仓的手法细腻，平仓的手法粗犷 ···························· 263
  3. 出色的反手做空的卖空头寸 ····································· 264
六、绝艺超群的职业炒手 ·· 269
  1. 头寸的布局不佳 ··· 269
  2. 既像行云一般变化万端，又如音乐一样有规律可循 ········ 270
  3. 各个月份合约头寸的不同意图 ·································· 271
  4. 深谋远虑 ··· 276

后记 ··· 279

图 表 目 录

第 1 图　不同月份的期货交叉 ··· 10
　　　　东京小豆日线图　1966 年 8 月份期货 11 月份期货

第 2 图　"新娘子熬成婆"和结局 ·· 11
　　　　东京白扁豆收盘价走势曲线　1957 年 3 月至 8 月

第 3 图　贴水价差行情持续期的顶部 ·· 13
　　　　横滨生丝日线图　1967 年 10 月 1 日至 1968 年 1 月 31 日

第 4 图　价差的转换 ··· 14
　　　　东京绵丝 40 的收盘价的价差线　1958 年 11 月 1 日至 1959 年 3 月 7 日

第 5 图　底部的差价收缩（价格靠拢） ··· 16
　　　　东京小豆日线图　1968 年 10 月份期货、11 月份期货

第 6 图　不同品种之间的不同之处 ·· 17
　　　　东京小豆、白扁豆日线图　1967 年 6 月份期货

第 7 图　（贵如钻石的）红小豆的暴跌 ··· 19
　　　　东京小豆日线图　1957 年 4 月份期货、5 月份期货

第 8 图　由多逼空造成的行情波动 ·· 20
　　　　东京白扁豆日线图　1967 年 10 月份期货、11 月份期货、12 月份期货

第 9 图　走势图的两个要素 ·· 27
　　　　东京小豆日线图　1968 年 8 月份期货

第 10 图　价格波动的表现方法 ··· 31

第 11 图　价差的开合 ·· 35

第 12 图　从徘徊行情开始上升 ··· 37
　　　　东京小豆整期期货每隔 5 日的价格变化（1968 年 2 月 5 日至 4 月 15 日）

第 13 图　各个月份期货的价格波动 ··· 38
　　　　东京小豆每隔 10 日的价格波动（从 1967 年 9 月 1 日至 10 月 9 日）

第 14 图　月份与各月份合约的波动 ··· 40

第 15 图　顶部的价差收缩 ··· 42

第 16 图　从中段稍前到顶部稍后 ·· 43

第 17 图　贴水价差 ··· 45

第 18 图　东京小豆日线图（1966 年 5 月的底部） ························· 56
　　　　东京小豆日线图　1966 年 9 月份期货、10 月份期货

第 19 图　东京小豆日线图（建仓方法的例子）⋯⋯⋯⋯⋯⋯⋯⋯⋯⋯⋯⋯ 57
　　　　　东京小豆日线图　1966 年 9 月份期货、10 月份期货

第 20 图　宝塔型（倒金字塔型）、扇形的建仓过程 ⋯⋯⋯⋯⋯⋯⋯⋯⋯⋯ 65

第 21 图　行情的节奏 ⋯⋯⋯⋯⋯⋯⋯⋯⋯⋯⋯⋯⋯⋯⋯⋯⋯⋯⋯⋯⋯⋯ 73

第 22 图　1963 年春天往复震荡的顶部 ⋯⋯⋯⋯⋯⋯⋯⋯⋯⋯⋯⋯⋯⋯⋯ 80
　　　　　东京小豆收盘价的价差线　1963 年 2 月 19 日至 9 月 30 日

第 23 图　顶部震荡行情中的远期期货走势图 ⋯⋯⋯⋯⋯⋯⋯⋯⋯⋯⋯⋯ 81
　　　　　东京小豆远期期货日线图　1963 年 4 月至 7 月

第 24 图　顶部震荡行情中各期期货开盘价与收盘价的连线图 ⋯⋯⋯⋯⋯ 81
　　　　　东京小豆开盘价、收盘价走势曲线　1963 年 4 月至 7 月

第 25 图　1963 年夏天的下跌行情 ⋯⋯⋯⋯⋯⋯⋯⋯⋯⋯⋯⋯⋯⋯⋯⋯⋯ 100
　　　　　东京小豆日线图　1963 年 9 月份合约、11 月份合约

第 26 图　9 手头寸建仓方法的例子 ⋯⋯⋯⋯⋯⋯⋯⋯⋯⋯⋯⋯⋯⋯⋯⋯ 148
　　　　　东京小豆日线图　1968 年 7 月 18 日至 8 月 28 日

第 27 图　小幅度波动的顶部 ⋯⋯⋯⋯⋯⋯⋯⋯⋯⋯⋯⋯⋯⋯⋯⋯⋯⋯⋯ 171
　　　　　札幌白扁豆日线图　1967 年 5 月份期货、7 月份期货、8 月份期货
　　　　　东京小豆日线图　1967 年 11 月份期货、1 月份期货、3 月份期货

第 28 图　大幅度波动的顶部 ⋯⋯⋯⋯⋯⋯⋯⋯⋯⋯⋯⋯⋯⋯⋯⋯⋯⋯⋯ 172
　　　　　东京小豆日线图　1968 年 12 月份期货、2 月份期货

第 29 图　1966 年 8 月东京小豆的顶部行情 ⋯⋯⋯⋯⋯⋯⋯⋯⋯⋯⋯⋯⋯ 197
　　　　　东京小豆日线图　1967 年 1 月份期货　1966 年 8 月 1 日至 11 月 14 日

第 30 图　1965 年 8 月到 1966 年 9 月小豆价格变动曲线（一）⋯⋯⋯⋯⋯ 203

第 31 图　1965 年 8 月到 1966 年 9 月小豆价格变动曲线（二）⋯⋯⋯⋯⋯ 204
　　　　　东京小豆的当期期货和远期期货的收盘价的走势图　1965 年 8 月 1 日至 1966 年 9 月 30 日

第 32 图　价差变化的过程 ⋯⋯⋯⋯⋯⋯⋯⋯⋯⋯⋯⋯⋯⋯⋯⋯⋯⋯⋯⋯ 218
　　　　　东京小豆日线图　1965 年 11 月至 1966 年 2 月、1966 年 5 月至 8 月

第 33 图　失败的交易谱（一）⋯⋯⋯⋯⋯⋯⋯⋯⋯⋯⋯⋯⋯⋯⋯⋯⋯⋯ 230

第 34 图　失败的交易谱（二）⋯⋯⋯⋯⋯⋯⋯⋯⋯⋯⋯⋯⋯⋯⋯⋯⋯⋯ 231
　　　　　东京小豆收盘价走势图　1965 年 10 月 1 日至 11 月 30 日

第 35 图　失败的交易谱（三）⋯⋯⋯⋯⋯⋯⋯⋯⋯⋯⋯⋯⋯⋯⋯⋯⋯⋯ 232

第 36 图　失败的交易谱（四）⋯⋯⋯⋯⋯⋯⋯⋯⋯⋯⋯⋯⋯⋯⋯⋯⋯⋯ 233
　　　　　东京小豆收盘价走势图　1965 年 12 月 1 日至 1966 年 1 月 31 日

第 37 图　成功地进行了对冲的交易谱（一）⋯⋯⋯⋯⋯⋯⋯⋯⋯⋯⋯⋯ 235

第 38 图　成功地进行了对冲的交易谱（二）⋯⋯⋯⋯⋯⋯⋯⋯⋯⋯⋯⋯ 236
　　　　　东京白扁豆日线图　1965 年 11 月至 1966 年 3 月

第 39 图	低位震荡的周线图	248
	东京小豆远期期货连续线周线图　1961年5月至1962年12月	
第 40 图	堂堂皇皇的卖空头寸的演变过程交易谱	249
	东京小豆日线图　1962年4月16日至8月11日	
第 41 图	市场新手的交易谱	252
	东京小豆收盘价走势图　1956年4月12日至5月29日	
第 42 图	市场新手成熟之后的交易谱（一）	254
第 43 图	市场新手成熟之后的交易谱（二）	255
	东京小豆收盘价走势图　1957年4月27日至6月15日	
第 44 图	全年价格波动幅度的计算	258
第 45 图	1958年白扁豆期货下跌行情	260
	东京白扁豆日线图　1958年6月份期货（上）、7月份期货（下）	
第 46 图	加码卖空交易谱	261
	东京白扁豆期货日线图　1958年6月份期货　4月19日至6月5日	
第 47 图	手法细致的下单建仓交易谱	265
	东京小豆收盘价曲线　1956年6月20日至8月2日	
第 48 图	手法细致的平均卖空交易谱（一）	266
第 49 图	手法细致的平均卖空交易谱（二）	267
	东京小豆收盘价走势图　1956年8月31日至11月7日	
第 50 图	漂亮的空翻多交易谱	272
	东京小豆收盘价走势图　1965年6月15日至7月29日	
第 51 图	漂亮的头寸操作交易谱（一）	273
第 52 图	漂亮的头寸操作交易谱（二）	274
	东京小豆收盘价走势图　1965年7月30日至9月28日	

第 1 表	看涨预购及对冲的方法	92
第 2 表	价差收缩的胶着状态时的仓位	98
第 3 表	各种各样的试验头寸	135
第 4 表	仓位的强弱	139
第 5 表	成规模建仓的主力头寸	141
第 6 表	资金投入时按照1，2，3，4的比例投入，分批建仓方法	143
第 7 表	理想的主力头寸的仓位	144
第 8 表	仓位是如何根据价差和行情的变化而变化	146
第 9 表	试验头寸锁仓的方法	153
第 10 表	锁仓以外的应对措施	155

第 11 表	锁仓之后的操作（一）………………………………	158
第 12 表	锁仓之后的操作（二）………………………………	160
第 13 表	头寸换月的例子………………………………………	162
第 14 表	对冲头寸的例子………………………………………	165
第 15 表	投机和对冲的例子……………………………………	167
第 16 表	水平低的人的仓位变化………………………………	168
第 17 表	反手做空的例子………………………………………	174
第 18 表	现货股票和信用交易对冲的股票仓位的演变过程……	195
第 19 表	各期合约全部都建 1 手试验头寸……………………	207
第 20 表	头寸记录卡片（1966 年 8 月 13 日）………………	208
第 21 表	根据资金量的不同而采取的不同的策略……………	211
第 22 表	变化了的价格纪录卡片（1966 年 8 月 16 日）……	213
第 23 表	价格的比较和仓位的变化……………………………	214
第 24 表	贴水价差的仓位一览表………………………………	216
第 25 表	贴水价差行情的仓位变化实例………………………	219
第 26 表	从买入建仓失败到重新买入建仓的仓位演变过程…	221
第 27 表	宏伟的卖空头寸的仓位演变过程（卖空未平仓头寸数的变化过程）………………………………………	245
第 28 表	在震荡行情中采用顺势操作手法的头寸的运作过程…	259
第 29 表	S 氏在 1956 年 8 月小豆期货未平仓头寸的演变过程 …	264

第一章
绪 论

一、无法满足要求的原因
二、理论的理解和技术的掌握
三、职业炒手们的遗产
四、在第五版发行之际

一、无法满足要求的原因

期货的技术的虽然在理论上非常简单明快，但在实际操作中，却很少看到如书上所写的那样成功的实例。

我认为，在日常生活中，这种情况也是很多的。

比如说，高尔夫球的理论与实际的训练课程，围棋的棋谱与实战，还有经济政策的理论与实际的经济活动等等，不都存在着理论与实际脱节的情况吗？

因此，我认为，做期货必须从忘我投入而获得的实际经验中去体会。想必世上有许多人也是这样想的。

但是，实际上大部分的人都到达不到忘我投入的程度，在极其繁琐的体验的过程中几乎大部分的人都倒下了，并且再也爬不起来了。

但是，在这个体验的过程中，有一部分开窍领悟了的人孜孜不倦地钻研理论，寻找能够赚钱的期货的操作模式，即便如此，这个愿望还是很难达成。

其原因有三点：

第一点，期货交易的理论，虽然有极少的一部分已经为人所知，但建立一个整体的系统并深究下去的工作，全部都有赖于职业炒手的经验和研究，结果，期货理论就变成了极少数人独占的领域，一般的人只能看到残存下来的片言只语的记述，除此之外，除了直接听职业炒手讲解以外，没有其他的方法，而有幸获得直接听讲的机会是极少的。

第二点，虽然有关行情、价格波动的记录有很多，但实际操作的记录是属于交易者的个人的秘密，即使在今天，这些东西也从未公开过，一般的人即使想要了解也是不可能的。这真是很遗憾的事情——但是，没有办法。

第三点，就是对于期货技术，一无所知的人太多了。也许有人说，这不是理由，但是，即使人们有提高期货技术的热切希望，如果连指导老师都是一些丝毫不了解期货的人的话，这种希望只会凄惨地破灭。于是，学习者的坏习惯和错误的思路只会越来越严重。

总之，不知道期货的操作策略就无法进行操作，而且也不会进步。

我经常在想，如果在我刚开始做期货的时候，哪怕稍微了解一点期货技术的话，那些难以启齿的失败，以及那么多的连续不断的痛苦，也许都会得到相当程度的减轻。而且，也许会更早地成为一个期货专家了。

二、理论的理解和技术的掌握

那是距今十几年前的冬天，在刚开始下雪的一个寒冷的日子里，我抱着好几册活页笔记本回到家里，直到今天我依然能够回想起那天激动的心情。

因为那一天是我下决心建立自己的期货理论的日子。并且，我还打算从那以后尽可能地多收集一些其他职业炒手们的交易记录——当然，这是为了自己的学习。

自那以后，我渐渐地埋头在笔记本堆里。随着收集的资料的增加，我对来访者以及其他人也试着稍微讲解一些和期货理论相关的知识。

可是，几乎所有的人都不能理解我说的内容。极端的例子是，即使把职业炒手的高明的交易记录（谱）让来访者看，并对来访者讲解，我讲的内容也与来访者迄今为止所知道的期货做法太不相同了，因此，来访者说，"这种交易方法不是期货的做法"。他们不相信我说的方法。

因此，他们对我所说的期货的交易理论，既不设法理解，也根本不想接受。

是我的表达能力太糟糕吗？还是我讲的理论太超前于人们的知识范围了？或者是听讲的人还没有接受这些理论的心理准备？总之，在讲解的时候，我的理论基本上得不到众人的认可。

然而，在那些理解了我说的内容的人当中，也有人对我说："学到了对冲的操作手法使我一生都获益匪浅。"

但是，几乎大部分人的态度都是不接受的。为什么会这样呢？真是不可思议，令人心烦。

虽然如此，渐渐地我明白了：先入为主的错误观念已经在这些人的头脑中根深蒂固了。在这种情况下，如果光是指责对方的错误、让对方张口结舌、无言以对，这种试图强行改变对方想法的办法，只会起到相反的效果，即使表面上同意我的说法，最多只是招致对方恶意的反抗而已。

因此，我发现自己就像心理疗法的心理医生一样，一边制造让对方能够接受的态势，一边化解误解，采取展开理论和学习技术相结合的做法，虽然有些麻烦，却是最好的办法。

不管所说的内容是多么地涉及本质，如果太单刀直入地讲解的话，当然是很不容易得到对方的赞同，而且也还需要很多的实例。但是，这种教法超过了我的忍受限度，它需要太多的时间和忍耐力了。

干脆，出版一本书吧，这样的话还可以整理资料。我虽然经常惦记着这件事，但却总是没有闲暇时间，最后决定在月刊杂志上连载。这样的话，无论如何每个月不得不写出来，总有写完的一天。

就这样，又过了5年。

三、职业炒手们的遗产

这本书就是按照这样的意图写出来的。

既不是只针对"某个行情顶部和底部的一场一节的讲解"，也不是有关"看涨看跌观念性的议论"。

本书所介绍的期货方法是贯穿全书前后统一的，在书店里到处都销售着一些看似合理却并不实用的期货书籍的当下，本书所介绍的方法都是一些能够在实际交易中获得可靠回报的方法，并且在书中还有这些方法的具体操作细节。

所有的技术都有一个共同的特点：手把手地传授一种方法虽然很容易，但要是把该种方法写成文章的话就非常地枯燥，就会出现所有的技术教科书所共有的"枯燥乏味"的特点，那是没办法的事情。

本书中有些地方还有重复。这是为了把想要强调的内容彻底地装入读者的头脑中去，所以才进行重复的。贯穿于本书全篇的期货技术理论，是众多职业炒手们的血和汗凝聚成的遗产。

从第三章"所谓的价格波动"开始到第四章"月份的选择"为止，叙述的内容是作为研究对象的期货行情的构造，即追求"策略"，就是说，对操作者来说，如何操作才能趋利，如何操作才能避害，到这一章为止是对价格波动的说明。

从第五章"建仓的技术"到第六章"仓位的转换和头寸的对冲"为止，从理论的角度叙述了在那充满谋略机变的行情波动中，应该如何利用交易的基础知识，此外，还首次正式地开始说明对冲的概念。

第七章"走出期货外行的阶段"，讲的是期货提高的过程。

第八章"交易基础练习法",讲的是交易以及思考方法,还有练习的几种具体的方法。

第九章"头寸操作与平衡"和第十章"职业炒手们的交易谱",举出了我建仓成功和失败的例子,探索其原因,此外还列举出一些职业炒手(不论他们是老手还是新手)出色的交易谱,并加以解说。

我相信这本书中的讲解和事例对读者来说应该几乎是迄今为止闻所未闻而又想知道的东西。而且这些东西对于做期货的人来说是必须学习的,是一些必须跨越的难关。

如果读者读了这本书以后对期货技术开了眼界、提高了技术,因而对这本书怀有感激之情的话,对笔者来说,再没有比这更值得高兴的事情了。

但愿读者感到"学会了期货技术真好"的那一天早日到来……

林辉太郎
1968 年 11 月 24 日整理脱稿于新奥塔尼饭店

四、在第五版发行之际

在第五版印刷之前,我与十几个人进行了商量,其中有 30 年价差交易经历的老先生,有从证券交易所开业以前就开始画好几个品种的走势图并一直画到现在的 84 岁的职业炒手,以他为首,还有研究部的年轻人等等,都是很熟悉的人,他们都是有着很稳定的交易成绩的人。他们提出了这样的建议:

(1)图表等重新搞一下比较好。

(2)叙述当中不容易明白的地方,是否应该修改一下?

为了避免自命不凡,我的回答是:"这本书不是对期货的看法、思考方法的书,而是操作方法的基础的书,所以还是这样比较好。"

也有人这样对我说:"连在这两三年成为众人话题的价差交易也收入了这本书中。按照旧版的原样不变也完全没有关系。我很自信地向希望提高的人推荐这本书。"

诸位,这本书就是这样一本书。

我衷心地祝愿读者尽快提高。

第二章

我曾经历过的几波行情

一、月份的交叉
二、连续贴水价差的顶部
三、价差的转换
四、底部的价差收缩
五、不同品种的利用
六、独家包购的失败
七、轧空成功与失败的实例

第 1 图　不同月份的期货交叉 …………………………………………… 10
　　　　东京小豆日线图 1966 年 8 月份期货、11 月份期货

第 2 图　"新娘子熬成婆"和结局 ……………………………………… 11
　　　　东京白扁豆收盘价走势曲线　1957 年 3 月至 8 月

第 3 图　贴水价差行情持续期的顶部 …………………………………… 13
　　　　横滨生丝日线图　1967 年 10 月 1 日至 1968 年 1 月 31 日

第 4 图　价差的转换 ……………………………………………………… 14
　　　　东京绵丝 40 的收盘价的价差线　1958 年 11 月 1 日至 1959 年 3 月 7 日

第 5 图　底部的差价收缩（价格靠拢）………………………………… 16
　　　　东京小豆日线图　1968 年 10 月份期货、11 月份期货

第 6 图　不同品种之间的不同之处 ……………………………………… 17
　　　　东京小豆、白扁豆日线图　1967 年 6 月份期货

第 7 图　（贵如钻石的）红小豆的暴跌 ………………………………… 19
　　　　东京小豆日线图　1957 年 4 月份期货、5 月份期货

第 8 图　由多逼空造成的行情波动 ……………………………………… 20
　　　　东京白扁豆日线图　1967 年 10 月份期货、11 月份期货、12 月份期货

第二章 我曾经历过的几波行情

一、月份的交叉

1965年4月，东京小豆11月份合约以13260日元创最高价，之后开始下跌，行情变成了贴水价差状态，并且长期维持在贴水价差的状态。但在第2年（1966年）由于受中国小豆期货市场小豆低价开盘的消息影响，东京小豆发生暴跌。1966年5月12日，东京小豆10月份合约的最低价格为7880日元，创全年最低价。

6月份，由于日本农田里的小豆丰收在望，期货市场上的远期合约（11月份合约）被市场抛空，价格跌到了与去年差不多的水平。但不久之后由于恶劣天气使小豆大幅减产，造成小豆11月份合约价格急剧上升，7月上旬行情终于变成了升水价差行情（第1图）。

下面是当时数据：①

	⑤	⑥	⑦	⑧	⑨	⑩	⑪	⑫
5月1日	9450	9110	9010	8460	8300	8110		
5月12日	9170	8770	8620	8250	8130	7890		
6月1日		9350	9410	9090	8470	8120	8140	
6月11日高价		10090	10100	9900	9810	9310	9110	
7月1日			9470	9260	9110	8660	8610	8510
7月16日高价			9990	9980	10000	10130	10970	11010

由这波行情显示出来的变化，我们也可以看到在期货交易中，月份的选择是十分重要的。

---

① 译者注：⑤、⑥、⑦、⑧、⑨、⑩、⑪、⑫分别表示5月份合约、6月份合约、7月份合约、8月份合约、9月份合约、10月份合约、11月份合约、12月份合约。下同。

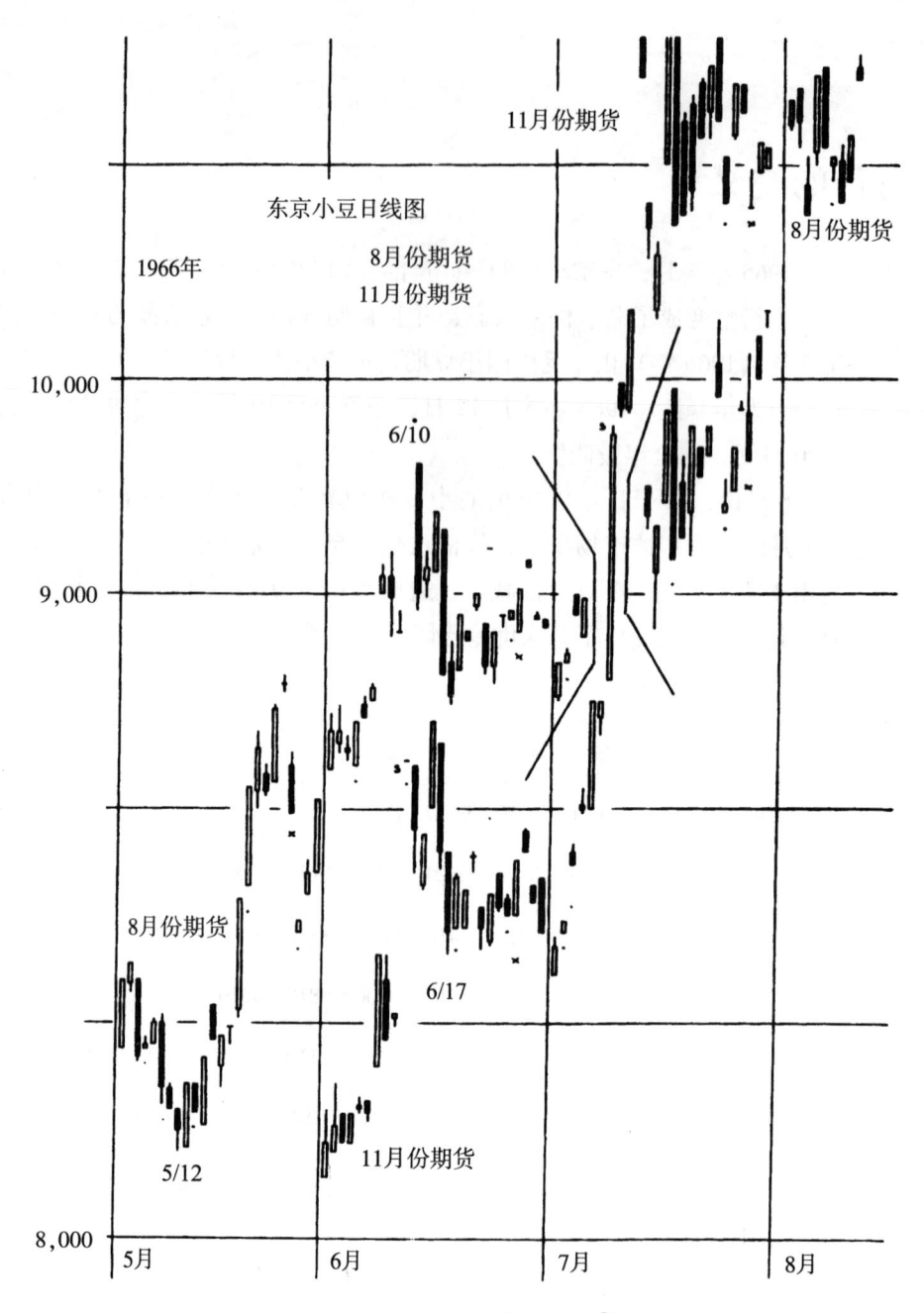

第1图 不同月份的期货交叉①

---

①译者注：图中"×"表示合约交割日。

第 2 图表示的是白扁豆的远期合约随着时间的推移价格不断上升的一段行情。形成这个行情的原因是白扁豆进口量锐减。8 月份合约在交割前大幅上涨，造成了贴水价差扩大。

对这种行情我们原则上采用以下策略：购入中期合约，一直持有到其变成近期合约的时候，平仓获利。

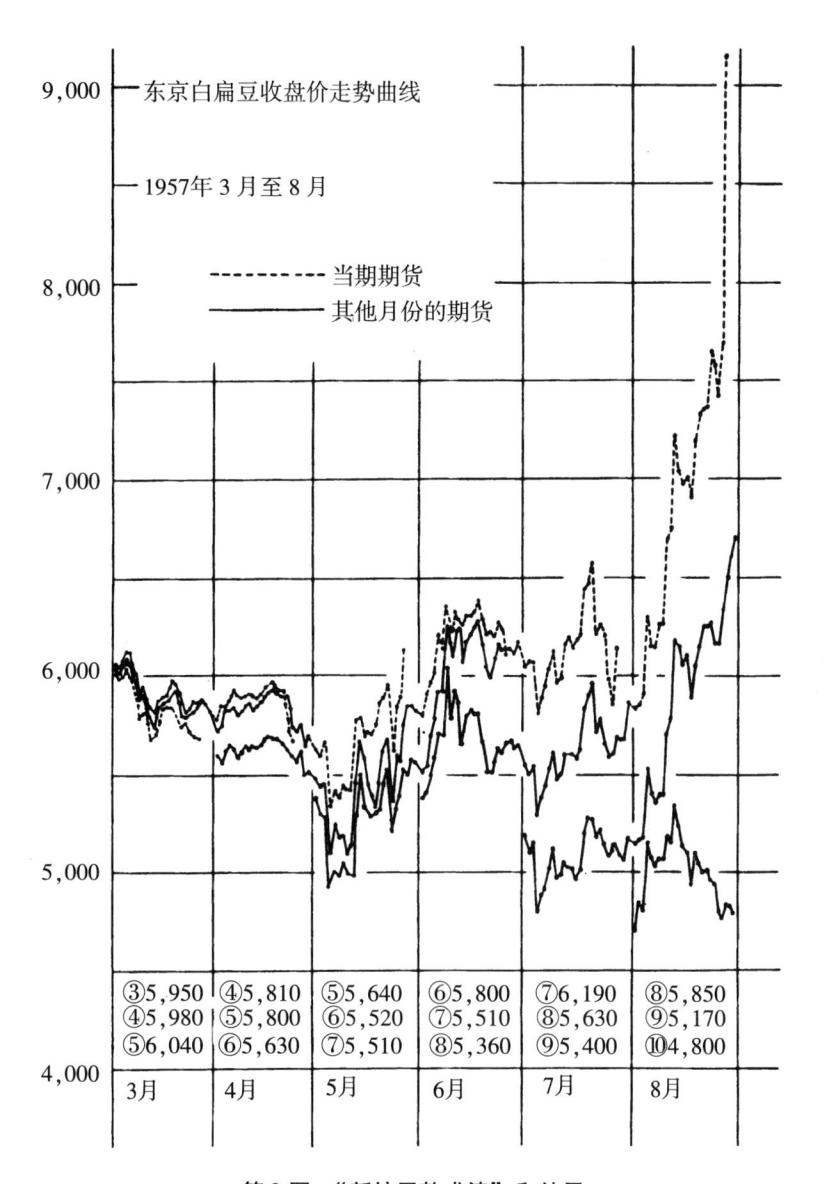

东京白扁豆收盘价走势曲线
1957年3月至8月
当期期货
其他月份的期货

	3月	4月	5月	6月	7月	8月
	③5,950	④5,810	⑤5,640	⑥5,800	⑦6,190	⑧5,850
	④5,980	⑤5,800	⑥5,520	⑦5,510	⑧5,630	⑨5,170
	⑤6,040	⑥5,630	⑦5,510	⑧5,360	⑨5,400	⑩4,800

第 2 图 "新娘子熬成婆"和结局

二、连续贴水价差的顶部

在高位区的贴水价差行情往往是由于囤积现货或缺货所造成的。
第 3 图生丝行情是这种典型的行情。

	⑪	⑫	①	②	③	④	⑤
9 月 1 日		8029	7945	7915	7921		
10 月 1 日		7749	7690	7679	7643	7589	
11 月 1 日		8079	8005	7938	7900	7860	7869
1 月 17 日高价		8370	8318	8229	8200	8152	8150
12 月 1 日			8150	8099	8027	7949	7956	7929
2 月 1 日				7799	7813	7721	7268

这种行情一旦被套住就不容易解套，因此一旦被套马上就要止损。

三、价差的转换

做期货时不可忽视价差收缩、扩大的方向的变化。因为价差变化方向的改变是判断行情是处于底部、中段，还是顶部的重要因素。

第 4 图是东京绵丝收盘价的价差图。

升水价差是一根黑色蜡烛，上端是远期合约的价格，下端是当期合约的价格。这根价差线表达的期间是 1958 年 11 月到 1959 年 3 月，通过这根价差线可以很清楚地看清期间的价差变化。有多大的价差变化，请看下面的数据：

	③	④	⑤	⑥	⑦
1 月 1 日	20190	20080	20010	20000	
2 月 1 日	22220	21960	21610	21440	21240
2 月 27 日收盘价	24650	24090	23450	22690	22100

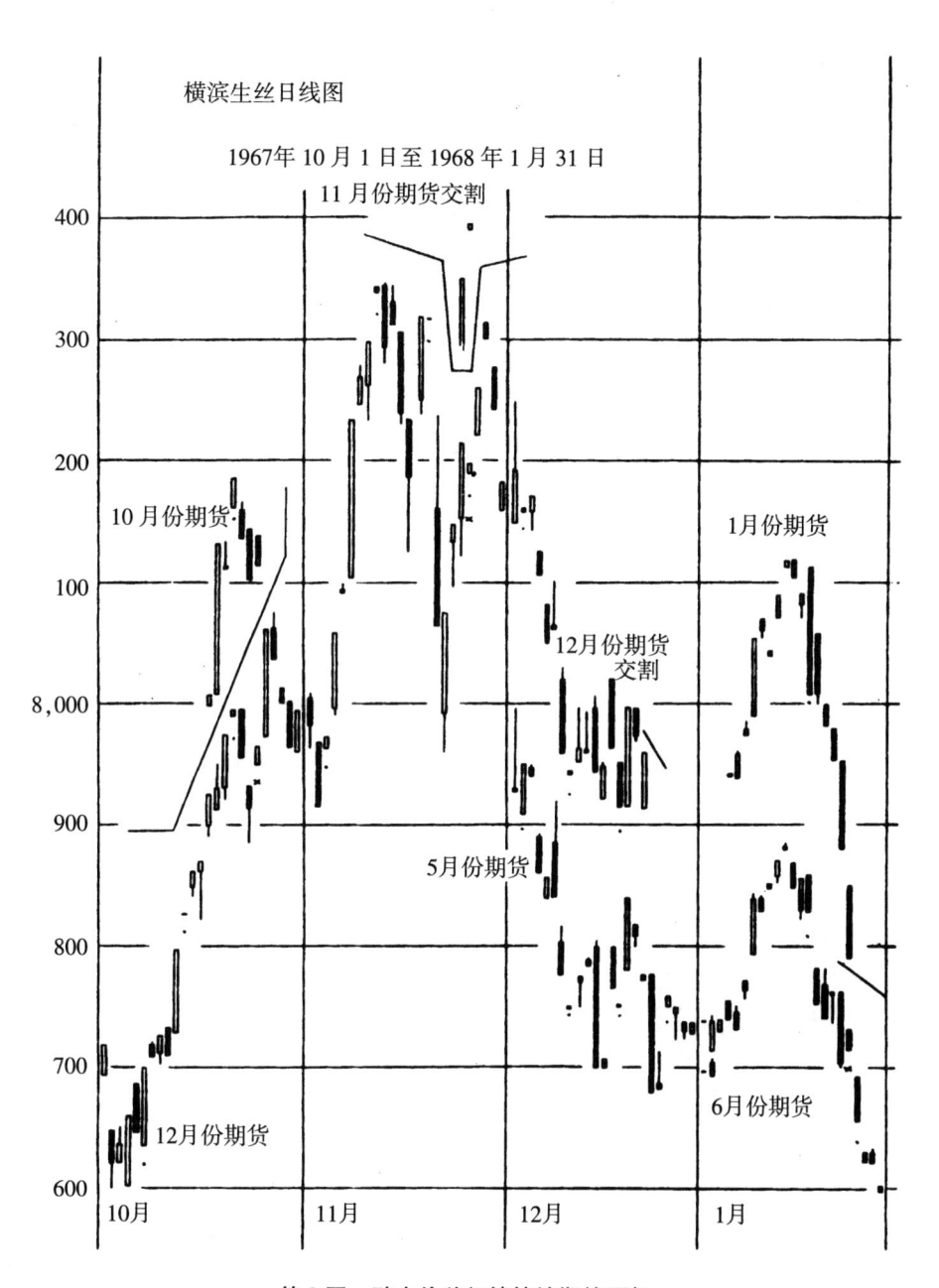

第 3 图 贴水价差行情持续期的顶部

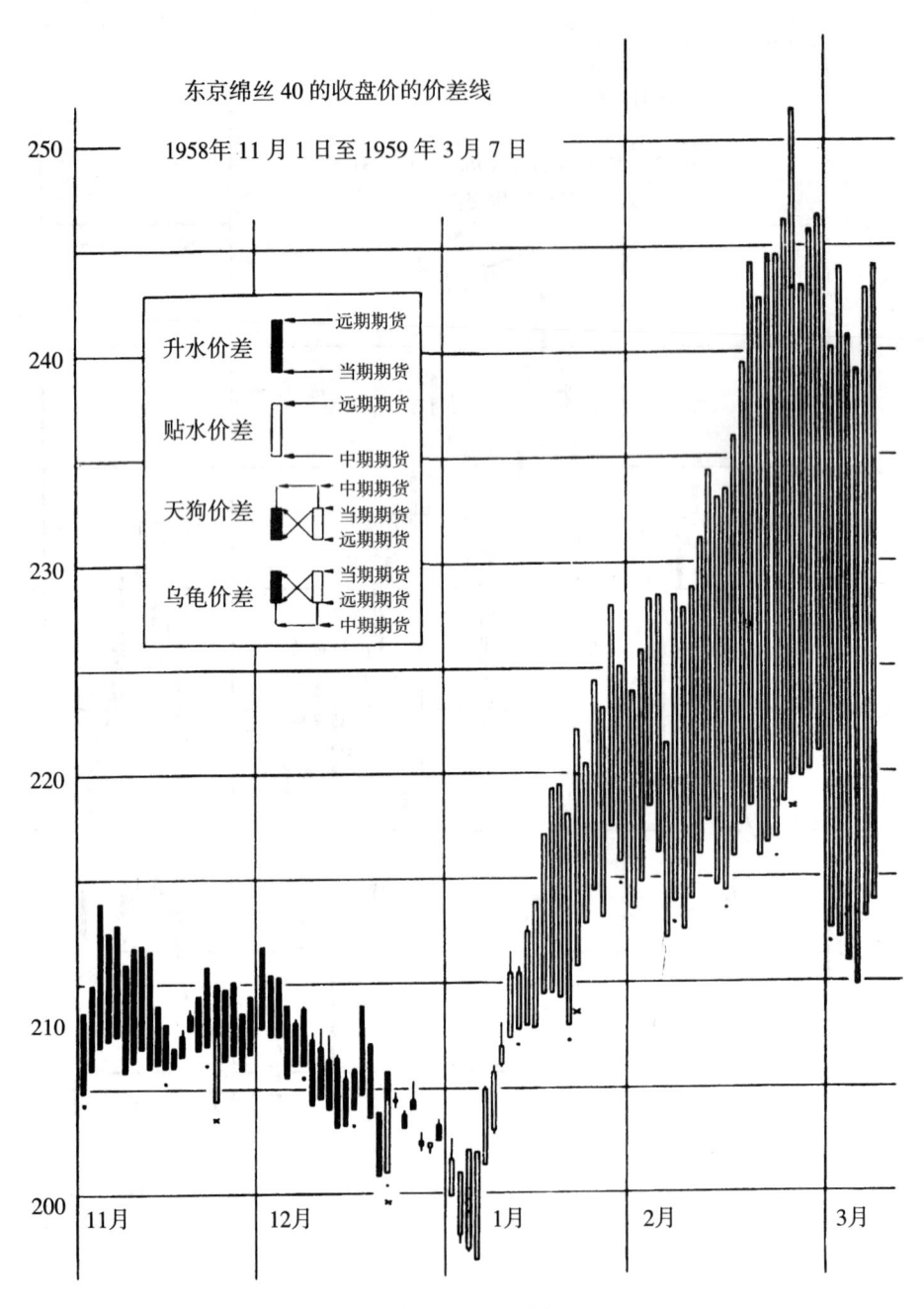

第 4 图　价差的转换

四、底部的价差收缩

第 5 图是东京小豆 1968 年 10 月份、11 月份合约的价格走势图。由本图可知，由于 6 月份至 8 月份的下跌，造成了市场的悲观情绪，结果使月份之间的价差收缩。此图是底部行情价差收缩的典型形态，因此根据这个图形我们可以认为"行情已经进入了底部，可以开始买入"。

第 5 图是两个月份价格的对比。各个月份的数据如下：

	⑥	⑦	⑧	⑨	⑩	⑪	⑫	①	差价
6月1日	7900	8080	8190	8360	8380	8990			1090
6月10日	7910	8050	8230	8410	8510	9310			1400
7月1日		7590	7690	7830	7860	8610	8590		1000
8月1日			7240	7360	7440	7860	7830	7800	560
8月7日			7160	7230	7310	7630	7600	7550	390

五、不同品种的利用

第 6 图是把 1967 年 6 月份东京小豆期货与同为 6 月份的白扁豆期货走势曲线相比较。

由图可知，小豆行情的启动要比白扁豆略迟。

由于小豆和白扁豆同属豆类品种，作为一种食品原料，白扁豆有可能替代红小豆。

由于这两个品种的价格波动有一定的相似之处，因此有人想到用白扁豆对小豆进行对冲。

虽然在实际操作中还会有各种意想不到的难度，但只要在操作中不使对冲头寸的数量过多，这个方法还是不错的。

另外，在两个存在相关性波动的品种中建立试验头寸也是一个不错的方法。

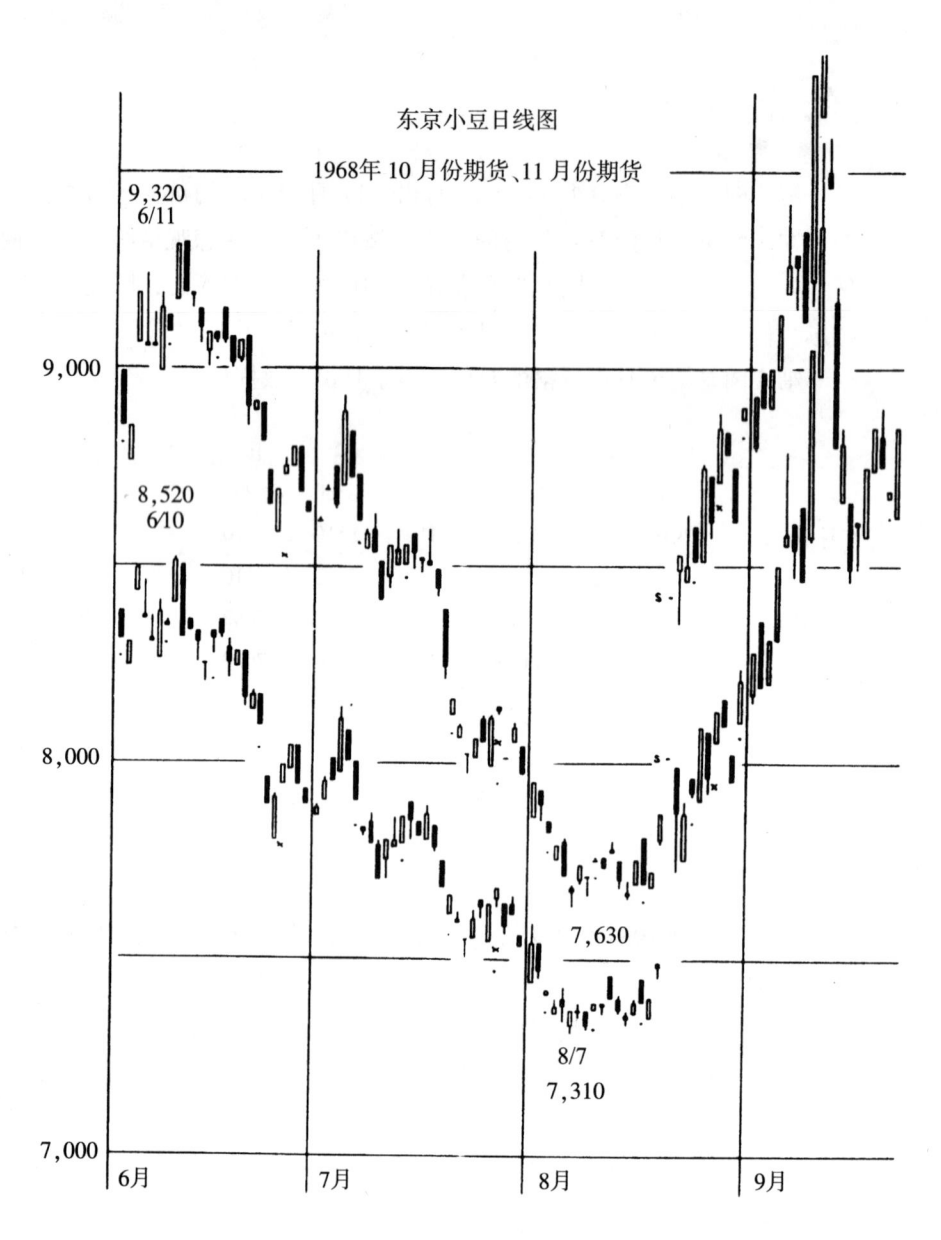

第5图 底部的价差收缩（价格靠拢）

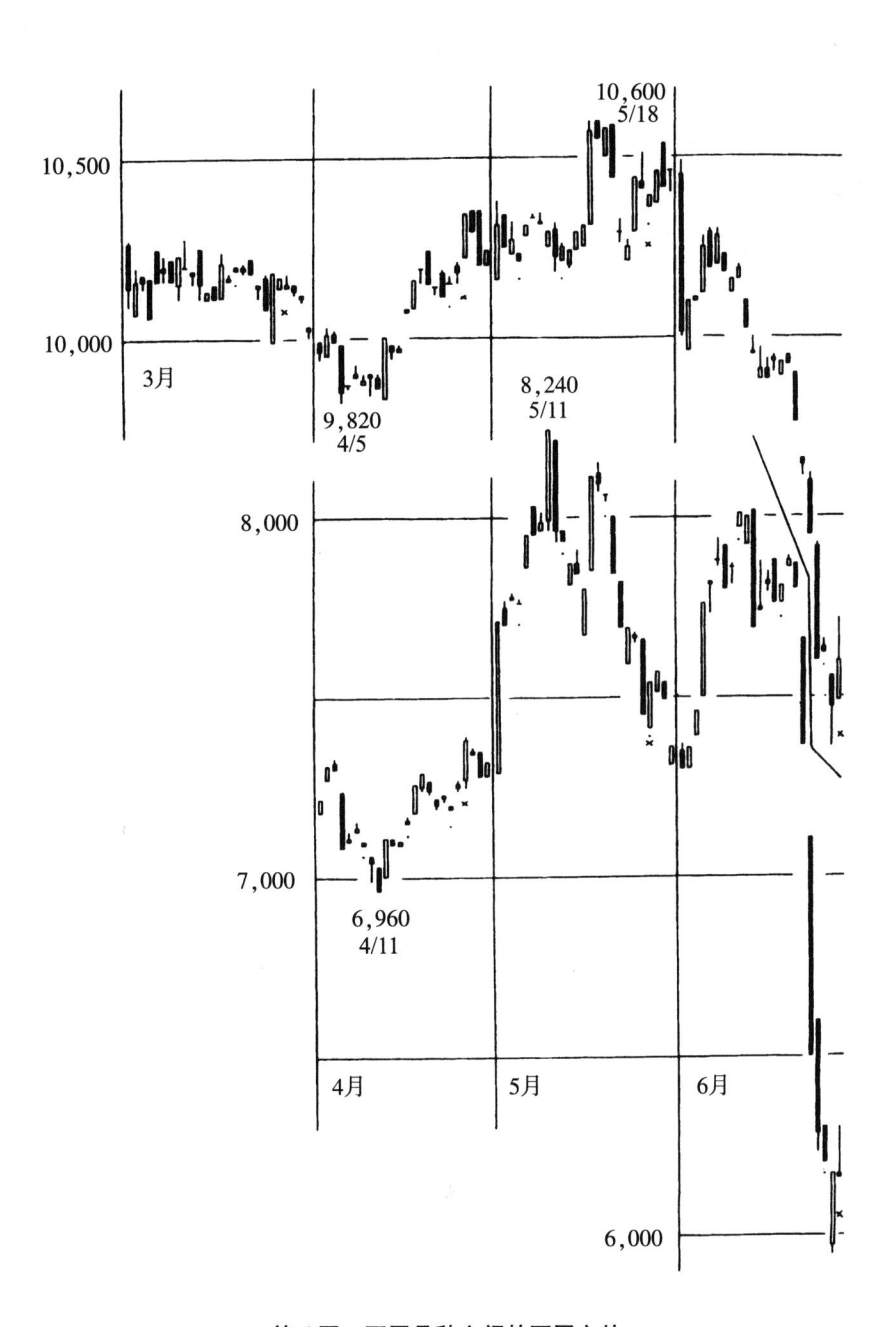

第6图 不同品种之间的不同之处
上图为东京小豆日线图，1967年6月份期货，交割9,100
下图为东京白扁豆日线图，1967年6月份期货，交割6,160

六、独家包购的失败

第 7 图是某次庄家独家包购被套的走势图。小豆期货在日本曾经一度被众人狂炒,其被炒高的价格曾经被形容成"红钻石"。

这个流行语就来自 1957 年的小豆独家包购庄家战。当时我也做多,当时的操作过程如同就发生在昨天一样历历在目。多头庄家一开始来势汹汹,最后一败涂地。

七、轧空成功与失败的实例

与独家包购不同,轧空是不持有现货,却在期货市场上大量买入,以期抬高期货价格。

第 8 图是 1967 年白扁豆的日线图。由于持有现货的投资者的惜售,造成了市场上的缺货状况,庄家就是看准了这个机会炒高价格。但后来庄家在远期合约中被套住,在接受了大量的现货以后,依然不能阻止价格下滑。

之前我介绍的进行独家包购的那个庄家虽然在价格下跌后进行了锁仓,避免了一部分损失,但那只能挽回一部分损失,最终的损失依然很大。

不管是独家包购也好,轧空也好,都是非常危险的尝试。做期货交易最好还是要考虑安全因素,踏踏实实地进行对冲操作,随时准备应付不可预测的事态,不然是不可能获得成功的。

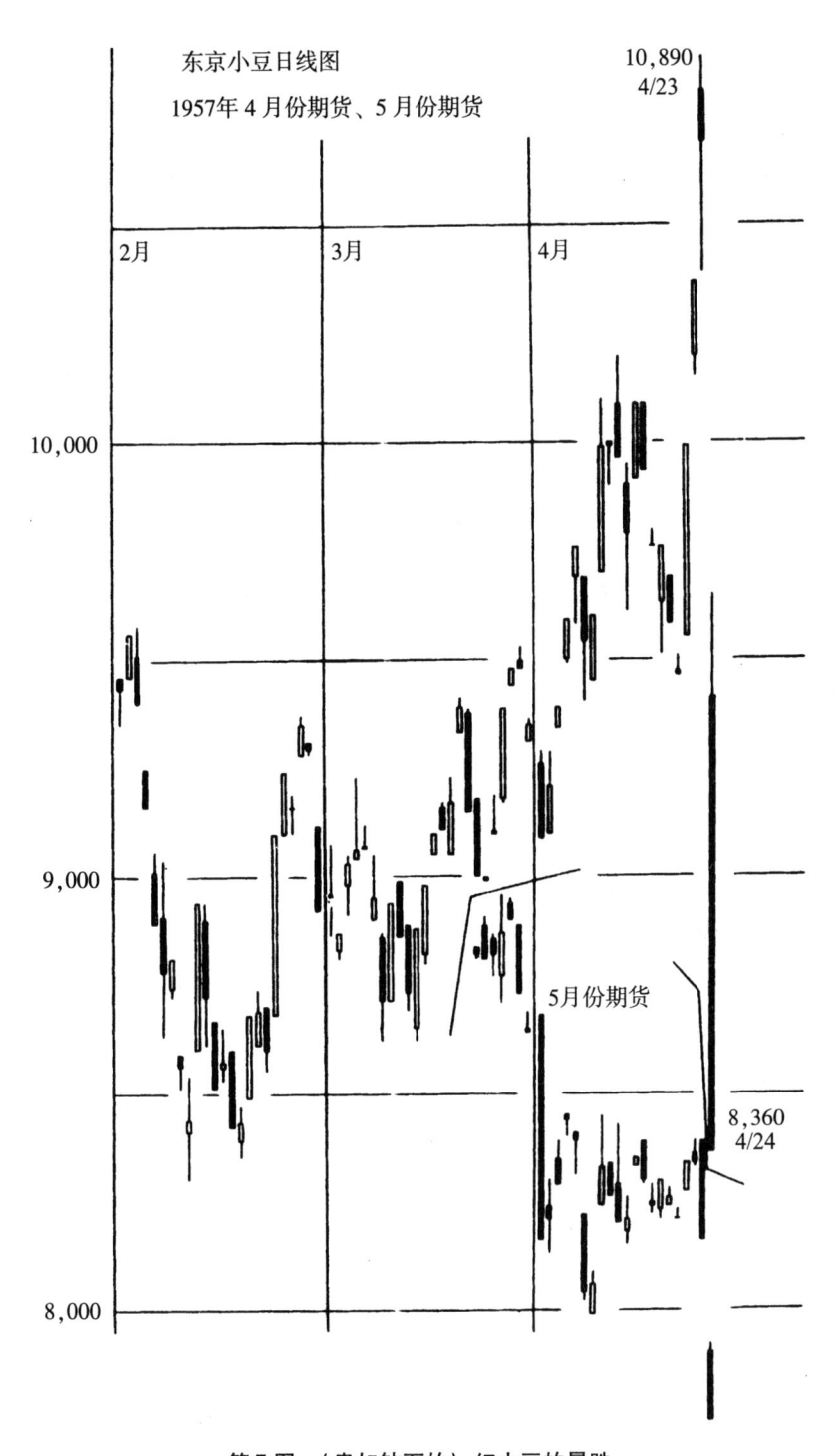

东京小豆日线图
1957年4月份期货、5月份期货

10,890
4/23

2月　　3月　　4月

10,000

9,000

5月份期货

8,360
4/24

8,000

第7图 （贵如钻石的）红小豆的暴跌

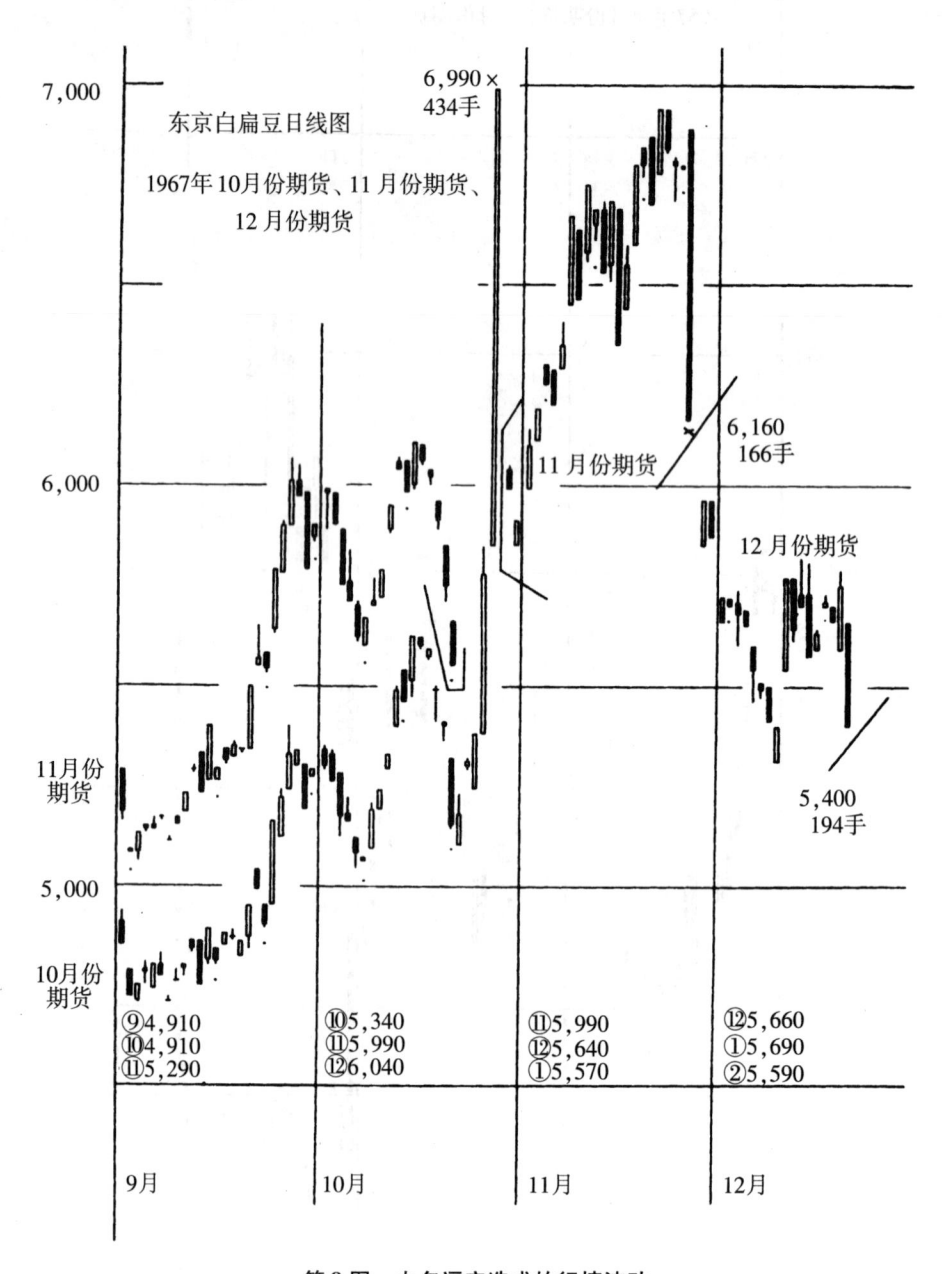

第 8 图　由多逼空造成的行情波动

第三章
所谓的价格波动

价格波动的修正

第 9 图　走势图的两个要素 …………………………………… 27
　　　　　东京小豆日线图　1968 年 8 月份期货
第 10 图　价格波动的表现方法 ………………………………… 31

第三章 所谓的价格波动

价格波动的修正

1. 市场的舞台和演员

报纸上，除了股市的行情，还登载了许多报道和评论。

关于这些报道，有一个职业炒手说了如下的一席话："这些评论是对市场这个舞台的讲解，不是对演员动作的研究。关于这一点，许多人都有着误解。"

我觉得他的话很有道理，但还有些令人费解，让我来解释一下他的话的含意吧：

(1) 在市场这个舞台上，许多演员（个股）正在跳舞。

(2) 这些演员的动作是很不容易预测的。

(3) 我们看不到舞台幕后的活动，只能紧盯着演员的动作。

(4) 报纸上写的，只是以不特定多数为对象的舞台的设定。虽然看上去正确，但无法确认其是否真的正确。

(5) 结论就是：我们无法搞明白我们竭力想知道的演员的下一步动作（个股的价格变动）。至少，报纸上的报道对我们是没有用的。

因此，我们应该以如下的思路来面对交易：

(1) 不必太在意市场的内幕，只要在常人能够获得的信息范围内进行思考就行了。

(2) 只要从个股的价格波动中来考虑实际赚钱的方法就行了。

但是，当人们试图预测个股的价格波动的时候，由于个股的价格波动完全没有规律，因此只会想出一些靠不住的方法，或自以为是的、不中用的方法。我们不能只针对某一次行情进行不负责任的预测，必须有一个能够与实际交易相联系的完整的思路。

顺便说一下，对期货来说，不同的演员不仅仅指汽油或大豆这样的品种上的区别，不同月份的期货也相当于不同的演员。同一品种的不同月份的期货之间价格波动的关联性，比同行业的不同个股之间价格波动的关联性强得多。请记住，不仅要关注期货的整体行情，还要关注同一品种、不同月份的期货之间价格波动的关联性。

2. 走势图的用途

期货的价格波动除了被记录在行情表中以外，还经常被画成走势图。走势图的优点是比较直观。对于期货操作来说，价格走势图的作用比对股票操作更要重要。

（1）期货的价格不如股票的那样变动剧烈，波动的幅度也比较小，比较容易抓住"趋向"。

（2）期货季节性的变化比较有规律，不同年份的走势可以相互进行比较。

（3）在进行对冲交易的时候，能够根据走势图来确定对冲的时机。

（4）由于期货属于商品，由于商品本身价值的限制，期货的最高价、最低价有一个波动的范围，不像股票的价格那样可以被炒得很离谱，因此，判断命中的概率比较高。

下面，我从 K 线开始讲起。

靠 K 线谋生的人

一般的人提到 K 线马上会想到那些专门依靠 K 线谋生的人。

关于专靠 K 线谋生的人，我引用一下木佐森吉太郎氏的《股票实践论》第五章的内容：

不管你去兜町也好，北滨也好，一步踏进股票街的话，一定可以看到一些专靠 K 线谋生的人。兜町在千代田桥和海运桥的旁边，一些衣着打扮不太好的人用大的 K 线纸将股票的走势画在板上面，以学校的教师对学生讲课的语气，假装预言者热心地对过路行人讲解着行情的高低，诸位在路上偶然也会遇到这样的情形吧。

看着那些以 K 线谋生的人落魄潦倒的样子，很难想象他们在过去曾经猜中过大行情、发过大财，反而觉得他们一直在惨淡的期货行情中吃苦头。也许他们也有曾经猜中大行情的时候，但总体来算，还是属于在做期货的过程中破产的那一类人，其凄惨的战绩就体现在他们身上很旧的西服上。然而，他们这一生已经离不开股票和这条街了——靠技艺谋生，最终就成了专做 K 线的人了。

看到这种光景，诸位会感到荣枯盛衰不常在，这个社会的冷酷现实随处可见，自然会令自己感到紧张了吧。

实际上，看了这些K线专家落魄潦倒的样子，无论如何都无法认为依靠K线图做期货能够赚钱，反倒仿佛把利用K线图受损的活生生的证人抓来，特地展示在众人面前一样。而且，从事物合理性的角度来考虑，如果凭借着K线的形状和波动方式就能明白行情前途的话，根本就不必花费苦心分析经济情况，丝毫也没有必要集中注意力观察经济景气情况了。

因此，在最近大学刚毕业的许多年轻的证券公司职员之间，不太流行K线图等，然而，中小证券公司里的职业炒手却相当重视K线图。

进入了某个证券公司董事的办公室以后，可以看到墙壁上贴满了K线图。某某证券公司的调查部确实庄重地挂着黑板，看他们干着的工作，竟然只是在画着各种各样的K线图这样的极其简单的工作。

此外，如原野村证券股票公司的总经理、现在的证券投资协会理事长饭田清三那样智商高的人也是一个对K线的理论有着深入研究的人。

3. 实践家的立场

K线不能用来猜行情。但是，想通过K线来预测的人很多。应该通过交易技术来获利，K线只是运用交易技术时用到的一个辅助工具。

每个人都有自己的对行情的看法，人们对K线的认识和使用方法也千差万别。由于行情是因为价格的变化所造成的，所以还是有必要利用K线来观察过去的价格波动和近期的趋向，但是，像专靠K线谋生的那些人的做法肯定是行不通的。

然而，实际操作者应该抱着怎样的态度呢？

做期货绝对不可以模仿K线专家那样的判断和预测方法。

那就是所谓的"价格幅度测定法则"或"腾落测定法"的秘密方法。街上靠K线谋生的人和靠消息谋生的人都有这种僵化的看法，对期货的操作来说是有百害而无一利的。

即便有人说出现了某种形态就应该"卖空"，出现了另一种形态就应该"买入"，但这些说法猜中的概率也是很有限的。我制作了6万张卡片来做了统计，几乎总的猜中概率没有超过50%。

而且，每个人的资金量和期货技术是千差万别的，但在做期货的时候忽视这些因素，声称现在绝对应该买入或卖空，这种做法是纸上谈兵。

我以前曾经研究过"中源线建仓法"。"中源线"是中国清代的银市场职业炒手陈雅山发明并珍藏的K线法。

为什么这个方法会引起我的注意？虽然这个方法看上去与那些"K线专家"的理论有些相似，但这是以建仓法为主的理论。而且，这是世界上史无前例的"逆势操作的建仓法则"。

做期货不应该光去猜测"今后会上升还是下跌"。这样做的人是期货的赌徒，他们仅仅执着于猜测期货的走势，这是徒劳的。

因此，踏踏实实地做期货的人与猜测行情的人的立场是完全不同的，这两种人之间一点共同点也没有。

反对猜行情！回到实践者的立场，应该自觉改变猜测行情的习惯，这是成功的起点。

流传于德川时代的大米市场中三大秘籍之一《八木龙的卷》里也写到："不管行情的预测是否正确，只要交易的方法得当，就必然会取得利益。"

总之，做期货不应该靠猜行情，而应该靠交易技术。

不要变成"猜行情的人"

在我初学交易的时候，师傅曾经反复地谆谆告诫我说：

"不要猜行情。"

棋谱里也有这样一句话：老想多占地盘，这种想法最终却导致自己的地盘被占。

说的就是老想吃掉敌人的棋子，一心只顾着追求这一点，自己的棋子渐渐地不充足了，大片地盘被对方占领了。做期货在这一点上也是一样的。

因此，在做期货的人们之间有一句贬低别人的话语，就是"猜行情"这个词汇。比如说：

"那个人的期货做得怎么样？"

"啊，他只是靠猜行情吃饭。"

言外之意是那个人的期货技术还没入门。

预测如果猜中的话虽然赚钱，但预测很难猜中，因此猜中猜错对盈亏的影响是很有限的。

确实，虽然做期货是带有猜测行情的因素，但那只是很少的一部分，通过头寸的运作，甚至连失败（看上去的失败）也可以成为一种有效的逆转手段。

期货的详细做法，且听我给你细细讲来，这也是本书的目的，做期货几乎所有的部分都是由技术要素来决定的。

今后，我们要好好学习决定盈亏的交易技术。但在这之前，必须先理解价格波动的意义，了解有关走势图的正确知识。

相对的两个量

走势图的定义是：表示两个或两个以上的量之间的关系的图形。

行情的走势图一般是用两个量来表示的。

那么期货走势图的两个量指的是什么呢？一个是品种的价格，另一个是经过的时间（日，周，月）。这两个要素是构成一个走势图所绝对必须的。一个最简化的走势图也必须显示出这两个要素。就是说，"价格幅度线""新价格线"等忽略了经过的时间的走势图只能比较价格的变化，在实际操作中毫无用处。特别是对于价格会发生季节性变动的期货行情来说，经过的时间会产生决定性影响的，所以绝不可以忽视（第9图）。

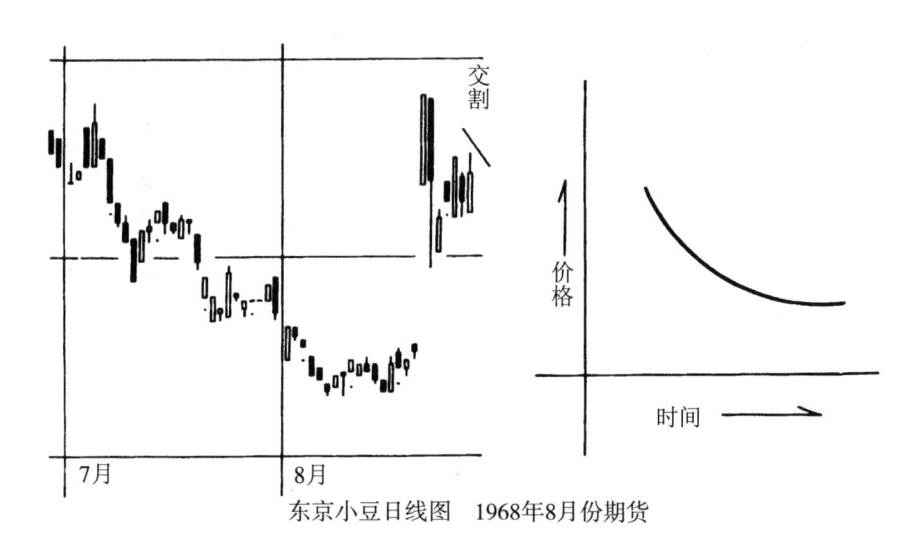

东京小豆日线图　1968年8月份期货

第9图　走势图的两个要素

价格变化及经过的时间虽然是走势图的必要条件，但是出乎意料地有很多人都不知道这一点。

只要是行情的记录，当然就要记录价格，问题是那个价格是在什么时间产生的？

一般来说，所谓行情的资料可以分类如下：

（1）行情本身的数据：包括价格波动，成交量，持仓量，等等。

（2）与供需相关的资料：包括生产，消费，进出口量，检查数量，库存量，等等。

（3）经济统计：包括金融，财政，贸易统计，等等。

所有这些都必须和经过的时间一起来观察。这一点是很重要的事情。

无论什么工作或事业，投入的资金会受到限制，同时，其成果还会受到时间的限制。

资金也就是资本金。时间的限制表现为决算期。做期货也是资金运作的工作，因此，也不可以忽视这两个限制。

这个问题将逐步地叙述下去。总之，在绘制走势图的时候，应该把这两个量的关系搞正确，请牢记这是影响期货技术思考方法的根本性因素。

真实的价格波动和价差

在连续持仓的时候，在表示价格波动的走势图上看不出实际的盈亏。比如说，买了股票得到分红以后，在走势图上看不出持股者获得了红利。对实际操作者来说，要考虑到这种误差。

期货市场采用的是月份制度，相邻月份的合约之间存在着价差。与股票的红利相比，价差的金额要大得多，因此，如果在某个月份中建仓，经过了一段时间以后，再看该月份合约的价格，就会与新月份合约连续线的价格有很大的差别，如果看着新月份合约的连续线来计算盈亏，就会与实际的盈亏产生很大的误差。例如，即使行情有上升的倾向，如果发生了升水价差滑动的话，实际能够获得的盈利就没有在新月份合约连续线上看到的那么大。[1]

这相差的价格幅度就是价差。几乎所有的期货书都没有讲清楚价差的概念，但做期货不可以忽视价差。此外，头寸的数量及其增减也会影响到盈亏的数值。对做期货的人来说，这两点是非常重要的概念。

---

[1] 译者注：日本的行情是人气行情，远期合约刚一上市，交易者就把头寸从旧的远期合约中转移到新的远期合约中来，因此，在远期合约中总是集聚了最多的交易者。远期合约的走势能最先反映出整个行情的走势。比如行情由下跌改为上涨，在近期合约还在继续下跌的时候，远期合约就率先开始上涨。因此，为了便于观察价格走势的趋向，日本人发明了一种叫"新上市的远期合约连续线"的走势图的画法。就是依次把远期合约的走势图连接下去，可以连绵许多年。比如说，在5月份，远期合约是10月份合约，从5月1日至5月31日的期间内，把10月份合约描画下来；到了6月份，新的远期合约是11月份合约，在6月1日至6月30日的期间内，把11月份合约描画下来，并将处于5月期间段的10月份合约的走势图与处于6月期间段的11月份期货图相连接。以此类推，总是将新上市的那一整月的远期合约走势图连接下去，如果用①、②、③、④等表示期货的月份，即，8月份期间→①，9月份期间→②，10月份期间→③，11月份期间→④，12月份期间→⑤，1月份期间→⑥，2月份期间→⑦，3月份期间→⑧，4月份期间→⑨，5月份期间→⑩，6月份期间→⑪，7月份期间→⑫。这就形成了"新上市的远期合约的连续线"。可以参见第14图。

与单独的某个月份合约的走势图相比，新上市的远期合约连续线的走势图比较有利于观察长期走势，但无法表示头寸的盈亏。

比如说，假如在5月的某一天，买入11月份合约，到了6月份，新上市的远期合约连续线走势图的价格已经与11月份合约走势图在同一时间的价格不同了，这时就不能根据新上市的远期合约连续线的走势图来计算盈亏了。

K线是行情的纪录,还可以作为预测的基础性资料。但是,在看K线图的时候,如果只看价格变化,不看经过的时间,就变成了外行的儿戏。本书从这两个要素出发,给读者详解高水平的期货思路和实践方法,虽然也许读起来有些沉闷,但我打算写的是行情的真实状态。因此,我确信读者读完本书以后,做期货的思路能够发生惊人的转变,期货技术能够获得稳步提高。

4. 各种线图的不同之处

行情时时刻刻在发生着变化。

以下是1968年4月东京小豆远期期货的价格波动:

东京小豆9月份期货(4月1日至4月4日)行情

4月1日

 前场1节   7420

   2节   7420

   3节   7270

 后场1节   7180

   2节   7230

   3节   7300

4月2日

 前场1节   7310

   2节   7310

   3节   7300

 后场1节   7310

   2节   7300

   3节   7300

4月3日

 前场1节   7320

 前场2节   7310

   3节   7300

 后场1节   7310

   2节   7310

   3节   7290

4月4日

    前场1节   7270

        2节   7270

        3节   7320

    后场1节   7300

        2节   7290

        3节   7290

以上（4月1日至4月4日）价格数据因绘图方法的不同，形成的走势图的形式也各不相同，见第10图。

第10图中（A）把所有场节的价格都连接了起来。这种线图叫节线图，缺点是看不出日与日的区分，用于观察长期走势。这种图形太琐细。

第10图中（B）与（A）一样，也是节线图。虽然可以看出天与天的区分，但观察长期走势也太琐细。

第10图中（C）单画出一天当中的开盘价与收盘价，已经相当简化了。

第10图中（D）进一步进行简化，只画出每天的收盘价，这叫收盘价连接线。这种线图适于观察长期走势。

第10图中（E）美国人常常使用这种线图，收盘价用横线表示，当日的高价和低价用竖线表示；看横线可以把握趋向，看竖线可以了解每天的波动幅度。

第10图中（F）这是日本独特的蜡烛图。收盘价高于开盘价时用白蜡烛表示；收盘价低于开盘价的时候用黑色蜡烛表示；在蜡烛的上下方的竖线表示当日的最高价格或最低价格。

技术的根源

以上所述的内容是价格波动的记录方法。也许有的读者会问，我们希望学更高深的东西，却为什么要这么详细地写一些针对初学者的内容呢？

是这样的，在本书中我打算详细讲解的期货技术，不是那种"三尊的形态出现的话就是顶部，应该卖空"，或者"众人看涨的话应该卖空"的外行话，而是真心打算做期货的人必须掌握的一些期货的基础，这些基本功必须达到熟能生巧、在下意识的状态下也能熟练运用的程度。

在下一阶段迫切需要研究的问题是，这些价格波动对期货的盈亏会产生何种影响。

第三章
所谓的价格波动

也许有的读者会说:"这些问题也太普通了,并没有什么新意,你不是宣称要讲解期货的技术吗,而且不是市场新手的儿戏,是高手的技术,那不应是很厉害的事情吗?"

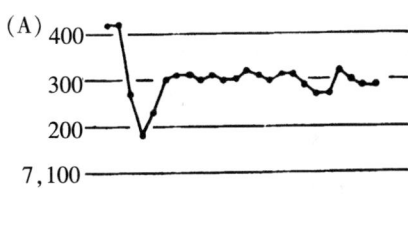

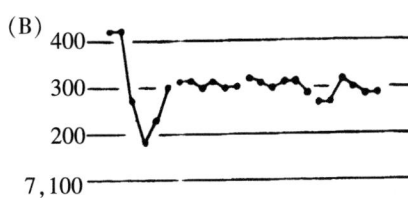

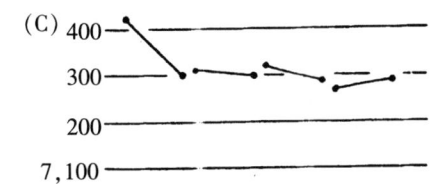

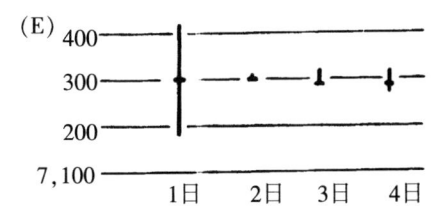

第 10 图　价格波动的表现方法

但是，这种想法也是错误的，因为：

反映连续的价格波动的走势图，不管是很琐细那种还是经过归纳简化的那种，虽然这确实反映了行情真实的价格变动，但是，单凭走势图的涨跌幅度都无法确定期货操作者盈亏的幅度。在这里面存在着一些问题。①

有些外行在讲解行情的时候经常使用这样的语言，比如说"在这个低价处买入，因为接下来会上涨，在这个高价位处卖掉的话，就可以赚取多少钱（或者说可以赚取多少的幅度）"等。然而，由于远期期货连续线的走势图上的涨跌幅度并没有反映出盈亏的真实的情况。②

价差问题会强烈地影响到人们对行情的思考方法，以及从中推导出来的许多东西，即：

（1）头寸的增减。即卖空，买入，下单建仓，加码，摊平，平仓等方法。

（2）头寸的换月。

还有头寸的对冲的方法等。价差的问题将变成动摇（现有的）期货技术根基的重大问题。

价差的问题将在下一章进行具体的说明。

---

① 译者注：由于价差，使走势图中价格变化的幅度变得与实际的价格变化幅度不一样了。
② 译者注：这都是由于价差造成的视觉上的错觉。

第四章
月份的选择

一、头寸的效率
二、远期合约的崩溃
三、关于贴水价差

第 11 图	价差的开合 ···	35
第 12 图	从徘徊行情开始上升 ···	37
	东京小豆整期期货每隔 5 日的价格变化（1968 年 2 月 5 日至 4 月 15 日）	
第 13 图	各个月份期货的价格波动 ·····································	38
	东京小豆每隔 10 日的价格波动（从 1967 年 9 月 1 日至 10 月 9 日）	
第 14 图	月份与各月份合约的波动 ·····································	40
第 15 图	顶部的价差收缩 ···	42
第 16 图	从中段稍前到顶部稍后 ·······································	43
第 17 图	贴水价差 ···	45

第四章 月份的选择

一、头寸的效率

1. 各个月份的价格波动

在期货市场中，各个月份合约的价格波动是不同的，将它们分开来考虑是非常重要的，既有 3 个月份的品种，也有 9 个月份的品种。人们一般习惯于考虑行情整体涨跌，但不同月份合约的价格波动的差异之大超乎我们的想象，因此我们在考虑行情整体波动的时候，如果再兼顾考虑各个月份合约的价格波动，就会采取不同的策略，由此产生的盈亏结果也不同。

不同月份合约的价格波动即使相隔一天也会各不相同，更别提相隔一周或一个月了。例如整体行情在上涨，但某个月份合约却偏偏下跌；或整体行情在下跌，某个月份合约却偏偏上涨。

当你在买入同一品种的某个月份合约的同时卖空另一个月份合约，你也许会认为不会产生太大的盈亏，但实际上有可能两个单子都亏损——那就是因为买入的那个月份下跌了，而在同一时间卖空的那个月份却上涨了。

请看第 11 图。

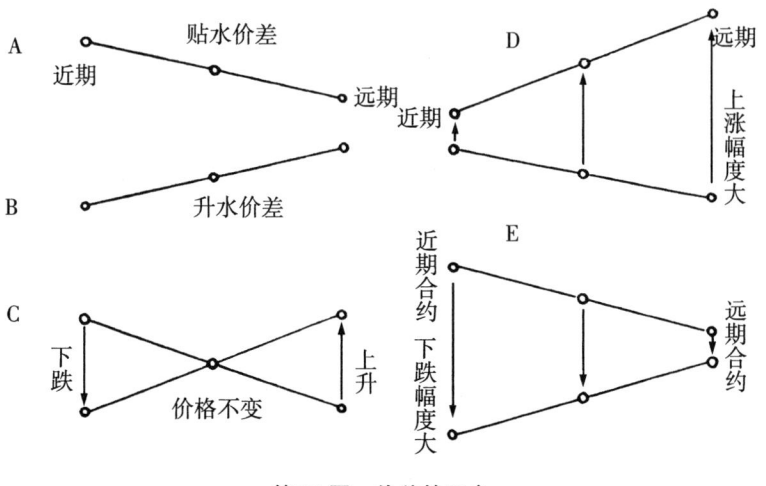

第 11 图 价差的开合

图 11A 是近期合约价高、远期合约价低的贴水价差状态。

图 11B 是近期合约价低、远期合约价高的升水价差状态。

图 11C 是假定行情由贴水价差状态向着升水价差状态转变的过程。虽然近期合约在大幅度下跌，远期合约在大幅度上涨，但中间的合约的价格却没有发生变化。这种情况在实际的行情中也有可能发生。

图 11D 表示的是从底部开始上涨的行情，远期合约率先上涨，引领其他合约一起上涨，但远期合约的涨幅比其他月份合约的涨幅大，使行情由贴水价差状态变成升水价差状态。

图 11E 是一个下跌的行情，但近期合约的跌幅大，远期合约的跌幅小，使行情由贴水价差状态变为升水价差状态。这种情况多发生在库存多的青黄不接期，或者在底部的徘徊行情中比较多见。

第 12 图表示的是 1968 年小豆期货一个大幅上涨行情的前夕。由图可见，3 月初价格回落的时候价差收缩，4 月底暴涨前夕价差扩大。

不同月份合约之间的价差时而扩大、时而缩小，这种变化叫"价差的运动"。最大的价差运动就是由升水价差变为贴水价差或由贴水价差变为升水价差。这种运动叫"价差的变化"。

对做期货的人来说，价差的变化非常重要。一般的人的注意力容易被行情的整体涨跌所吸引，但我们必须还要注意价差的变化。

主要的价差变化有 7 种：

（1）由升水价差向着贴水价差转变。

（2）由贴水价差向着升水价差转变。

（3）升水价差不断地缩小到达了极限。

（4）升水价差不断地扩大到达了极限。

（5）贴水价差不断地缩小到达了极限。

（6）贴水价差不断地扩大到达了极限。

（7）价差的开闭运动。

这 7 种价差变化是行情的走势将要发生变化的前兆。这 7 种变化之中有 1 种出现的话，就预示着顶部或底部的走势将要发生改变，或者行情将要突破震荡走势。

第 13 图是 1967 年 9 月 1 日至 10 月 9 日小豆每隔 10 天的价格连接线。在同样的时间段内，2 月份合约的跌幅 AB 为 200 日元，10 月份合约的跌幅 A′B′ 为 1100 日元，可见不同的月份价格变化幅度差别之大。这种极端的情况在实际行情中也时有发生。

这里就涉及一个选择建仓合约月份的问题。例如，连续几个月都是底

第四章 月份的选择

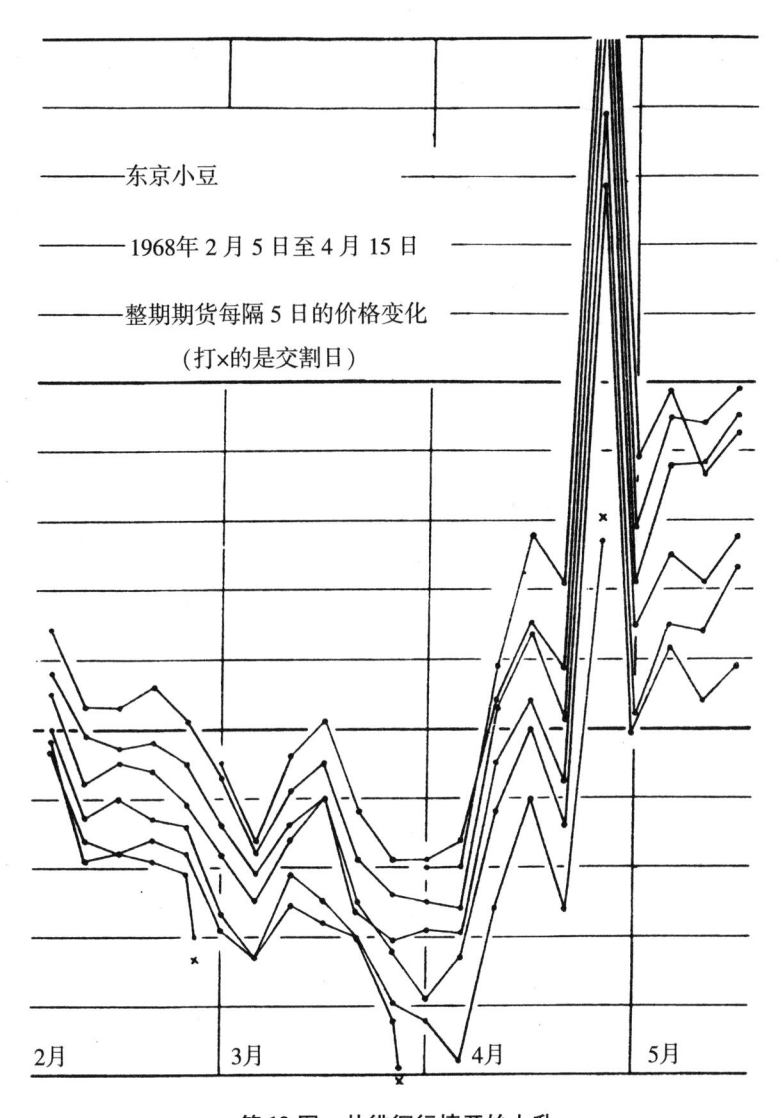

第 12 图 从徘徊行情开始上升

部徘徊行情，其间当月合约低价交割坏消息出尽，整体行情由徘徊局面逐步向上升局面转变，这时应该买入哪个月份？

即使出现了上涨的苗头，但如果买入的月份在上涨走势明确以前就迎来了交割的话，买入这个月份的合约也是劳而无功白费力气的；买入的合约的月份必须处在行情上涨的时段中，利益才能不断扩大。我们既希望将利益尽可能地扩大化，也要重视利益获取的可靠程度，必须选对建仓合约的月份。

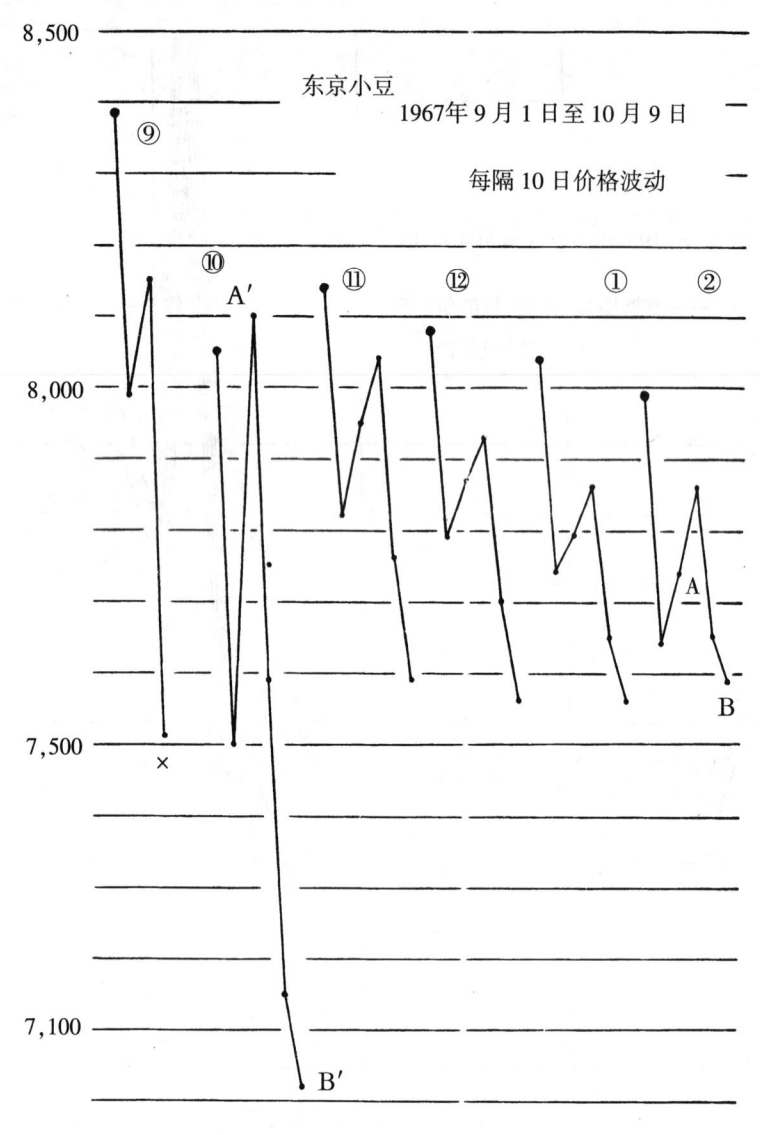

第 13 图　各个月份期货的价格波动

2. 流动的行情当中的月份

　　请看第 14 图。你看了这个图就很容易明白，远期合约连接线图容易造成什么错觉。这是 3 个月份制的各个月份整期走势示意图，不是实际的走势图，是从底部向上升转变的场面。各个月份刚开盘上市的第 1 个月的走势都用粗线表示，把这些粗线连接起来就是远期合约连接线图。

　　下面我们就看一看每个月份合约的价格变动有何不同。大家记住把粗线连接起来就是远期合约连接线图。最低价格是在 A 点，但是即使在 A 点买入新上市的远期 4 月份合约也赚不到钱，因为 4 月份合约交割于比 A 价格更低的 B 点。单看远期合约连接线图，会形成这样的错觉：在 A 点买入的头寸一直抱牢，能够在 D 点或者 E 点平仓获利，但 3 个月份就要交割，A 点买入的头寸早就在亏损的状态下交割平仓了。①

整体来看，1 月份合约的交割价格最低，然后 2 月份、3 月份、4 月份合约的交割价格虽然逐步升高，但依然都属于低价范围。2 月份合约开始略微坚挺，3 月份合约的价格虽然比 2 月份合约高，但在交割的那个月价格走低。4 月份合约的交割价格虽然比 3 月份合约高，但在交割的时候价格疲软，与远期的 6 月份合约的价差拉得很开。5 月份合约终于以高价格交割，这时离低价徘徊的 1 月份合约上市的日子已经相隔了 4 个月了。

6 月份合约在开盘上市以后经过小幅回挡，然后开始上升，到了 6 月份变成了徘徊震荡走势。

在做期货的时候不要被远期合约连接线搞糊涂，要一个月份一个月份地琢磨，这一点非常重要。在以上这个例子中，1 月份合约是筑底的月份，4 月份合约是徘徊的月份，从 5 月份合约开始才是正式的上升行情。

3. 更有效地进行建仓

第 14 图所示的走势图虽然是虚构的，但它与实际的行情非常接近，因此我们可以用这个图来思考在实际行情中应该如何建仓。

从远期合约连接线上看，价格的最低点是 A 点，但在前一篇中我们也看到，我们不应该在 A 点买入。4 月份合约在中间一个月虽然上涨，但最后一个月是下跌，其交割价格比 A 还低，与其买入，不如卖空还稍微合算一点。不论是谁，看到 1 月份合约的暴跌交割都会看空行情，也许对 2 月份合约、3 月份合约，甚至 4 月份合约都采取做空的方针，但实际上行情的下跌幅度并不大，如果真的这样做的话盈利非常有限，弄得不好甚至还有亏掉手续费的可能性。

那么如果做多，买入 4 月份合约的话结果又会如何呢？4 月份合约由于是低价交割，买入 4 月份合约也赚不到钱。

---

① 译者注：把每个月份合约刚开盘上市头一个月的价格变动线一个一个地首尾相连，称之为远期合约连接线图。它可以一直无限地连续下去。这是在日本的期货界中比较流行的一种线图。其利是容易看清趋势走向，其弊是无法表示隔月头寸的盈亏。

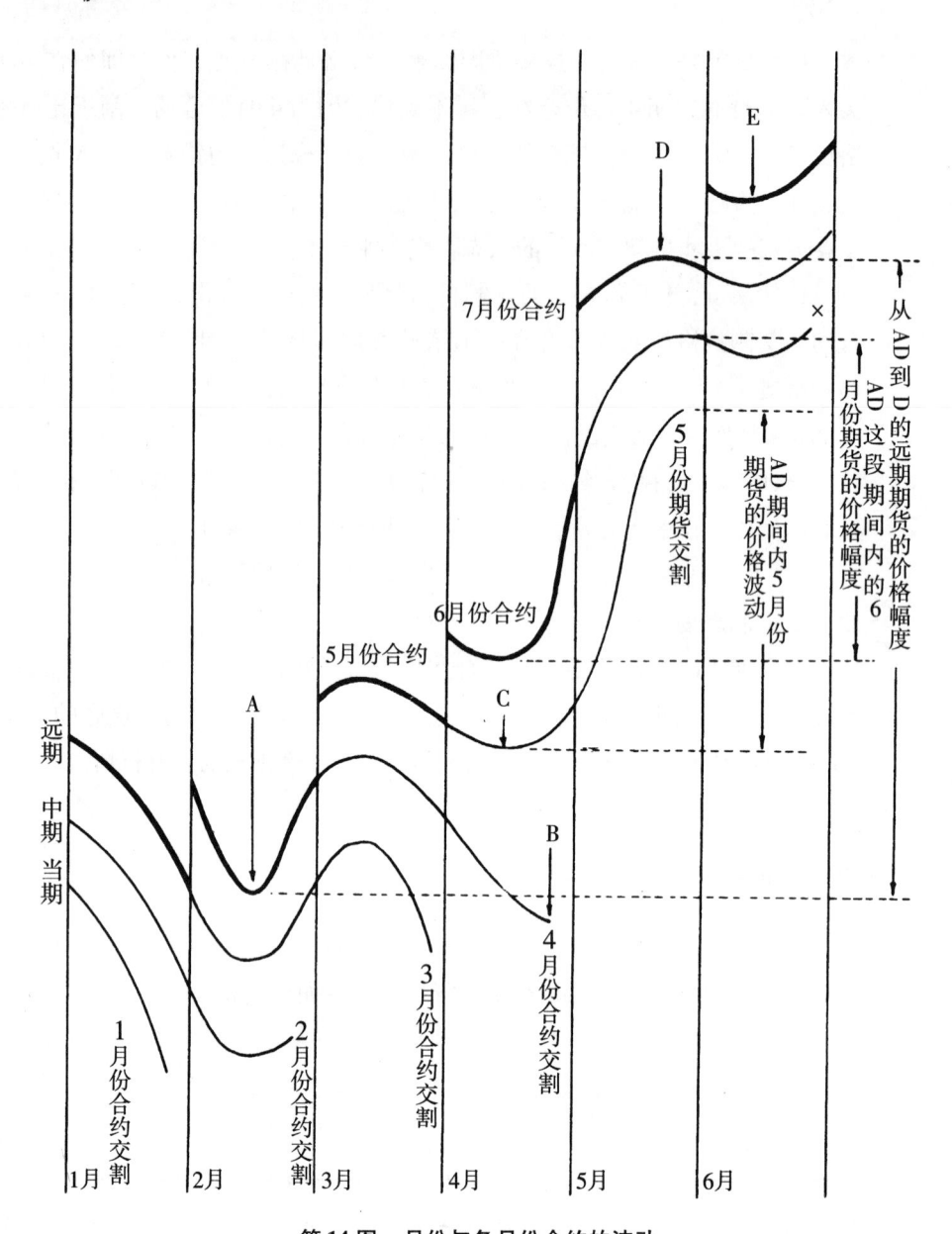

第14图　月份与各月份合约的波动

  6月份合约刚开盘上市的时候是一个下跌的局面，如果因此而看空，对6月份合约进行逢高卖空的话会遭到重创。

  以上分析的是在行情正式上升以前，也就是4月份以前，做多或做空都无利可图，应该采取观望的策略。下面再分析行情正式上升以后该如何买入。

  期货合约的价格低，必然有其价格低的理由。不能因为价格就贸然地进行做多。对1、2、3、4月份合约即使逢低买入，也不会盈利。但5月份合约是涨幅最大的，买入5月份合约最为有利。应该在4月初逢低买入5月份合约，然后一直抱牢，直到交割，这样做就能够实现盈利的最大化。在实际操作中，完成这样的交易的可能性是存在的。

但是同处于上升行情中的6月份合约在开盘后不久就直线上升，与5月份合约相比，6月份合约逢低买入的机会很少，而且有可能只来得及买到少量的头寸。对于6月份合约来说，看来除了追高买入以外没有其他办法，因此，6月份合约只能在不稳定的状态下建仓，难度是比较大的。

买入建仓的流程应该这样来安排：先逢低买入5月份合约来赚取第一波上涨行情，买入的头寸于5月底平仓获利，然后在E点重新买入7月份合约继续持有。

5月份合约的平仓手法是逢高抛掉，7月份合约的买入方法是逢低买入。

以上的思路并非纸上谈兵，这些思考方法都是可以应用于实际操作的。

二、远期合约的崩溃

1. 在顶部建仓的月份

如前所述，在上升行情中持有买入头寸不等于一定就能够盈利，要看月份选择得对不对。学会了月份的选择，你的期货技术就迈出了第一步。

任何行情都不会无限地上升的，无论多么声势浩大的上升行情，早晚都会下跌的。这时就要将买入头寸平仓获利，反手做空。

但是买入头寸在顶部的最高点平仓获利几乎没有可能，这是现实，我们不可以像追求理想一样去追求这种毫无把握的事情。不管多么高明的人，能够卖在顶部最高点，除了说这是偶然以外没有其他的解释。

行情不是简单就能够预测得了的，因此才需要期货技术。然而，"快要到顶部了吧""尽管还不能肯定，但大约已经进入了顶部的范围了"……在波澜起伏的行情中，我们也只能以这样的模糊判断来做期货。

单就"卖出"这个词而言，也有不同的含义：既有买入头寸的平仓获利，又有赚取下跌行情的做空，还有对冲的卖空。对冲是为了仓位的保险而布置的头寸。买入头寸主攻的时候，卖空头寸就是对冲；卖空头寸主攻的时候，买入头寸就是对冲。

琢磨建仓方法的就是建仓的技术，其中，月份的选择也是一个重要的技术。

在下跌的行情中，选择哪个月份进行建仓的问题也十分重要，下面就讲解一下这个问题。

在低价区，价格的变动十分缓慢，因此有足够宽裕的时间来考虑月份选择的问题，因此不是很难。但从顶部下跌的时候，由于制造了上涨行情的多头的崩溃是下跌的原动力，下跌之势犹如瀑布直泻千里、迅雷不及掩耳，因此我们必须选择与买入时候的月份不同的思路。

在低价区建立买入头寸的时候，适合于买入的月份一般是中期合约。但对冲卖空、或赚取下跌行情的卖空，我们原则上都选择远期合约。在升水价差的价差扩大的时候，卖空远期合约的话，不管是对冲卖空还是做空，成交的价格绝对有利。当我们面对涨势迅猛上涨行情卖空的时候，会产生接下来会不会暴涨的不安，但当顶部从上升转变为下跌的时候，其前兆就是价差会收缩。就像第15图所示的那样，价差先是收缩，然后价格开始下跌，这是典型的变化过程。在价差收缩的时候卖空在时机上来说是绝佳时机，但赚不到大的价格幅度容易使人产生不合算的感觉。

顶部卖空就是与底部做多不一样，有其独特的难度。

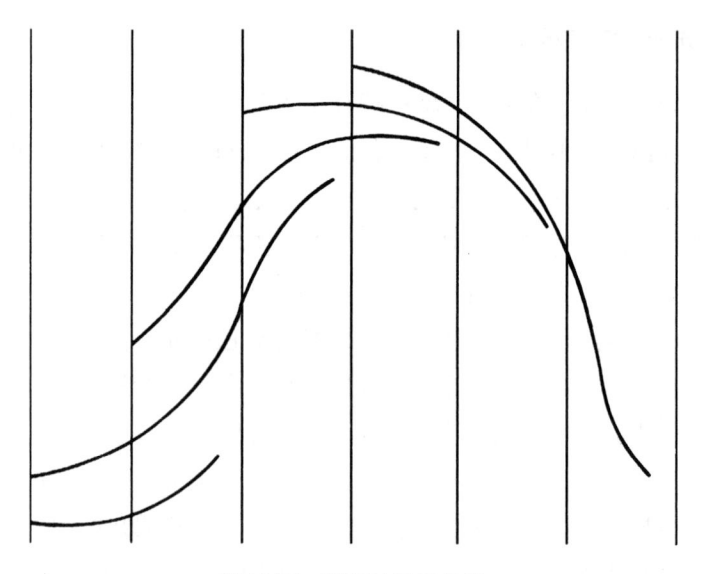

第 15 图　顶部的价差收缩

2. 远期合约最先崩溃

第16图所示的是从上升行情中段稍前到顶部过后的典型的价差变化。图中A、B、C、D、E是不同形状的3个黑点的连接线，3个黑点分别表示近期、中期、远期合约的价格。因此，A是升水价差状态，C和E是贴水价差状态。

随着上升行情的进展，价差的状态按照以下的顺序转变：A升水价差→B无价差（中段）→C贴水价差（顶部稍前）→D无价差（顶部最高处）→E贴水价差（顶部已过）。

由16图可知，如果在A点买入后持有到顶部过后的E点平仓，购入近期合约比买入远期合约有利，赢得的价格幅度大。

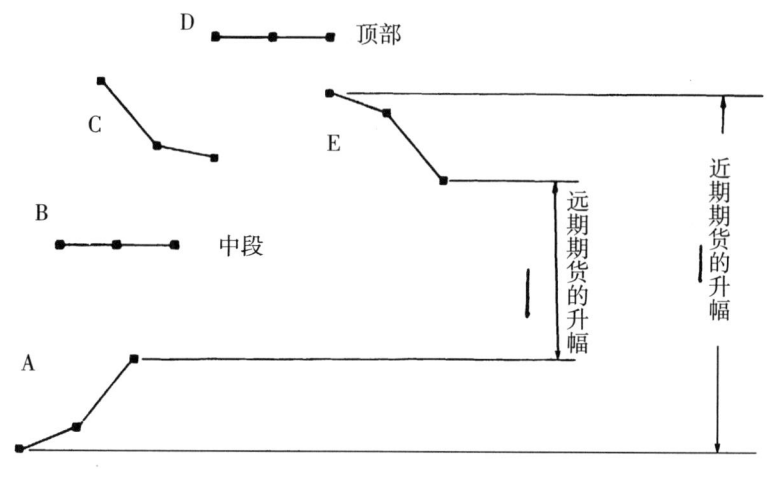

第16图 从中段稍前到顶部稍后

在A处买入后持有到D点平仓，也是购入近期合约有利。

由图D下跌到E，远期合约的跌幅大于近期合约，就是说，在顶部以后卖空的话，卖空远期合约比卖空近期或中期合约有利。

1963年7月20日，在东京丸之内的产经大厅我做过一个关于小豆行情的演讲。当时我正在做空小豆。在远期合约中我有大量的空单，在近期合约中只有少量的多单。当演讲途中有听众问我对小豆行情的看法时，我回答说："小豆的价差有缩小的倾向，不久将会下跌。"

而当天的价格正好是顶部的最高点，行情开始暴跌。请看从7月1日到7月20日各个月份合约的收盘价和价差。

日期	⑦	⑧	⑨	中期和远期的价差	当期和远期的价差
1	7640	7830	7920	90	280
2	7690	7880	7990	110	300
3	7680	7850	7970	120	290
4	7510	7660	7790	130	280
5	7470	7650	7800	150	330
6	7530	7730	7860	130	330
8	7600	7840	8030	190	430
9	7670	7840	7990	150	320
10	7570	7750	7910	160	340
11	7600	7820	7930	110	330
12	7520	7670	7830	160	310
13	7570	7710	7840	130	270
15	7670	7840	7980	140	310
16	7680	7800	7930	130	250
17	7730	7840	7970	130	240
18	7680	7780	7910	130	230
19	7750	7910	8060	150	310
20	7870	7960	8080	120	210

6月底的价差很大，7月1日收盘中期与远期的价差只有90日元，这是上涨行情将要发生变化的信号。请看当期、远期合约之间的价差变化。7月1日价差为280日元，7月8日扩大到了430日元。之后价差逐渐缩小，7月20日的价差是210日元，这大约是7月8日的一半。中期、远期合约的价差也随着顶部的接近而逐渐缩小。

以上这种价差缩小是行情将要下跌的前兆。知道了这一点再加上知道了具体的头寸操作方法，就能够选择合适的月份。

三、关于贴水价差

以下内容对于期货经验少的人也许有些困难。如果有读不懂的地方就跳过去，以后再重新读一遍。

1. 何为贴水价差

前面为了容易理解我一直以升水价差为中心进行讲解，从现在起我要讲解一下贴水价差，并且和你们一起考虑一下在贴水价差行情中月份的选择。

贴水价差从大的方面区分可以分为两种状况。

（1）缺货状态

缺货状态就是现货供应不足的状态，就是说现货市场处于缺货的状态。

由于现货不足，所以越靠近近期价格越高，所以形成了贴水价差。就像第17图下方那个图所示的那样，越靠近当月合约之间的价差越大。但庄家为了炒高价格而囤积居奇的时候，就没有图中所示的那样光滑的曲线了。

维持近期高价的原动力是缺货造成的购买人气，就是说，在回挡的时候必须有想买的人，想买入的人买完以后，行情就结束了。

（2）看空未来

这个状态也是以缺货为前提的。第17图上方的价差图就是看跌未来的价差图。当月合约和近期合约之间的价差较小，靠近远期合约的价差较大。

在实际行情中我们一般难以区分这两种价差。但穷究理论不如实际行动，让我们继续考虑在贴水价差行情中应该如何选择月份和建仓吧。

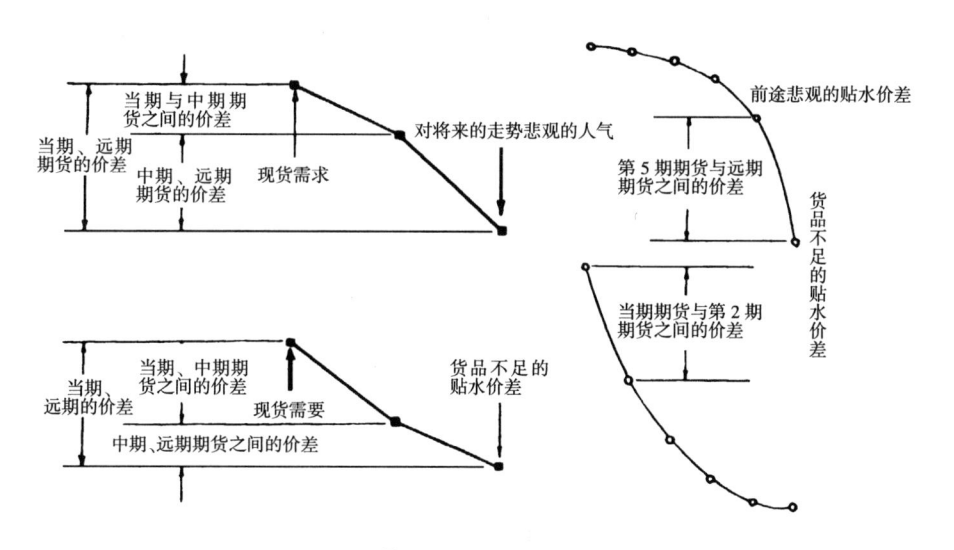

第17图　贴水价差

2. 价格向近期合约靠拢

期货市场的远期合约随着时间的推移逐渐变为近期合约。在这个过程中，如果市场整体价格本身没有上下波动的话，远期合约的价格随着时间的推移会逐渐向近期合约靠拢。就是说，在升水价差的行情中，随着远期合约向近期逐渐靠近，价格逐渐下跌；在贴水价差行情中，远期合约在向近期靠近的同时，价格逐渐上涨。这就是"价格向近期合约靠拢"。

请看第 2 图。这是 1957 年的白扁豆的价格波动。1957 年 4 月，小豆的多头庄家败给了空头，使得小豆的价格暴跌，受其影响，白扁豆的价格也一齐下跌。小豆的行情一直下跌到 7 月份才止跌，白扁豆的行情下跌到 5 月份就止跌了。

止跌的原因是白扁豆从缅甸进口的数量突然减少，造成了缺货的状态，形成了缺货的贴水价差行情。

另外，当时大家都看空白扁豆。产地的白扁豆刚刚播完种子进入了生长期，由于大家对白扁豆丰收的预期使得远期合约价格疲软。然而，由于缺货是摆在眼前的事实，因此越靠近近期合约价格越高。

在这种情况下，一般的做法是购入中期合约。因为价低的中期合约随着向近期靠近价格逐步升高。

当时的情况也是这样：在升水价差的状态下价格下跌的时候，跌过头以后变成为贴水价差。新的远期合约也低价上市，坏消息已经材料出尽，不再有更多的人卖空。于是在超跌反弹的同时，行情逐渐向贴水价差转变。

重视安全

贴水价差行情的交易原则是"卖空价高的近期合约，做多价低的远期合约"，但对于突变到了当月价格徒然上涨的缺货的贴水价差行情来说，不主张积极地在近期合约中新建卖空头寸，而应该将高价的近期合约中的买入头寸平仓获利。因为近期合约已经临近交割，现货市场又处于缺货的状态，即使在近期合约中新建卖空头寸，一时之间也不容易等得到价格下跌的时候，因而无利可图。但对于价低的远期合约，应该积极地新建买入。但在每个月份中都建立买入头寸的话又是危险的，出于安全上的考虑，也为了便于建立对冲头寸，应该空出 1～2 个月份。至于应该空出哪个月份，每个人的想法和行情的状况都各不相同，但第 17 图给出了一个基本的例子。

请看第 17 图右下的"缺货的贴水价差"。假定买入了最远期的第 6 个月的合约。由于第 5 个月与第 6 个月合约之间的价差很小，因此不能期待第 6 个月份合约在变成第 5 个月份合约的时候会有多大的涨幅。这样的话，就不应该买入第 6 个月份合约了，而应该买入第 4 或第 5 个月份的合约，空出第 6 个月份合约用来建立对冲头寸。不应该只顾追求更大的利益，而应该为了安全而空出相应的月份。

当行情处在贴水价差状态的时候，每个合约在向近期合约过渡的过程中价格逐步升高。因此，我们总是把价格变高的当期合约中的买入头寸平仓获利，重新买入价格较低的中期合约。但是当远期合约开始以高价格上市的时候，说明行情的状态发生了变化，这是行情由贴水价差转变为升水价差的前兆，就不能再采取购入中期合约持有到当期的时候平仓获利的策略了。

有必要改变一下策略。方法是对前面建立在中期合约中的买入头寸进行对冲。起对冲作用的卖空头寸建立在价高的远期合约之中比较合适，在这种情况下，买入中期合约，等待它上涨的做法是危险的。

请你牢记在做期货的时候，总是要把建仓月份的选择与价差的变化联系起来考虑。这一点是非常重要的。

第五章
建仓的技术

一、强弱观与月份
二、建仓的法则
三、头寸换月
四、波动和节奏

第 18 图　东京小豆日线图（1966 年 5 月的底部）·················· 56
　　　　　东京小豆日线图　1966 年 9 月份期货、10 月份期货
第 19 图　东京小豆日线图（建仓方法的例子）·················· 57
　　　　　东京小豆日线图　1966 年 9 月份期货、10 月份期货
第 20 图　宝塔型（倒金字塔型）、扇形的建仓过程·················· 65
第 21 图　行情的节奏·················· 73

第五章 建仓的技术

一、强弱观与月份

1. 什么是"行情观"

只要稍微涉足股票或期货的人就会有着自己对行情的看法。不同的人具有不同的行情观。俗话说，十个人十个样，就如每个人的脸长得都是不一样的那样，每个人的行情观也是不一样的，这是理所当然的。

即便是同一个人，在不同的时候对行情的看法也是不一样的。这是因为行情的看法是随着实际变动着的行情而随时改变的，此外，还会因为与其他人交换对行情的看法、以及因为受某种消息的影响而改变对行情的看法。

总之，即使固定在某一时刻观察周围的人们，也可以惊讶地发现竟存在着那么多种完全不同的行情观。

"行情观"这个被一般大众频繁使用的词汇本身意义就非常模糊。因而，所谓的"看涨""看跌"等行情观的分类方法也一样是意义模糊的东西，极端地说，完全是无聊的东西。

"议论行情的涨跌，只是在无聊地浪费时间。"[1]

这是稍微经历过做期货的艰辛、知道做期货正确方法的人所说的话，这句话才是正确的结论。

---

[1] 林知之注：行情观就是对行情的看法，相当于对行情进行预测。预测的命中概率不是通过研究或努力就能够提高的。期货技术理论的出发点就是建立在"预测的命中率超不过50%"这一观点的基础上的。为何如此说呢？因为如果存在着持续超过50%命中概率的预测方法的话，只要使用这个方法就有可能把全世界所有的财富都赚过来。其结果，期货市场这个交易场所也将变得不复存在。

但是，越是行家就越认真进行预测，就越认为预测是必要的。

尽管无法预知将来的变化，但是存在着应对不可预知的变化的交易方法。对于这种交易法来说，为了进行具体的交易判断，为了控制动摇的情绪并调整头寸的布局，绝对必须时常进行预测。

没有明确的基准的预测，只是交易者一厢情愿的想法。

2. 建仓的操作

行情观与如何建仓，并没有直接的关系。

比如说，假定有两个人对行情都持"接下来会上涨"的看法，其中一方认为：因此应该建立买入头寸。而另一方却认为：因此，应该等到了高价位的地方建立卖空头寸。

这样看来，即使持有同样的行情看法也会有不同的建仓方式。但是，不管采取哪种方法，在这个阶段，距离能称为"建仓的方法"的阶段还很远。

为什么这样说呢？因为从对行情进行预测，一下子进展到实质性的行动（买入建仓或卖空建仓），属于一种赌博性的行为。这种做法忽视了做期货最重要的资金量的原则。

凡是世界上动用金钱的工作，小到夜排档，大到跨国公司，越是以营利为目的的企业，越不能忽视资金量。而且，这些企业在运作的时候都是把资金量作为第一前提的。

在前面讲到的行情观里，忽视了资金量的因素。

只要做期货也牵涉到金钱的运作，资金量就也是第一前提，忽视资金量，仅仅议论行情的涨跌，只是白费力气的事情。

极端地说，假定有两个持有完全相同的行情观的人，如果这两个人的资金量不同的话，建仓的方法也就会随之不同。如果相同反而倒奇怪了。

在此所说的建仓的方法不是指头寸的数量（合约数），不是指有两倍资金量的人就建立两倍的头寸的意思。

即使持有同样的行情观，如果资金量不同的话，当某一方建立买入头寸的时刻，另一方有可能建立卖空头寸。

资金量不可能是无限的。资金量也不可以过少，资金量必然是有一定的限度，因此，应该以与运用公司的资本金一样的思考方法来做期货。

在资金量范围内建仓，这才是正确的期货做法。[①]

所谓的期货技术，不是去猜测行情的涨、跌（不存在这种技术），而是要随着不可预知的行情的涨跌变化，对头寸进行增减调整。期货技术的目的是使损失尽可能地缩小、使利益尽可能地扩大。

[①] 林知之注：在确定好建仓的位置以后，建仓应该从试验头寸开始。然后，根据行情的状况增减头寸，跟随着价格波动进行操作，这就是做期货。其间需要进行一系列的操作，反复进行成功的操作才能把利益积累起来。那种想靠建仓就一举定乾坤的赌博式的做法，除了能够偶然获胜以外，最终只会落得悲惨的下场。

在这一系列的操作当中，与建仓相比，平仓进行得好更能决定盈亏的结果。

接下来，虽然准备进入建仓的基础的命题，然而，读者个体千差万别、资金量多少的问题讨论起来是很不容易。

我准备把建仓的根本性的思考方法与例子一起拿出来讲解，然而针对个人的差别，改变前面所述的资金量的数据，根据每个人的爱好不同、擅长的技术的不同，应该有许多种不同的建仓方法，即使不能说我讲的这些方法都绝对正确，至少我是按照基本原则进行操作的，读者必须明白这些是正确的建仓方法。

二、建仓的法则

1. 建仓的方法

从很久以前开始，就流传着两句很抽象的话语，这两句话是关于交易的时刻的，它们是：

买入只限于在价格低的日子、价格低的时刻进行。

卖出只限于在价格高的日子、价格高的时刻进行。

这两句话的意思虽然讲的是交易不要受场内气氛影响，不要带有感情色彩。但从"顺势操作""逆势操作"的角度来分析的话，这两句话所说的做法属于逆势操作。

这样讲也有些抽象，如果不加以更加具体地说明的话不容易理解吧。

首先，从这两句话的目的来说，就是尽量在低价处买入才容易赚钱。但是，如果再兼顾到头寸的数量，那就是尽量使买入的平均价低一些。

有各种各样的方法可以降低购入的平均价。下面就举例讲解降低买入平均价的具体的方法和种类。

用逆势操作法建仓，使平均成交价变得有利

当最低价格连续两天以上被更新的时候，请试验性地建立买入头寸。

——法则 A

在日线图、周线图上呈现第 2 根或第 3 根阴线新低价的时候买入。

——法则 B

如果解释地稍微再详细一点：

在第 2 根阴线新低价的时候买入极少一点，在第 3 根的时候比上次多买入一些，尽量使买入平均价下降（日线图、周线图）。

——法则 C

逆着阴线新低价建立最少的头寸，在下一个更低的新低价处，比上次多买入一些，在第 3 根阴线新低价处再次加码买入。到此为止把投入的资金限制在总资金的一半以内。

——法则 D

对于彷徨行情高价之后的回挡，第一天观望，在第二天的低价处先试探性地买入一些，如果反弹的话仍然观望，在下一个低价处再一次买入，尽量使买入平均价降低。

——法则 E

逢新低价分批买入，买入头寸的数量按照 1，3，5 的比例建仓，此时应该预留一半的资金备用。

——法则 F

接下来列举一个我想出来的效率既高又容易学、容易实行的方法：

以 1，2，3，4 的比例来进行"摊平"建仓的头寸数量分配，至此为止只能动用资金 1/3。

——法则 G

下面列举某个依靠做大米期货和长期持有"新东"股票维持生活的职业炒手的三个方法。他主要是做短线交易的。

在远期期货的跌幅小于中期期货的跌幅的下一节（或天）购入中期期货。①

——法则 H

当远期期货的涨幅大于中期期货的涨幅以后，瞄准中期期货准备买入。（顺势操作）

——法则 I

在对中期期货进行平摊平均值购买的时候，要预留出对远期期货卖空建仓的资金。

——法则 J

在这里出现了顺势操作的操作方法（更确切地说是思考方法）。顺势操作是针对逆势操作而言的，顺势操作在词义上虽然与逆势操作相反，但其

---

① 译者注：日本期货的农作物品种每天只能在规定的时间进行几次交易，每一次交易称为"节"，比如第一节、第二节等等，属于"定盘"。金属或石油类品种每时每刻都能交易，属于"动盘"。

意义并不是说建立与逆势操作同样数量头寸的相反仓位。

如果把结论提到前面来说的话，就是：顺势操作是逆势操作的上下相反、颠倒过来的建仓方法。

但在讲顺势操作以前，我先讲一个逆势操作的实例，等大家领会之后，再来讲解顺势操作。

2. 逆势操作的实例

请看第18图。这是1966年4月至7月东京小豆9月份期货和10月份期货的日线图。由于是贴水价差行情，10月份期货的价格要低于9月份期货。

虽然只有3个月左右的行情，但如果针对行情分析及建仓方法放开了写，很容易就会超过50页稿纸。但是，在这里就简单地讲解一些建仓的方法。把第18图的5—6月份的部分扩大，就是第19图。请参阅此图。由于是贴水价差，上方是9月份期货，下方是10月份期货。

首先分析一下行情。5月4日，作为远期的10月份期货的涨幅比9月份期货还要大，因此认为这是行情将要开始上涨的前兆。所以决定采取买入方针。

在这一期间，近期期货是5月份期货，远期期货是10月份期货。也有人把5、6月份看作近期，9、10月份看作远期，中间的7、8月份看作中期期货。但一般的分法是近期＝5月份，远期＝10月份，中期＝6~9月份。在本例中，把月份定义为：5月份期货＝近期期货，9月份期货＝中期期货，10月份期货＝远期期货。

言归正传，从5月4日开始，价格波动呈现出远期期货的涨幅大于中期期货的特点，因此，根据前一节的法则 I，购入中期期货9月份期货。根据法则 A，在连续2天以上更新最低价的时候，建立试验头寸。这是最初的头寸。

"连续2天以上更新最低价"指的是连续2根阴线。在第19图中，是"甲"处。这样用逆势操作的方法建仓，可以避免买入高价位的期货。

然后，根据法则 B、C、D 的思路加码买入。9月份期货和10月份期货在第2天（5月11日）、第3天（5月12日）连续走出阴线，但10月份期货在5月11日的阴线没有更新最低价。因此在5月12日，9月份期货是第4根新低价，10月份期货是第3根新低价。但不管在9月份还是10月份期货中，都是在更新最低价的时候加码买入的，所以降低了买入的平均价。当然，在买入的时候，并不知道这就是最低价或最低价的附近，但回过头来看一看，就可以知道这种购买方法是多么的有效。

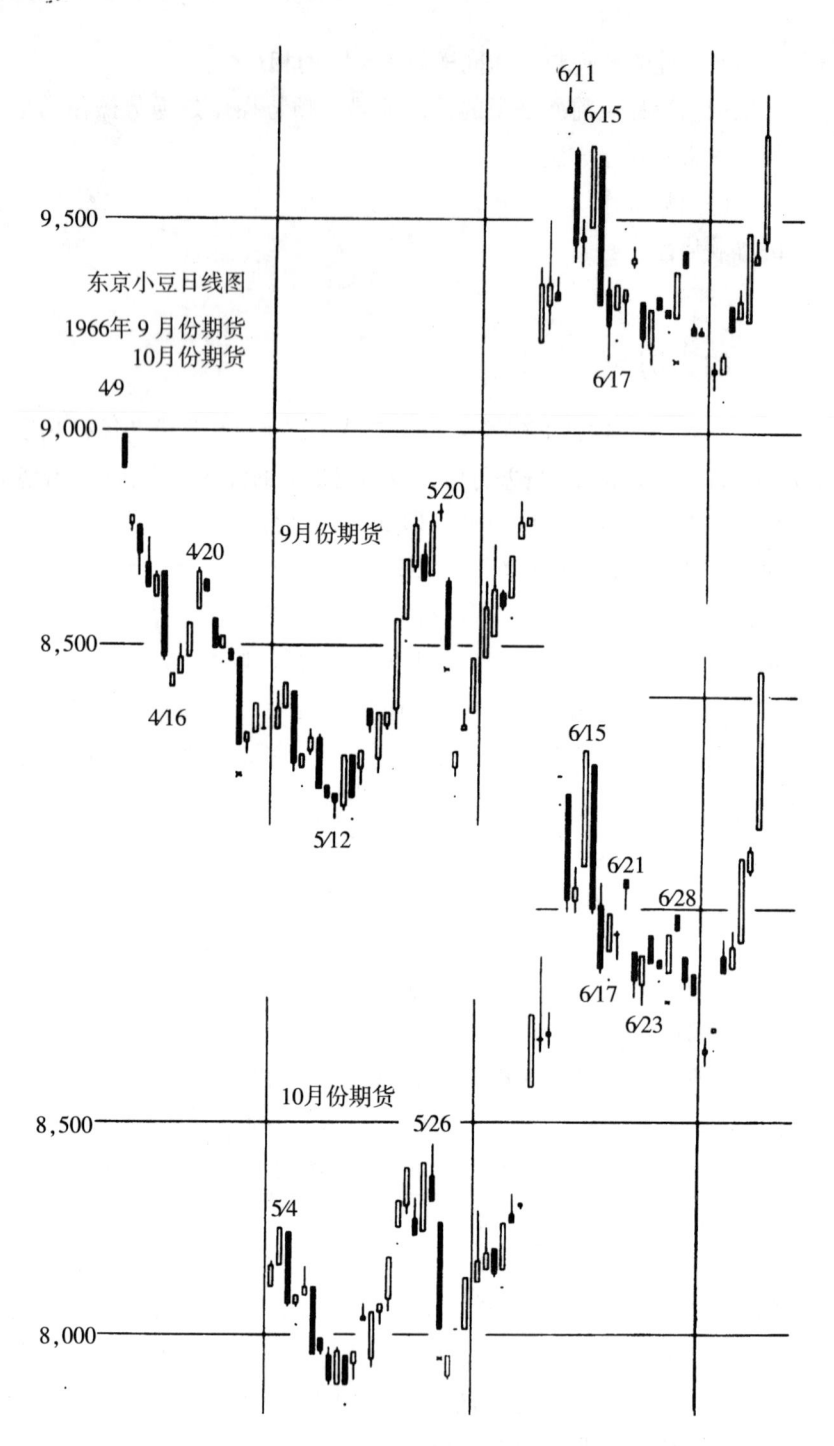

第 18 图　东京小豆日线图（1966 年 5 月的底部）

再让我们考虑一下每次买入的头寸数量应该如何分配。

法则 C、D 说的是"越往后买入的数量越多"。由于越往后价格越低，极

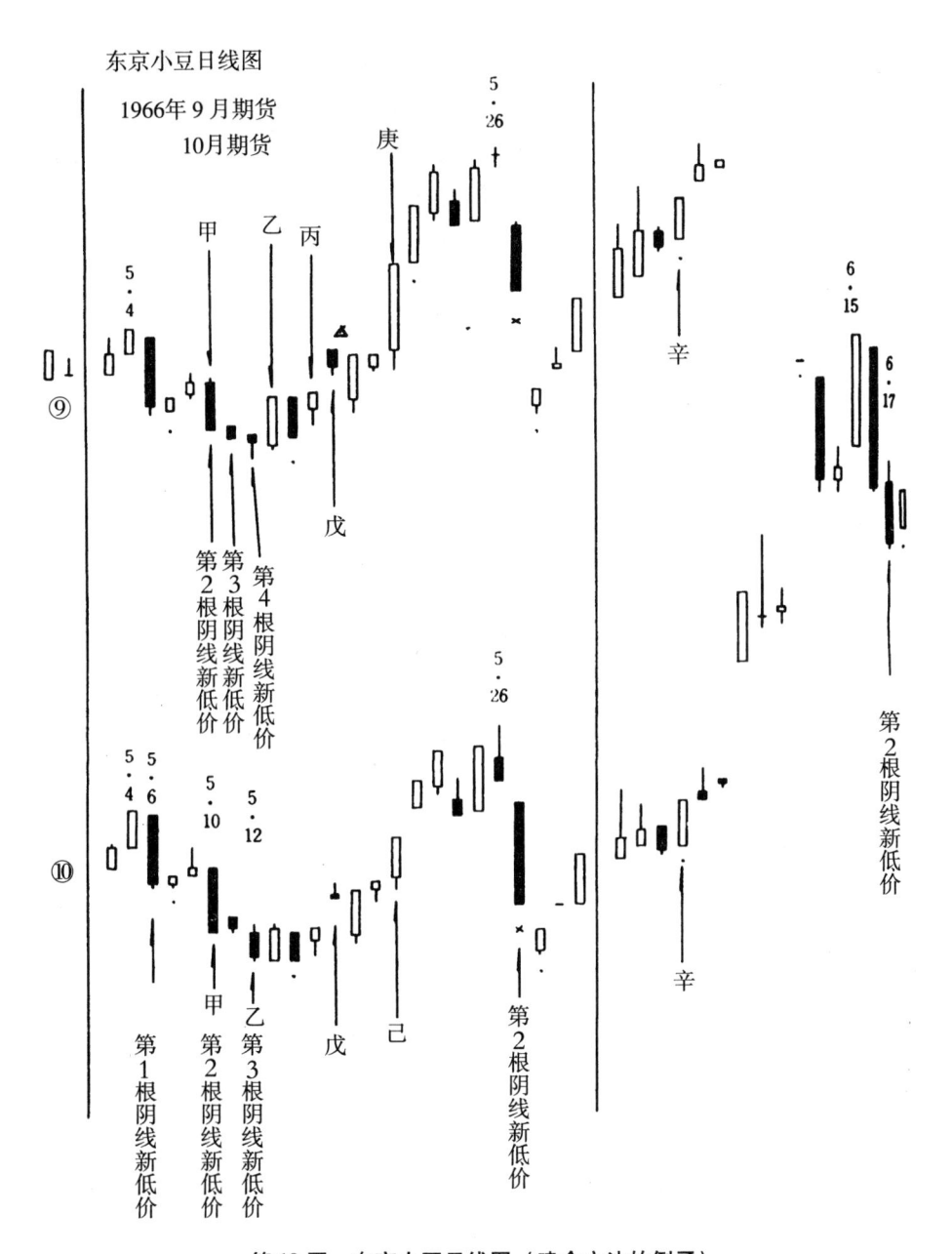

第 19 图　东京小豆日线图（建仓方法的例子）

端地把头寸的数量增加下去平均价虽然越来越低，但把买入平均价无限地接近最低价不是现实的操作思路。虽然从第 19 图价格波动的结果来看，买入操作进行得不错，但实际的期货操作中是做不到在如此低价的地方大量买入的。

但在第 2 根、第 3 根阴线的时候加码买入的做法还是有可能做得到的。我很佩服这个法则的有效性。

如果欲望过高，在想尽量更加接近一点最低价的运作过程中，有时行情会掉头向上，错过行情。但如果在第19图的"乙"处一举投入全部资金赌一把，这又是危险的买入方法。即使在第2根、第3根阴线处买入建仓成功，也没有任何保证那一定就是底部最低点，如果继续下跌怎么办？

因此，在每次进行逢低买入的时候，头寸的数量应该如何掌握呢？

法则F说，按1、3、5的比例加码买入，根据资金量的大小，既可以是10手、30手、50手，也可以是5手、15手、25手。但是，这个比例并没有特别的意义，也可以分4次（1手、2手、3手、4手，共计10手）买入，请读者根据自己的习惯来决定每次投入的资金比例。但是，绝对不可忘记的是：逢低买入不可以投入全部资金。

3. 资金和安全系数

为何说逢低买入不可以投入全部的资金？这是因为下跌行情即使不会无止境地下跌，但也没有任何保证说在第3根阴线或第4根阴线之后就必定反弹上涨。

即便上涨，也许只是小幅反弹，接着又再创新低。而我们满仓建仓之后，连进行"对冲"的资金也没有了。

因此，为了提高安全系数，要预留出备用的资金。看看前面的法则所言说明的：

"到第3根阴线为止，投入的买入资金必须控制在总资金一半以内。"（法则D）

"按1，3，5的比例逢低买入建仓以后，还要留出一半的资金备用。"（法则F）

"按1，2，3，4的比例买入，用去资金的1/3。"（法则G）

"要预留出对远期期货进行卖空的资金。"（法则J）

这就好比如果把机械的弹簧绷紧到了弹性极限的话，折断了，弹簧的作用就失去了，资金如果满仓建仓的话，就会发生动脉硬化的现象。

"这样的话资金效率不是很差吗？"这样想的人做期货必定会失败。

这一点前人已经教过我们了。

"不要受场内气氛的影响而买入高价，如果行情已经反弹了的话就先观望。"这是法则E讲的。

即使如此，资金也要尽量地有效地使用。

这样做，既是为了防止"动脉硬化"，同时还防止因为买入了高价位的期货而造成精神上的动摇。

比如说，在 5 月 6 日的次日的反弹及再下一天的反弹的日子里不可以购买。

最后再提一下之前举出的那个例子，这个方法在战后的日本作为专业的方法是比较著名的方法：

"当远期期货的涨幅大于中期期货以后，购入中期期货。"（法则 I）

这个方法主要是在升水价差的时候采用的。

在下跌的行情中，用法则 H，这种方法也是在升水价差的行情中使用的，勉强与第 19 图对号入座的话相当于图中的 10 月份期货的"戊"处，但还是有点儿勉强，在升水价差的底部的彷徨行情中，寻找买入时机或者在刚出现上升苗头的时候，用这个办法确实有效。

4. 对顺势操作建仓的解释[①]

有的人说，顺势操作是跟上行情走势的唯一方法。有的做期货的人认为，这才是涉及期货这一行本质的方法。

这个论点是否正确姑且不论，有一句格言叫："今后的行情要根据现在的行情来判断。"这句话就其方法来分析，属于顺势操作——必须承认，实际操作者往往能说出具有真知灼见的话。

刚开始做期货的人，可以说几乎都很自然地倾向于顺势操作，有时，这与高明的人简练的顺势操作建仓在表面上几乎看不出什么区别。

一个人期货做得是否高明，要看他把"资金和建仓量"的相对关系处理得是否恰当。

虽说这个大原则能够符合任何场合，但由于资金量的多寡除了操作者本人别人是不明白的，因此，仅凭观察表面上的建仓情况来议论不同人的加码买入或顺势操作建仓方法的优劣，很容易产生片面的结论，这一点有必要注意。

首先，从顺势操作的基本理论开始，那就是：

当预测被证明之后才进行建仓。

[①] 林知之注：行情上涨以后，认为还会继续上涨而买入；下跌以后，认为还会继续下跌而卖空，这种建仓方法就是顺势操作。

顺势操作与逆势操作的意义在不同的状况下有微妙的不同。在确认底部以后，即使不慌不忙地买入，在时机上也不会太晚。而且，即使已经涨上来了一些问题也不大，不如说是顺势而为的老实的做法。而在回挡买入的做法，就是逆势操作。但是，穷追下去的顺势操作，就不是好的顺势操作。

用顺势操作的交易方式，要求干净利落地平仓。

这是"顺从场内气氛""不与行情相逆"的意思，还有就像谚语所说的"便宜没好货""没有花钱的不是"。就是说，"在低价的时候即使买入也不赚钱，在价格变高的时候买入才会赚钱"，因此，顺势操作的想法是很重要的。不仅如此，还有下面这层意思：行情必然有其相应的理由才会变成这个样子的，这样的话，我只要跟随行情就行了。

顺势操作正是基于这种思考方法而产生的操作方法。

但是，顺势操作的建仓时机是"当预测被证明的时候……"，这个时机的确定无论如何不得不依赖于自己一个人的主观判断，更加具体地说：

当行情出现接下来会出现高价格的征兆的时候，买入。

当行情出现接下来会出现低价格的征兆的时候，卖空。

这两句话与"当预测被证明的时候才建仓"是同样的意思。

但是，"逢低摊平买入"是逆势操作，通过摊平的努力能够使建仓的平均价格尽量接近现在的价格；"加码买入"是顺势操作，在加码买入的时候尽管想努力使建仓的平均价格远离现在的价格，但随着行情的上涨，买入的平均价最终还是接近了现在的价格。顺势操作和逆势操作这两种方法各有长短，这也是没有办法的事情。①

讲解顺势操作的章节也和逆势操作的章节一样，也从列举具体的方法开始。

顺势操作的几个方法

遇到下列行情时，采用顺势操作。

向上突破彷徨行情的时候，买入；向下突破彷徨行情的时候，卖空。

——方法 A

在新高价或新低价出现逆行走势的时候，跟随逆行走势。

——方法 B

买入价高并继续走高的期货，卖空价低并继续走低的期货。②

——方法 C

---

① 林知之注：加码指的是当行情向着预测的方向波动，使仓位的账面出现了盈利的时候再进一步增加头寸数量。这是顺势操作的一种手法，又称为追加买入或追加卖空。在看清行情的方向之后增加头寸，情绪上较容易操作，这种做法虽然能够在短时间内取得较大的利益（这一点是比较有利的），但是，有时也有陷入盲目大胆行动危险中的可能，如果鲁莽地使用加码方法的话，当心气变大、变得贪得无厌的时候，有可能已经迎来了行情的末尾。必须以"冷静地进攻、尽快地逃跑"的战术为前提，才能掌握这个操作方法的分寸。

② 林知之注："在有上涨倾向的行情中建立买入头寸，在有下跌倾向的行情中建立卖空头寸"就是"跟随行情走"的意思。

"在低价的地方即使买入，如果不上涨依然赚不到钱；即使在价高的地方买入，如果继续上涨就能赚钱"这句话以非常简单的语言表达了顺势而为的操作思路。

当价格向上突破连续下跌的第 3 根阴线的最高价格时买入，当价格向下突破连续上升的第 3 根阳线的最低价时卖空。

——方法 D

方法 A、B、C 是顺势操作的基本走势。就是说，在这种情况下，跟随价格走势建仓。

看到行情将要上涨就买入，看到行情将要下跌就卖空。

方法 D 是方法 B 的一种具体形式。请看第 19 图下方的 10 月份期货。5 月 12 日的阴线是第 3 根阴线新低价。"戊"处的收盘价高于 5 月 12 日的最高价格，因此在"戊"处买入。

再看 9 月份期货，5 月 12 日是第 4 根阴线，次日"乙"处的收盘价高于 5 月 12 日的最高价格，因此在"乙"处买入。

用顺势操作的建仓方法虽然能够跟上行情的走势，但有可能买在短期的反弹高点。因此有必要细心地采用分批建仓的方法。

5. 建仓的计划性

不管采用顺势操作还是逆势操作的手法，我们在建仓的时候要想办法尽量让成交价变得有利一些，这一点，两个方法的目的都是一样的。这两种方法又可以细分出很多方法。每种方法都各有长短。在实际操作的时候，应该选择哪种方法，虽然要根据各人的资金量和爱好而定，但价格走势的状况是最大的判断基准。

但是，不可能把一个一个的交易都标准化。即使现在有一个最佳的方法，但由于将来不会出现完全相同的行情，所以这最佳的方法未必适用于将来。此外，我们不仅要考虑单个的交易，还要把一系列交易联系起来整体考虑，既要针对每个具体的行情想出最佳的方法，也要考虑能够普遍应用的一般方法。

我们很容易找出针对过去的行情的最佳建仓方法，但是，面对现在的行情，只能通过逐一试验才能找出自己认为最佳的方法。这个方法是否真的是最佳的方法，不等到行情过去了以后是不知道的。

但我们也不能因此而变得漫无计划，那样的话就是得过且过、马马虎虎，一点也不会有进步，期货做多久也仍然处于一个低水平的状态。

交易的方法是有着严格原则的，操作时只要不超出这个原则的范围，如何发挥那是个人的自由，有个性的技术虽然是一件好事情，但如果超出了原则的范围的话，不管多么强调个人自由，那也只是"毫无道理的胡说八道"。

这个原则就是：建仓操作，一必须与资金量相适应；二必须带有计划性。

即使操作者制订了计划，也不能保证行情一定会如计划中所设想的那样波动，话虽这么说，订立计划还是要比不订计划强过许多。凡事努力要胜过不努力，那是理所当然的。坚持这样做的话，这些计划的内容就会渐渐地变成自己掌握的技术。

扇形的仓位

不论顺势操作还是逆势操作，都必须根据资金量的大小，有计划地进行，所建的头寸将来必须能够获利。

因此，逆势操作并不是单纯的在头寸的方向上与顺势操作相反就行了。用前面讲过的规则为例子吧。

在低位圈逢低买入的头寸的数量是 1、3、5。（法则 F）

"摊平" 逢低加码买入的头寸比例数是 1、2、3、4。（法则 H）

这两次操作用数字表示的话，分别是这样的：

（1）逢低按 1、3、5 的比例加码买入：

交易数量①	未平仓合约的数量②
−1	−1
−3　↓	−4
−5	−9

（第 20 图 H，逢低加码买入）

（2）"摊平" 的交易是：

交易数量	未平仓合约的数量
−1	−1
−2　↓	−3
−3	−6
−4	−10

（第 20 图 H，逢低加码买入）

---

① 原注：交易数量表示交易的头寸数量。未平仓的头寸的数量，表示已建的头寸数量。比如说第一个例子中，按 1、3、5 建仓的话，买入 1 手之后，未平仓头寸数量是 1，买入 3 手之后，未平仓头寸数量是 1+3=4。买入 5 手之后，未平仓的头寸数量是 4+5=9。

② 译者注：首先重复一下前面说过的头寸表示法："—" 号在头寸数量的左边，表示买入头寸或将卖空头寸平仓的意思；"—" 号在头寸的右边，表示卖空头寸或将买入头寸平仓的意思。

把逢低加码买入的交易反过来做，就是逢高加码卖空：

	交易	或者		交易
	5 –			4 –
↑	3 –		↑	3 –
	1 –			2 –
				1 –

（第 20 图 B，逢高加码卖空）

也就是说，把逢低加码买入的逆向操作理解为"摊平"的逢高加码卖空，虽然这样的理解是正确的，但有很多人总是把逢高加码卖空与顺势操作的逢低加码卖空相混淆。

	交易	或者		交易
	1 –			1 –
↓	3 –		↓	2 –
	5 –			3 –
				4 –

（第 20 图 E，逢低加码卖空）

同样地，逢低加码买入的逆向操作还容易错误地搞成逢高加码买入，即：

	交易	或者		交易
	–5			–4
↑	–3		↑	–3
	–1			–2
				–1

（第 20 图 K，逢高加码买入）

逢低加码卖空第 20 图 E 和逢高加码买入 K 虽然在形式上看上去都像是逢低加码买入 H 的逆操作，但这两种做法都是错误的，逢低加码买入 H 的唯一正确的逆向操作是逢高加码卖空 B。

但是，一般人们在做第 20 图 H 的逆向操作的时候，首先容易想到的做法是 E 或 K，或与此类似的做法，而且，在自己做的时候，也总是有采用 E 或 K 的做法的倾向。

为了容易理解，看一下第 20 图的图示吧。

请看第 20 图。假定有一个像第 20 图的左下方的 G 那样的行情波动。

假定准备在 a—b—c—d 这个波动的行情中买入。

在 a 处买入的话另说，从 b 到 c 这一段针对底部的徘徊行情的末期的下跌走势的逢低买入有两种做法：

（1）第 20 图中的 H：逢低加码买入，价格越往低走买入的头寸数量越多，也就是：

$$
\begin{array}{l}
-1 \\
\downarrow \quad -2 \\
\quad -3 \\
\quad -4
\end{array}
$$

如果这样做的话，买入平均价（图中点线的位置）会相当低。

（2）第 20 图中的 I：在反弹的顶部处大量地买入，越往下跌，持有的资金也越少，而且由于担心会继续下跌，因此，越往下买入的头寸数量越少。这样做买入平均值处于上方因而不利（不容易赚钱），读者马上就能够明白第 20 图中的 H 比 I 的头寸布局好。但是，H 是逆势操作。

假定如果采用顺势操作的话，在 a—b 或 c—d 这两段有三种做法：

第 20 图中的 J：还是越往下跌买入的头寸数量越多。

第 20 图中的 K：在低价位的时候战战兢兢地少量买入，行情涨上来以后就来精神，加码买入。当然买入平均价格就变得很高，完全不利。行情稍微有一些回挡，就会低于买入平均价，全部买入头寸就会被套住。

第 20 图中的 L：即使加码买入，在低价位处也只少量地买入一些试试，以后再建立正式头寸，加码的时候也不多买，就形成图中 L 的形状。用头寸的数量来表示是这样的：

$$
\begin{array}{l}
\quad -1 \\
\quad -2 \\
\quad -3 \\
\uparrow \quad -4 \\
\quad -1
\end{array}
$$

就是说，逆势操作的时候第 20 图中的 H 的做法，顺势操作的时候第 20 图中的 J 的做法都是理想的宝塔型，当然，这些头寸的分配比例都是理想中的状态，在实际操作中，加码买入即使做得再好，也只能做到如第 20

建立卖空头寸

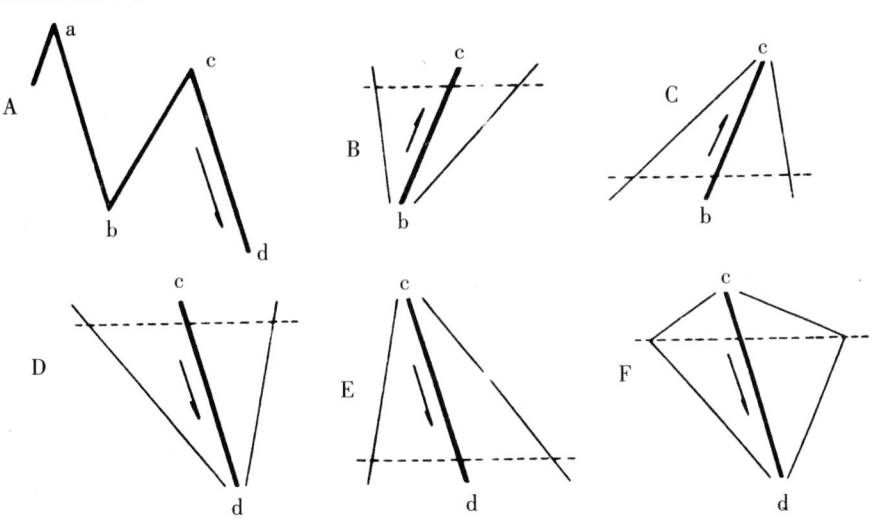

建立买入头寸的场合

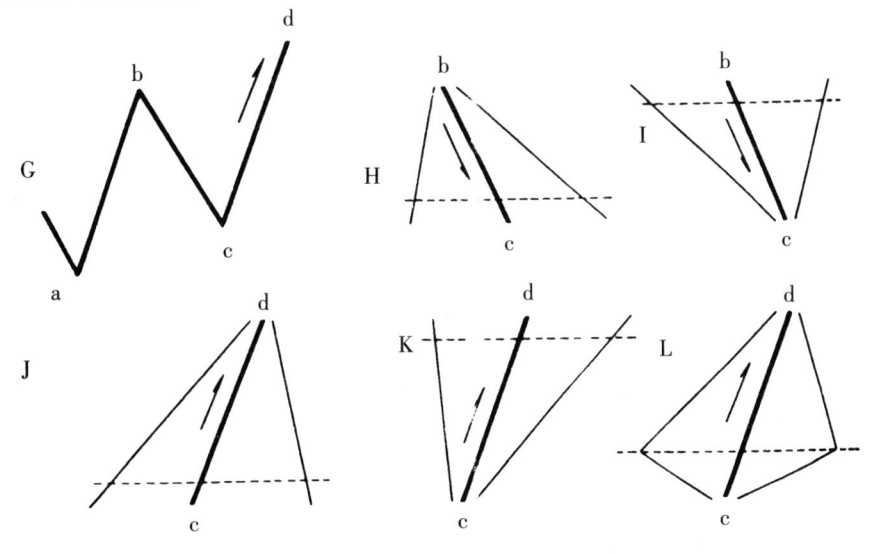

第 20 图　宝塔型（倒金字塔型）、扇形的建仓过程

图中的 L 那样的菱形，那也应该十分满足了。

第 20 图中的 I 或者第 20 图中的 K 被称为是扇形的建仓，这 2 种方法自古以来就是最让人讨厌的方法，是非常不稳定的建仓方法。但是，如果在 d 那一刻只看建仓的总头寸数，如果第 20 图中的 J 和第 20 图中的 K 的总头寸数量相同的话，只要不看买入成交价格，是无法明白两个方法之中哪一个更高明。

如果对第 20 图中的 A 的 a—b—c—d 这段下跌过程用卖空手法来做的话，也有很多种方法：

第 20 图中的 B：b—c 这一段用逆势操作的卖空来做，价格越高，卖空头寸的数量越多，这是理想的提高卖空平均价格的逢高加码卖空的做法。

第 20 图中的 C：这种做法虽然比孤注一掷地赌一把的做法好一些，但依然是效率不高的逢高逆势减码卖空的做法。

第 20 图中的 D：这是理想的逢低顺势减码卖空的做法。

第 20 图中的 E：价格越往下跌，卖空的头寸数量越多，这是一种危险的逢低顺势加码卖空的做法。

第 20 图中的 F：在实际操作中，做加码卖空的时候，如果按 F 来控制每次投入的比例，那就很理想了。

在这些做法中，卖空平均价格处于有利状态的 B 或 D 的做法还是宝塔型（因为是卖空，所以是倒过来的宝塔型，或称倒三角形），这种形状具有稳定性，C 或 E 因为是扇形，扇形是不稳定的，因而不利，也就不赚钱。

三、头寸换月

1. 头寸操作的三大要素

期货市场采用的是月份制度，由于远期期货、中期期货、当期期货都有各自的特点，因此在建仓的时候有必要选择建仓的月份。在继续持仓的时候，也有必要选择持仓的月份。比如说建立在远期期货中的头寸，随着时间的推移逐步向中期期货、当期期货过渡。因此，在持仓的过程中，为了使仓位变得更加有利，有必要纵观整体行情的状况，把头寸转移到别的月份中去，这就叫头寸换月。

2. 进行头寸换月的状况

头寸换月的前提是：当我们建仓成功，所建的买入头寸已经有了浮动盈利，上涨行情还在继续，此时我们还想继续维持做多的策略，应该怎么办呢？办法之一就是进行头寸换月。

如果所建头寸的方向是正确的，通常在原则上是要一直持仓到交割的时候才平仓获利，但在下列情况下，我们就在交割之前把买入头寸平仓，再在其他的月份新建买入头寸，就是进行换月。

（1）当月期货由于受到庄家的独家包购或多逼空的操纵，价格开始变得忽高忽低。

（2）尽管整体行情处于上涨的势头中，唯独当月期货由于现货供应过剩，有可能大幅度下跌。

（3）价差出现收缩倾向的时候。①

在以上3种情况下，都要把当月期货的买入头寸平仓获利，再在其他月份中新建买入头寸。

3. 头寸换月的操作方法

头寸换月通常有下列两种方法。②

（1）把买入头寸一举平仓，重新买入别的月份的期货。就是由仓位（A）变为仓位（B）。

```
       ①        ②        ③
      -10                          （仓位A）
       ①        ②        ③
                -10                （仓位B）
```

虽然这种做法都是瞄准价差收缩的时候进行的，但还是有赌一把的味道，危险性比较大。剩下的2种方法是根据行情的涨跌进行头寸换月的方法，刚开始做也许会感到有点难，但习惯了就很简单。

（2）根据行情上涨下跌的节奏进行头寸换月：

单纯地观察行情的涨跌，逐步逢高卖出平仓，再换其他月份，逐步逢低重新买入。在上升波中，把当期期货①当中的10手买入头寸逢高分4次

---

① 译者注：在价差收缩的时候进行头寸换月，不论当期期货的平仓价格还是在较远的月份中重新买入的价格都比较有利。就是说，与价差扩大的时候相比，价差收缩时，当期期货的平仓价格相对较高，换月头寸的买入价格也相对较低。作者观察行情不是从单个月份出发，而是从不同月份的价格之间的相互关联、即价差的角度出发的。因此这里说在价差收缩的时候进行头寸换月。

② 我们规定：正文中①＝当期期货；②＝中期期货；③＝远期期货。

卖出平仓（1-、2-、3-、4-）；在下跌波中，重新买入10手中期期货②，分4次逢低买入（-1、-2、-3、-4）。

把这个过程用交易的数字表示的话，是这样的：

      ①   ② ③
     4-
     3-
↑   2-   -1
     1-   -2
     ↓   -3
         -4
     (1) (2)

或者是：

      ① ② ③
     2-
↑   1- -1
     ↓ -2

接着，又重复这样的操作：

      ① ② ③
     2-
↑   1- -1
     ↓ -2

这是最典型的做法，尽管每次的头寸数量还有其他的做法，但都是根据行情的小幅涨跌，即根据行情的节奏进行有利的头寸换月。

方法（2）有三种具体应用：

第一，在反弹行情中将当期期货逢高平仓，如（1-、2-、3-、4-），在之后回调的时候一举购入中期期货。

```
                    ①        ②    ③
                 4 -
                 3 -
            ↑    2 -
                 1 -
                    ①        ②    ③
                              - 10
```

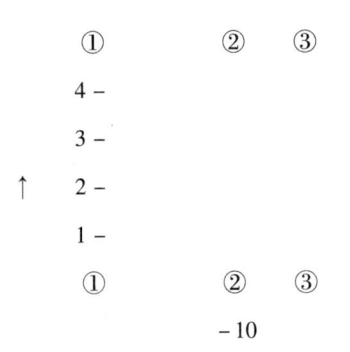

第二，在每天、每节机械性地购入中期期货，瞄准价格高的时候将当期期货平仓。

第三，虽然把当期期货的平仓和中期期货的重新买入放在同时进行，但根据价格的高低调整两者头寸数量的差别。

行情的节奏

行文至此，我提出"行情的节奏"这个说法。"行情的节奏"指的是行情的涨跌是有规律性的，不论什么品种，不管市况是处于平稳的状态还是激烈波动的状态，每个品种除了它的固有的波动习惯之外，还有共同的涨跌规律，利用这种规律是非常有利的。

读者在阅读"头寸换月"这部分内容的时候，会觉得这种做法很麻烦，但如果利用行情的节奏来进行头寸换月操作的话，会觉得就像浮在波浪的表面一样，做起来很容易。

如何能更有计划

虽然我们前面已经讲解了头寸换月的方法，但我们应该在刚开始建仓的时候就考虑好头寸换月的问题。尽管说把头寸一直维持到交割为止是最基本的做法，但在某些情况下宁可多交手续费，进行头寸换月也比继续持仓有利。

行情每时每刻都在变化着。随着时间的推移，头寸向当月期货靠近，这就是期货市场。其间，价差的状况也在时刻变化，因此有必要预先设想一下各种状况。

言归正传，前面我介绍了头寸换月，恰如其字面含义所代表的那样：在将最初的买入头寸平仓的同时，在较远的月份中重新买入。但在实际应用中，还可以把这种做法延伸开来：就是在继续保持过渡到当月的头寸的同时，在稍远的月份中重新买入。这种方法虽然比单纯的头寸换月简单，但由于这样做头寸的数量比原来增加，这就引出了资金问题。

就像这样，根据行情的状况以各种方式操作头寸，这就是做期货。制定计划与预测行情不同，这是给建立应对行情变化的头寸做准备工作。

职业炒手的妙技

一般人们都说"头寸换月是职业炒手的妙技"。随着持仓时间的推移，买入的期货越来越向交割月靠近，不仅交割的期限越来越近，由于变成当月期货以后，价格变化的特点也发生变化，这就要求操作者具有适应这种情况的持仓技巧，这样看来，职业炒手妙技不仅仅指的是头寸换月，有计划的资金分配和临机应变的对冲技巧也属于职业炒手的妙技。

在此，我再讲一下资金分配的问题。前面也讲过了，资金要根据状况的变化来分配，但不管什么状况都要留出足够的资金。就是说，只要不发生特别的情况，要留出大量的富余资金。由于我们是为了获利才进行期货交易的，因此很容易产生不用尽资金"利益就少了""就亏了"的想法，但是，我们要摆脱这样的思维定势，能否切实地保持拥有的富余资金，是关系到期货水平能否提高一个大台阶的问题。

下面我举一个资金控制的例子，以三个月份制的期货行情为例。

用 1/3 的资金购入中期合约。当这组头寸随着时间的推移过渡到当期的时候，再用 1/3 的资金买入新的中期合约。这时候还留有 1/3 的资金，这是准备将来建立对冲头寸的备用资金。

当然，这样做的话对冲头寸的数量最多只能到达总资金的 1/3 为止，为了让对冲头寸的数量与买入头寸的数量相等，必须减少当期或中期合约中的仓位，不这样做的话资金就不够了。

因此，为了提高安全系数，就改为下面这样的仓位：

（1）用 1/4 资金买入当期合约。

（2）用 1/4 资金购入中期合约。

（3）留下 1/2 的资金的宽裕用于将来在建立对冲头寸的时候使用。

也许有的读者会认为这真是慢吞吞的做法呀，然而，在现阶段，读者只要了解到还有这样的做法就可以了。

用数字来举例说明。

比如说，在操作者掌握有相当于 50 手金额资金的时候，一开始，是这样建仓的：

①　　　　②　　　　　③
　　　　　　　　　　　　－10

　　到了下一个月，合约①交割了，在合约③中重新买入10手头寸，仓位变成了下面这个样子：①

　　　　　②　　　　　③　　　　　　④
　　　　　－10　　　　－10

　　这样的例子在今后还会经常出现。

　　当然，在新建买入仓位的时候，也不可以违背前面所讲的建仓原则。

　　接着，把当期合约中的头寸在交割日上平仓，或者在交割日附近的日子平仓（这种减仓也有许多种方法），更进一步，如果认为上升行情还将继续持续下去的话，在下一个月再继续购入中期合约。

　　上述过程按顺序表示的话如下列的仓位图所示。（仓位是从下向上发展变化的）②

　　　　　　　　　　①　②　③　④　⑤
　　　　　　　　　　　　　　　－10　10－
　　　　　　　　　　　　　－10　－10　 0
　　↑　　　　　　　　－10　－10　 0
　　　　　　　　　　0　－10　 0

　　但是，不管什么样的上涨行情都不可能永远地持续上涨下去，在某一天必然会形成顶部，这种时候应该采取怎样的措施来应对呢？这属于"对顶部行情的认识"里的内容，这部分内容将在下一章第一部分中讲解。

四、波动和节奏

1. 价格波动的分类

　　我们在进行价格波动分析的时候需要对波动进行一下分类。有各种各

---

① 关于为什么这样建仓就安全而且有利，这个问题留在下一章的"仓位"中详细讲述。
② 注：10 - 表示10手卖空头寸，是对冲头寸，将在下一章详细讲解。

样的分类方法。经常听说的一种分法是："大势波动""中势波动""短期波动"。这是按涨跌时间的长短来进行分类的。这种方法虽然便于解释价格波动，但在概念上有些模糊，首先，中势和大势如何区别，现在的波动属于中势波动还是大势波动，因此在实际操作时用起来不太方便。

还有一种分类方法，把价格波动分为"彷徨行情"和"价格革命的行情"。

彷徨的行情只是不断地往复震荡，在理论上可以把它看成是其中心线的那个价格。如果因为某种原因使价格发生了变化，市场行情一直变动到新的价格为止，这就是价格革命的波动，这种分类方法认为行情的波动只有这两种类型。

这种分法虽然有些粗暴，但容易判断价格波动和确定建仓方法。我认为这个方法很利于实战，是职业炒手式的分类。

最后，我再介绍一种分类方法。根据波动的性质，可以将波动分为如下几种：

（1）波动。

（2）节奏。

（3）倾向。

（4）强弱。

波动就是"上涨下跌的波浪"；节奏就是"波浪中的小幅涨跌"；倾向就是平常所说的"趋势"，就是行情向上还是向下；"强弱"这种说法相当感性，比如说同样向上的趋势也可以分为"急剧上升"和"缓慢上升"。这种分法可以表述价格波动的程度。

这个分类没有明确的基准，正如刚才所说的，这种分法掺杂着人的感觉的因素在内，因此我们就不必再深究下去了。还是接着说下去，讲解一下"节奏"的意思。在第2种分类当中有一种彷徨行情，就是"没有什么价格波动"的状态。但是，在彷徨行情中也有小幅涨跌，这种小幅波动叫节奏。

请看第21图。最上方的图是表示第2种分类方法的图。横向的直线表示彷徨行情的中心线，另一条直线表示"价格革命"。我用下方的2种期货的蜡烛图来说明节奏的概念。上面那个是波动比较激烈的彷徨行情，下面那个是几乎没什么波动的彷徨行情，但是，两个都有小幅的波动，就是有节奏。数字表示阳线新高价或阴线新低价的根数，细看此图，就可以知道每逢2~5根线，就改变涨跌的方向。再数一下天数，也可以意外地发现，行情的涨跌是非常有规律的。

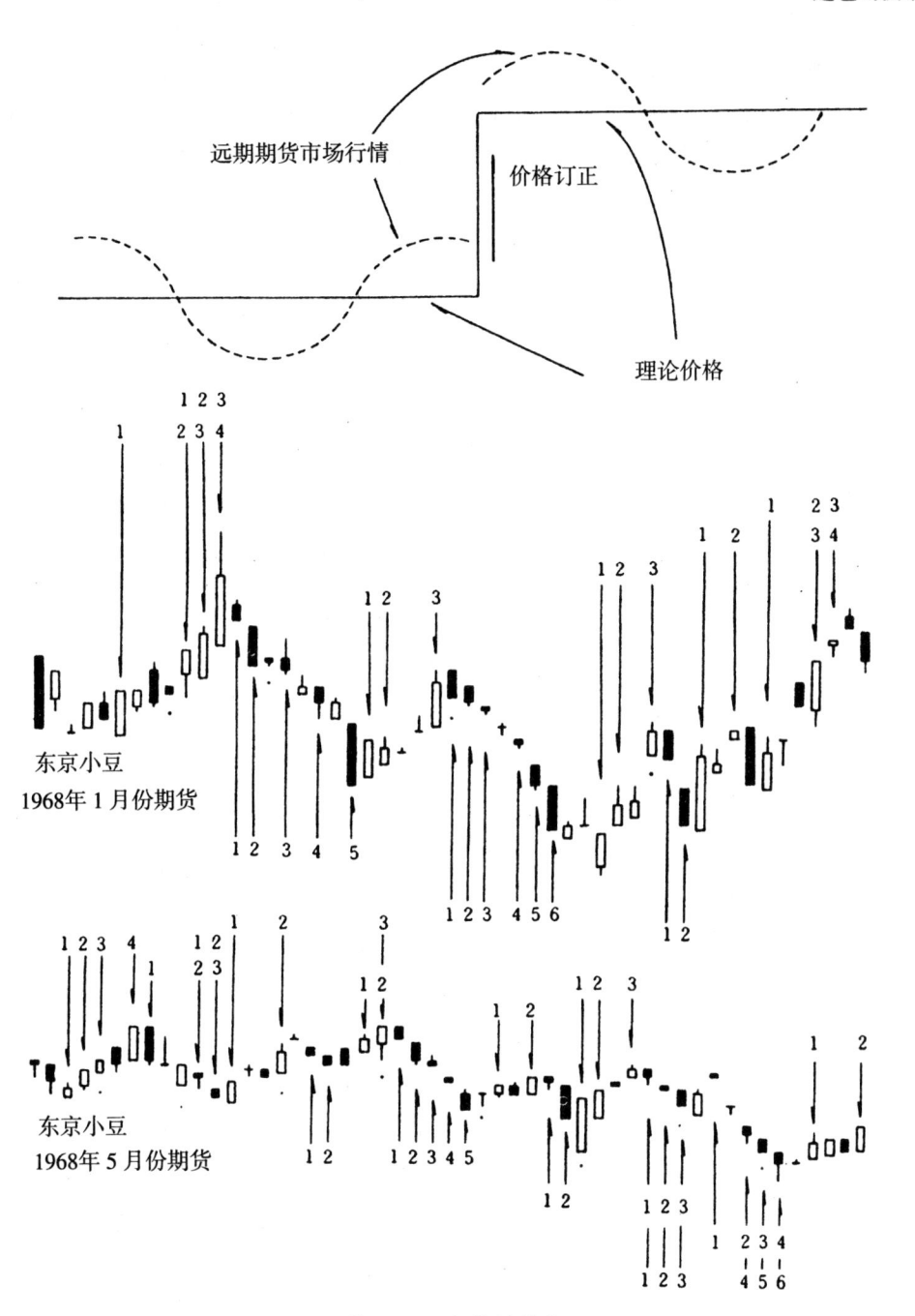

第21图 行情的节奏

2. 要重视节奏

做期货的人,必须重视这种节奏。为什么呢?因为这种节奏不仅仅在

第21图中所示的彷徨行情的波动中存在，在各种各样的价格波动中或多或少也存在，甚至不管是彷徨行情还是上升行情或下跌行情，都存在着各自的节奏，也就是说，光凭这一点就可以做期货了，这给操作者带来了很大的安全感。

在做头寸换月的时候如果不利用行情的节奏来做，效果就会相差很多。

看涨也好，看跌也好，不管操作者对行情的看法如何，跟着节奏操作，感觉就仿佛身子躺在波涛上面那样，看一下在第八章中列举的职业炒手们的交易谱，就可以明白这些人是多么地重视行情的节奏。

因此，即使像下面这样的交易也对练习期货技术也有用。

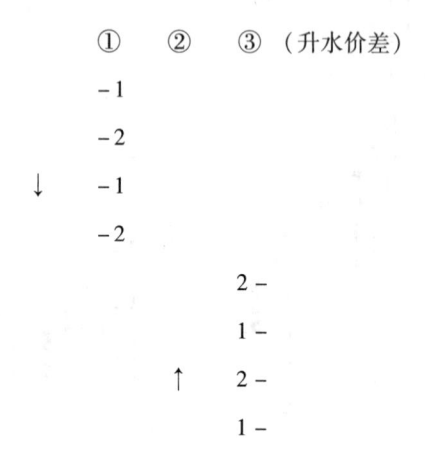

```
              ①    ②    ③  （升水价差）
             -1
             -2
     ↓       -1
             -2
                         2-
                         1-
     ↑                   2-
                         1-
```

也就是说，在下跌走势的时候对当期期货①逢低买入，在接下来上涨的时候对升水市场的远期期货③逢高卖空，由于两者都是新建头寸，所以仓位变成（-6，6-）（在投入资金量限制在3手以内的时候，仓位是（-3，3-）的状态），即使是这样也已经赚钱了。

当然，不管是买入头寸的换月也好，卖空头寸的换月也好，都应该充分地利用行情的节奏。如果知道这种利用行情的节奏的做法的话，你自己也会产生交易的信心吧？的确如此——谁都能够掌握。应该给自己一次机会，尝试着一边看着走势图，自己亲自面对当前的行情做做看，如果领会了，下一次留心再做得更高明一些，技术很快就会提高的。

第六章

仓位的转换和头寸的对冲

一、差价的运动
二、卖空头寸的变化
三、对冲的头寸

第 22 图　1963 年春天往复震荡的顶部 ·· 80
　　　　　东京小豆收盘价的价差线　1963 年 2 月 19 日至 9 月 30 日
第 23 图　顶部震荡行情中的远期期货走势图 ··· 81
　　　　　东京小豆远期期货日线图　1963 年 4 月至 7 月
第 24 图　顶部震荡行情中各期期货开盘价与收盘价的连线图 ················· 81
　　　　　东京小豆开盘价、收盘价走势曲线　1963 年 4 月至 7 月
第 25 图　1963 年夏天的下跌行情 ··· 100
　　　　　东京小豆日线图　1963 年 9 月份合约、11 月份合约
第 1 表　看涨预购及对冲的方法 ·· 92
第 2 表　价差收缩的胶着状态时的仓位 ·· 98

第六章
仓位的转换和头寸的对冲

一、价差的运动

对顶部行情的认识

让我们考虑一下顶部的建仓，分析一下顶部的价格波动和各个月份之间的波动的差异，掌握容易操作的方法。

一般人们都说，在顶部会出现下列现象：

（1）成交量放大。

（2）价格大幅度上升。

（3）跳空高开，阴线收盘。

遇到这样的行情就把买入头寸平仓，反手做空，新建卖空头寸。

但是，顶部不一定都出现这样的现象，这种方法具有赌博性，不是实用的方法。

另外还有"人气化""空头爆仓"等抽象的说法来表现顶部的征兆，这些也都不实用。还有的人试图从K线图的形态来找出顶部的形态。显然，也是不可能找出确定的形态的。

顶部的价差收缩

虽说没有确定的形态，但还是存在典型的顶部形态，因此有必要观察价差的变化。

日本的期货市场在顶部的时候，购买的人气集中在远期期货，就是说，远期期货的涨幅比近期期货大。在上涨的时候，价差扩大；当然，到达顶部以后开始下跌的时候，也是远期期货的跌幅大于近期期货，价差收缩；但是如果不是激烈上涨的顶部行情，而是往复震荡的顶部行情的话，各期期货由远期期货开始，逐渐变得疲软。在激烈的震荡行情中，价差时而扩大，时而缩小，但总的来说，价差收缩的现象（远期期货比近期期货疲软）

是行情到达顶部的征兆。①

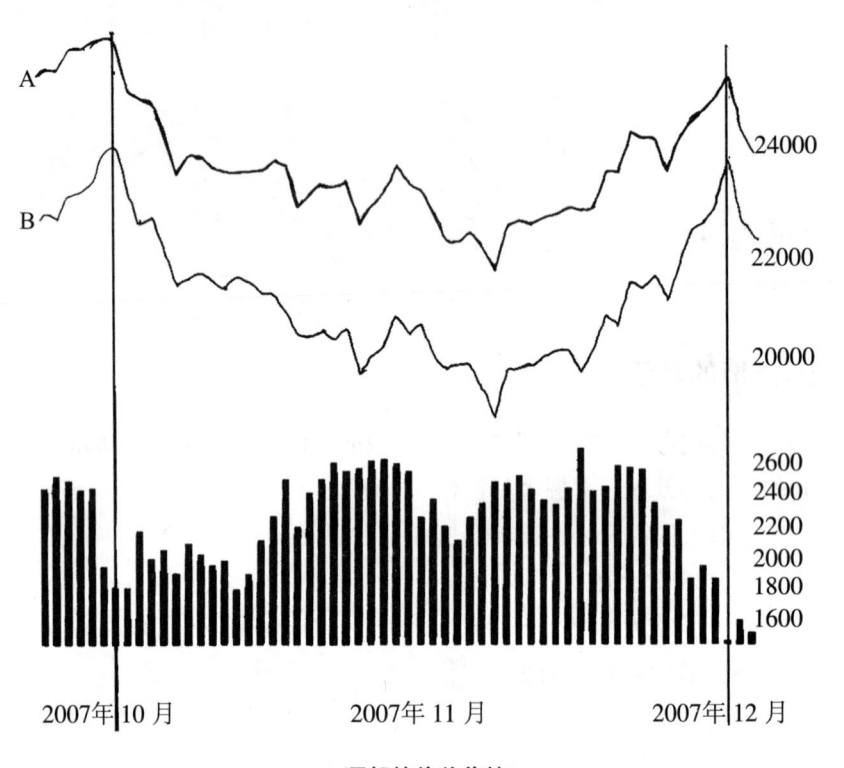

[图：2007年10月—2007年12月 价差走势图，纵轴24000、22000、20000，柱状图纵轴2600、2400、2200、2000、1800、1600]

顶部的价差收缩

顶部彷徨行情的价差滑动

假定有一个为期3个月的3月份制的彷徨行情从远期期货连续线上看，价格从7000日元至7500日元，涨幅500日元，这是一个升水价差的行情，在月份交替的时候，新的远期期货高于旧的远期期货200日元上市。

假如在头一个月就买入了远期期货，过了一个月，新产生的远期期货以高出200日元的价格上市，但在远期期货连续线上看，价格没什么变化，这说明前面的那个月份下跌了200日元，这就叫价差滑动。过了3个月的话，建有买入头寸的那个月份的期货总共下跌600日元。

---

① 译者注：为了更好地显示出行情到达顶部时，价差是如何收缩的，译者从某个软件上找到一个典型图例。此插图已经原书作者同意放入中译版。图中：

上半部分：A 东京咖啡2008年9月份期货的走势图。
B 东京咖啡2008年3月份期货的趋势图。

下半部分：东京咖啡2008年9月份期货与2008年3月份期货的价差棒状图。

在远期期货连续线上看似乎上涨了 500 日元，但实际上，买入的期货不但没有上涨，反而下跌了 600 日元。

考虑价差滑动的因素

之前一节讲过"升水价差的远期期货卖空有利"，在顶部建仓的时候，如果不考虑价差滑动的因素，就无法正确地建仓。

看一下具体的例子吧。

第 22 图是 1963 年 2 月至 9 月东京小豆的收盘价的价差线。当时是 3 个月份制行情。交易期间是从 4 月至 7 月的 4 个月，见第 23 图、24 图；第 23 图是远期期货连续线，第 24 图是各个月份期货的日线图，比较一下这两个图，可以明白下列问题：

（1）远期期货连续线不能表示实际的价格波动。

（2）就是说，虽然在远期期货连续线上看到的 4 月、6 月、7 月的高价处于同一水准，但不能这些来计算实际交易的盈亏。

（3）重要的是观察各个月份的走势。

例如，请看第 24 图用粗实线表示的 6 月份期货。4 月份的高价 8080 日元表示的是 6 月份期货的价格，但 6 月份出现 8100 日元的高价的时候，6 月份期货已经变成了当月期货，在远期期货连续线上看起来，6 月份是一个反弹上升行情，但实际上，6 月份期货在 6 月份是在下跌。

实际建仓的话，随着时间的推移，期货向当月靠近。在升水价差的行情中，即使在远期期货连续线上显示的是彷徨行情，实际上也在下跌。

就是说，在彷徨行情中，下跌的时候幅度较大，反弹的时候幅度较小，假如判断是顶部行情的话，有必要将买入头寸尽早平仓，或者尽早建立卖空头寸。

二、卖空头寸的变化

再回顾一下 4 月份的行情。

当时的合约有 4 月份（当期期货），5 月份（中期期货），6 月份（远期期货），买入的是 4 月份期货。让我们根据"卖空远期期货有利"的期货原则，来考虑一下今后的建仓计划吧。

4 月份的新远期期货（6 月份期货）的开市日收盘价如下：

东京小豆　　收盘价的价差线
　　　　　　1963年2月19日至9月30日

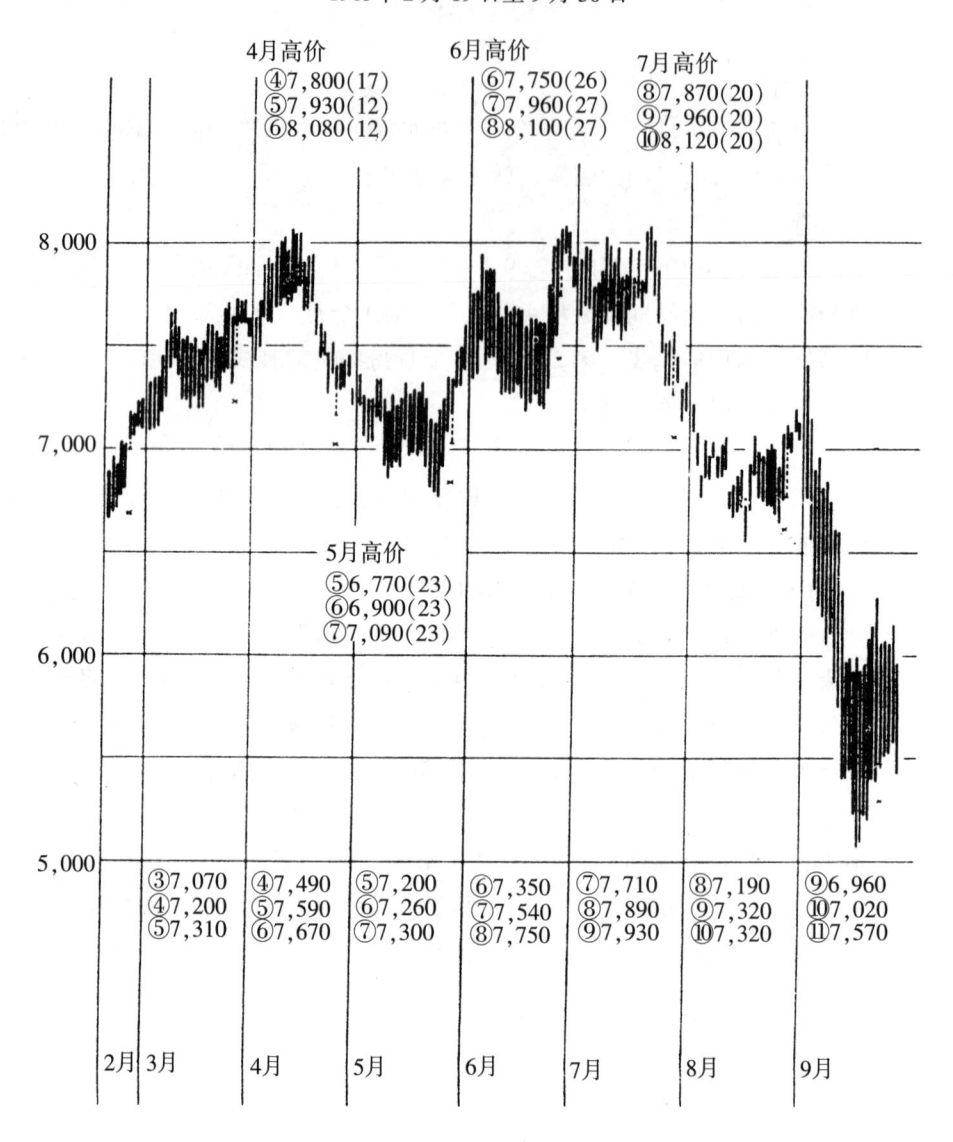

4月高价
④7,800(17)
⑤7,930(12)
⑥8,080(12)

6月高价
⑥7,750(26)
⑦7,960(27)
⑧8,100(27)

7月高价
⑧7,870(20)
⑨7,960(20)
⑩8,120(20)

5月高价
⑤6,770(23)
⑥6,900(23)
⑦7,090(23)

③7,070　④7,490　⑤7,200　⑥7,350　⑦7,710　⑧7,190　⑨6,960
④7,200　⑤7,590　⑥7,260　⑦7,540　⑧7,890　⑨7,320　⑩7,020
⑤7,310　⑥7,670　⑦7,300　⑧7,750　⑨7,930　⑩7,320　⑪7,570

第22图　1963年春天往复震荡的顶部

4月份期货　　　　7490日元
5月份期货　　　　7590日元
6月份期货　　　　7670日元

新的远期期货不像以前那样以很大的价差上市。

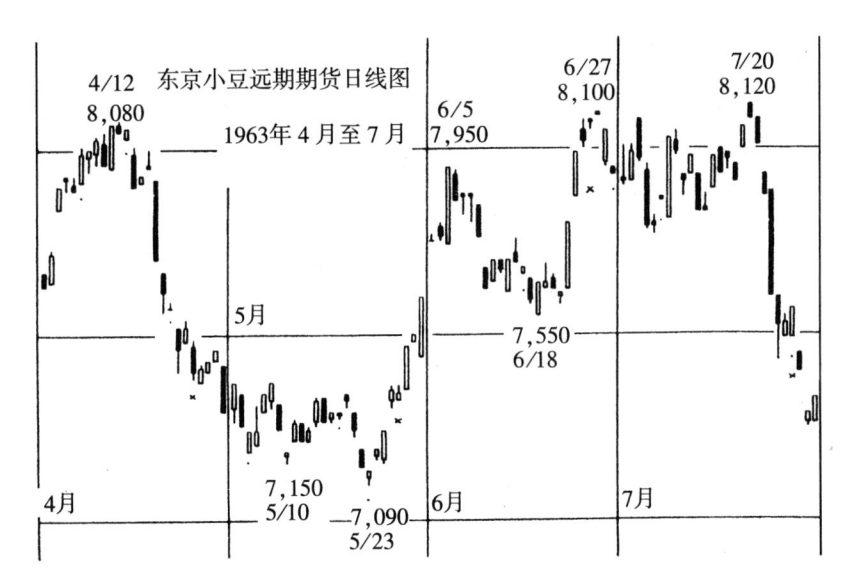

第 23 图　顶部震荡行情中的远期期货走势图

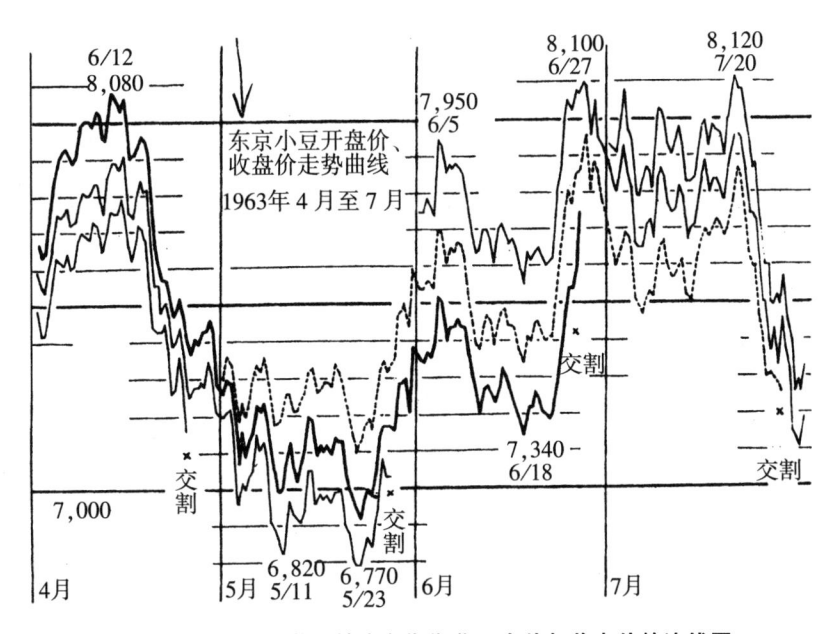

第 24 图　顶部震荡行情中各期期货开盘价与收盘价的连线图

以前在 1、2、3 月每当产生新期货的时候，新旧远期期货之间的价差总是拉开很大，换言之，远期期货引领上涨行情的势头。但是在 4、6 月份期货作为新的远期期货上市的时候，与旧的远期期货之间没有拉开很大的价差，同时，各期期货之间的价差也不如以前那么大了。

如果没有这些价差变化的话，本来打算在抱牢 4 月份期货的买入头寸的同时再购入中期的 5 月份期货，但根据现在这种价差变化，我决定不再买入 5 月份期货了。①

做得保守一点，就是继续抱牢 4 月份期货，但不再买入 5 月份期货。

做得积极一点，就是在抱牢 4 月份期货的同时，不但不买入 5 月份期货，还卖空远期的 6 月份期货。

1. 远期期货的卖空头寸

卖空建仓的目的和职业炒手的追求

在前一节，我写到根据行情疲软的状况决定停止继续买入，在继续持有近期期货的买入头寸的同时卖空远期期货。想必读者对不再继续买入的举动能够理解，但对在继续持有近期买入头寸的同时又卖空远期期货不能理解吧？因为读者会这样认为，只要单纯把买入头寸平仓就可以获利了。

虽然有些难以理解，还是让我来解释一下这个问题吧。

首先，让我们来考虑一下卖空建仓的目的。

卖空的目的之一是对买入头寸进行保险。就是卖空对冲。继续持有近期的买入头寸，卖空远期期货，虽然两者相抵相当于减少了买入头寸的数量，但当卖空头寸的数量少于买入头寸的时候，仓位总体来看依然是"越上涨越赚钱"的仓位。具体来说，由于越靠近顶部最高点，月份之间的价差变得越小，因此，建有卖空头寸的远期期货的上涨幅度（损失幅度）小于建有买入头寸的当期期货的上涨幅度（盈利幅度），所以随着上涨，盈利还能继续扩大。

另一种卖空思路就是在买入头寸以外，另外再建立完全看空的卖空头寸。读者也许会认为这种卖空头寸与对买入头寸进行保险的卖空头寸没什么两样，但这种卖空的思路是把建有买入头寸的当期期货与建有卖空头寸的远期期货看成是两个完全不同的品种的期货。换句话说，就是当期期货看涨，远期期货看跌。尽管行情的涨势不如过去那么厉害了，但整体行情还未到完全看跌的地步，既有可能继续上涨，也有可能转为下跌。

行情是时刻都在变化着的，因此，有必要对这种变化采取相应的措施。如果判断"已经是顶部，快要变成下跌行情了"的话，就将当期期货的买入头寸平仓，并继续增加卖空头寸。这时，先前建立在远期期货中的卖空

---

① 译者注：日本的期货市场是以远期期货为中心的人气行情。远期期货的涨跌引领行情的走向。新上市的远期期货的价差不大，被认为上涨势头缓下来了，这些都成为行情到达顶部的判断材料之一。

头寸就变成了赚取下跌行情的主力头寸的一部分。但如果判断当前的下跌只是"上涨过程中的回调"的话，就应该抱牢买入头寸并时刻注意行情的变化。做期货就是这样，要求操作者根据行情的变化，相应地调整买入和卖空头寸的数量对比。

我已经介绍了两种目的的卖空头寸，下面再介绍第三种卖空的思路。这就是"用远期期货的卖空头寸来锁住买入头寸的利益"。

比如说，过渡到近期的期货中有 10 手买入头寸，如果预测行情还会上涨的话，按理说就应该继续购入中期期货，但不这样做，而是卖空 10 手远期期货，形成（近期 -10，远期 10 -）的仓位。虽然是不同的月份，但买入和卖空头寸各有 10 手，如果价差没有变化的话就起到了锁住利益的作用。"锁利"的想法与"保险对冲"和"投机卖空"的想法不同，它只是想让交易"告一个段落"。"保险对冲"和"投机卖空"的卖空头寸在数量增加到一定的时候，也会达到与买入头寸相等的数量，这时，既可以依然认为它是对冲头寸，也可以认为它是锁住利益的头寸。

这三种卖空头寸虽然看上去在形式上是一样的，但是，三者的想法是不一样的。为了根据行情的变化采取相应的措施，首先必须明确自己对行情的看法。有了明确的预测，通过分析自己的预测和实际的价格波动的偏差，方可确定下一次的行动，而不是下意识地进行锁仓，重要的是让自己的意志反映在头寸中。重申一下卖空的头寸的三个目的：

（1）以保险为目的的卖空头寸。
（2）赚取下跌行情的投机的卖空头寸。
（3）锁住利益的卖空头寸。

明确了自己对行情的看法，才能应对今后的行情的变化。

2. 具体的卖空方法

正如前一节中所述的那样，随时注意行情的变化，根据行情的变化调整头寸的数量才是期货的正确做法。希望猜中行情并满仓建仓的做法，是错误的赌博式的做法。用龟兔赛跑的寓言来比喻的话，乌龟的踏实性才是从事期货交易的人所要求具备的素质。

言归正传，在前一节的例子中，我决定抱牢买入头寸，在远期期货中建立卖空头寸。让我们来具体分析一下这些卖空头寸的意义。就是说，分析一下从 4 月份期货建有 10 手买入头寸的状态开始，到建立"保险性质的卖空头寸"，再进一步加码卖空到卖空头寸与买入头寸数量相等的"锁利"

状态的整个过程的要点和注意点。

由于是卖空，当然想尽量卖空在高价位处。但是，企图卖空在最高点的做法是赌博式的做法。由于现在的卖空是对当期期货的买入头寸进行对冲，或者"锁利"，所以比新建卖空头寸的心情轻松，但也需要一定程度的小心。

由于在当期期货中有买入头寸，卖空头寸准备建立在远期期货中，因此要注意当、远期期货之间的价差。尽量在价差扩大的时候卖空。加码卖空的时候，以已经卖空成交的价格为基准，设法提高卖空的平均值。如第三章"建仓的技术"中所述的那样，用逆势操作的方法逢高卖空。例如，从（买入头寸10手，卖空头寸0）的状态开始，按1、2、3、4的比例逢高卖空的话，仓位是如下变化的：

	近期期货	远期期货
卖空1手	－10	1 －
卖空2手（合计3手）	－10	3 －
卖空3手（合计6手）	－10	6 －
仓位变成10－10（"锁利"完毕）	－10	10 －

下一个例子是把10手卖空头寸分2次进行。最初5手对冲，剩下5手锁利。在此展示三种卖空方法。

	近期期货	远期期货
最初卖空5手对冲：		
卖空1手	－10	1 －
卖空2手	－10	3 －
卖空2手	－10	5 －
其次卖空5手锁利：		
a　一次性卖空5手	－10	10 －
b　再卖空1手	－10	6 －
卖空2手	－10	8 －
卖空2手	－10	10 －
c　卖空2手	－10	7 －
卖空3手	－10	10 －

分批卖空的方法，要根据状况而变化。卖空的头寸数越多，卖空建仓就越应该分批进行。"不论价格高低，每一节少量地卖空"也是一种有效的方法。

3. 投机性的卖空头寸

现在，对应于当期期货中的 10 手买入头寸，我已经在远期期货中建立了同样数量的卖空头寸。这样，就把当期期货的买入头寸的浮动盈利全部锁住了。

下面我考虑把仓位向做空的方向转化。方法当然是"把买入头寸平仓"和"增加卖空头寸"。但平仓和加码操作要根据行情的波动流畅地进行，这才是期货的技术。

具体的做法可以分为下列几种：

（1）逐步减少买入头寸。
（2）保持买入头寸不变，增加卖空头寸。
（3）在减少买入头寸的同时，逐步增加卖空头寸。
（4）买入头寸的减少和卖空头寸的增加，在时间上错开进行。

期货的后市会发生些什么事情是无法预测的，为了通过改变头寸数量来对付突变的行情，需要有宽裕的资金。在建仓的时候如果把资金用到了极限，就失去了轻松的情绪。另外还要考虑到由于当期期货的临时保证金金额的增加或整体保证金金额的上涨，以及由于对冲头寸的亏损，使自己余钱用尽的情况。所建的仓位如果没有留出富余资金，遇到突发事件就会把交易计划搞乱。

从最初的 10 手买入头寸建仓的时刻起，就必须清楚地计算好资金的余量。现在，当期期货的 10 手买入头寸用去了 1/4 的资金。因此，与远期期货的 10 卖空头寸一起合计用掉了一半的资金，就是说，资金还有富余。资金有富余的话，就可以根据价格波动自由地改变头寸的数量。比如说，即使你有可以建 50 手头寸的资金，也应该只建 40 手，留出 10 手宽裕资金，这样做是很重要的。

掌握了基本的交易技术，再在交易时保持富余的资金的话，就可以实行下列多种交易策略。

第 1 个例子：加码买入，当买入头寸增加到 30 手（资金的 2/3）的时候，开始建立卖空头寸。在加码卖空的同时减少买入头寸，最后，当卖空头寸达到与买入头寸相同的数量之时，"锁利"完毕。锁利步骤用头寸数量表达如下：

近期期货	远期期货
−30	2 −
−28	5 −
−20	10 −
−15	15 −

再举 2 个例子。一个是卖空头寸逐步加码到了一定的时候,买入头寸集中减仓的例子。

近期期货	远期期货
−30	2 −
−30	5 −
−30	10 −
−30	15 −
−20	20 −
−20	22 −
−20	25 −

另一个是将买入头寸机械性地减仓,卖空头寸集中加码的例子。

近期期货	远期期货
−30	5 −
−28	5 −
−26	10 −
−24	10 −
−22	10 −
−20	20 −
−18	20 −

就像这样,根据行情的状况弹性化地改变头寸。但是,既要注意弹性化地调整头寸,另一方面也有必要注意,一味地弹性化容易使交易变成漫无目的的交易。另外还不能忘记保持资金的宽裕。请读者注意这些问题,寻找适合自己的方法,并努力掌握它。

4. 灵活运用卖空头寸

　　从第三章的"建仓的技术"开始，到现在第 4 章的"仓位的转换"，我讲解了各种各样建仓的思考方法和操作方法。

　　其中主要的内容是：

　　（1）对价差的变化的理解。

　　（2）建仓月份的选择。

　　（3）建仓的技术。

　　而其中心的内容就是要培养"无论面对何种事态也不要慌慌张张地建仓"的心态。

　　某个人评论我的这些观点，说这是二战结束以来的甚为陈旧的技术；另一个评论家却说这是相当革命性的（从根本上改变了过去的做法）方法。

　　但是只要做期货，就会经常直接面对危险；回避风险是在期货市场中能够得以常胜的取胜之道，为了这个目的，我认为不管是陈旧的方法也好，革命性的方法也好，都必须参与真正的实际操作。

　　为了提高技术水准，我相信必须引进下列两项技术：

　　（4）对冲的技术。

　　（5）资金的运用技术。

　　以期达到稳定的建仓效果。

　　第 4 和第 5 项技术到现在为止虽然只讲了一些片断，但接下来就要完成对它们的全部讲解，这些内容绝对是以前所有的期货书从未写过的，我认为，其他期货书针对这些技术甚至连一点片断也没有写过。

　　诸位读者如果有机会请教依靠做期货发财的人的话，我敢断言他最有可能告诫读者的事情必然是灵活应用对冲头寸和重视资金管理。这两点就是如此重要。

　　我本人的情况也是这样，在以往的期货生涯中，凡是考虑了对冲和资金管理，总是得到良好的结果；而在不考虑这两点就建仓的时候，最终的结果总是很惨。

　　我还曾经与许多期货做得很成功的人士接触过，凡是知道对冲和资金管理的人，在会面之后都进展得很顺利；凡是不知道对冲和资金管理的人，或早或晚都渐渐地在期货界消失了。

　　因此，我希望明智的诸位读者对本书接下来将要讲解的有关对冲的内容尽量设法加以理解，努力使这一技术达到灵活应用的程度。

当然，初学做期货不可能一开始就获得完全令人满意的结果。很多做期货的人还梦想着发财，然而，就像"期货是一种让人连续不断地做出错误决策的游戏"这句话形容得一样，做期货经常会遇到失败。

最大的损失并不是因为猜错了走势方向而造成的，而是因为没有及时止损而造成的。因此，在人人都想发财的期货市场上建仓的时候，必须稳健操作，我认为这也是与操作者的努力程度成正比的。

言归正传，现在我的仓位是：在当期期货中有买入头寸，在远期期货中有卖空头寸。

当然，现在采用的例子是1963年的行情，那个时候是三个月份制的升水价差状态，现在的期货虽然已经是六个月份制了，但思考方法是一样的。买入升水价差的近期、中期期货，卖空升水价差的远期期货。

如何灵活应用远期的卖空建仓，根据行情弹性化地调整头寸？

建仓之后，下一步还要考虑如何提高仓位安全性。

首先，让我们考虑一下，像这样的仓位，最希望的状态是什么样的状态？

答案是：建有买入头寸的那个月份的期货上涨，建有卖空头寸的那个月份的期货下跌；但是，如果两者都下跌或都上涨，也完全没有关系。只要在下跌的时候，建有卖空头寸的期货的跌幅大于建有买入头寸的期货的跌幅；或者在上涨的时候，建有买入头寸的期货的涨幅大于建有卖空头寸的期货的涨幅，结果都是盈利。

要变成这样的状态，各个月份期货之间的差价是怎样的呢？

只要由升水价差变为贴水价差就可以了，这样的话不必费力就能够获得很大的利益。

在顶部必然会发生价差收缩的现象，不要漏看这种现象，虽然操作者必须掌握好利用价差收缩现象的时机，然而别指望刚上来立刻就出现大幅度的贴水价差，在做期货时，这理想的情况是不多见的。

首先不可能这么巧：在价格偏低的期货中持有买入头寸，在价格偏高的期货中卖空对冲，在锁住买入头寸的浮动盈利之后，行情进一步转变成贴水价差，使利益稳步增加。如果每次做期货都这顺利的话，就不必学习什么头寸增减的技术了。正因为这理想的状况是不多见的，所以才有必要学习技术。

再回过头来看一下现在的仓位的建仓过程：

（1）在升水价差近期建仓的时候，避免在时间上没什么宽裕，很快就会交割的当期期货中建仓，而选择在中期期货中买入建仓。

（2）在中期期货向近期过渡的过程中，我认为行情还会上涨，因此在新的中期期货中预先买入一些，或者逐步把当期中的买入头寸向中期期货转移。

（3）每逢差价扩大的时候，就卖空远期期货建立对冲头寸，当卖空头寸的头寸数量增加到与买入头寸一致的时候，"锁利"的操作就宣告结束。

因此，接下来，如果改变卖空头寸和买入头寸数量的对比，使已经确保了的利益再稍微增大一些，那就更好了。增减头寸的操作时机，既可以根据行情的节奏来掌握，也可以利用差价的开闭状况来掌握。

比如说，既可以通过微妙地改变买入头寸的数量来赚取更大利益，如：

近期、中期期货	远期期货
−10	10 −
−12	10 −
−14	10 −
−12	10 −
−10	10 −

也可以通过改变卖空头寸的数量来赚取更大利益，如：

近期、中期期货	远期期货
−10	10 −
−10	12 −
−10	15 −
−10	10 −

然而，具体的做法是各人的自由的选择，这也是跟随走势做期货的有趣的地方。

三、对冲的头寸

1. 对冲头寸的费用

趁着价差扩大的时候建立了卖空头寸，这时近期期货的买入头寸已经由于行情上涨而出现了浮动盈利＋远近期货价差的扩大。这时候，"无为"是最高明的策略，不需要再改变已建的买入头寸和卖空头寸的数量对比，持仓不动，等待差价收缩，可能的话，等到升水价差变成贴水价差的时候，把买入头寸和卖空头寸同时平仓就可以了。

也许有的人会说："这样做的话，被证券公司收取两次手续费，不是吃亏了吗？"

但是，请想明白：

（1）这样做，锁住了价差扩大之利。①

（2）由于进行了对冲，使得买入头寸能够一直放心地持有到很高的价位才平仓。

那么，支付买入和卖空头寸的手续费，应该看作是合理的支出。

由于在这里出现了手续费的问题，干脆在这里就探讨一下做期货的费用问题吧。

刚开始做期货的人，他们的交易往往非常频繁，经常是劳而无功，查看一下这种人的收支情况，发现他们常常是一笔交易的结果仅仅将手续费持平，甚至还损失了一些手续费。尽管如此，这些人还是做梦都梦想着发大财，他们的想法是：即使能获得几十万，甚至几百万的利益，支出的费用也是越少越好。

支出的费用当然是越少越好，这是毫无疑问的，问题是思考方法及伴随而来的结果如何。由于这些人认为做期货的全部费用仅仅是手续费，因此总是没有进步，重复失败。

应该明白，做期货的费用，不仅仅只有手续费，还必须支付其他的费用，如果按照金额大小来排列顺序的话，主要有：

（1）对冲的费用。

（2）资料的收集费（其中包括资料的收集和整理所花费的劳力）。

（3）手续费。手续费在整体费用中所占的比例很小。

进行对冲也会出现损失，不能认为对冲的费用是浪费。

不可以舍不得支出学习资料的费用。

做期货失败的人，毫无例外，都舍不得在期货资料的收集上花费金钱，因而也就没什么资料供其消化，他们也不去费心思考。

---

① 译者注：用数字来解释一下这句话的含义。比如说，在近期期货1000日元，远期期货1200日元的时候购入近期期货。然后，价格上涨，同时远、近期货之间的价差扩大。在价差扩大到近期1200日元，远期1500日元的时候卖空远期期货。远、近期货之间的价差从200日元变为300日元，即扩大了100日元。因此，这个卖空头寸除了锁住了近期上涨的200日元的利益以外，还锁住了价差扩大的100日元的利益。

第六章
仓位的转换和头寸的对冲

由于他们根本就没有考虑到对冲，因此，也不进行对冲，总是让正式头寸受损。

请读者好好想一想，即使是做买卖，如果毛利能达到50%，那就是回报相当丰厚的买卖了，一般的买卖的回报顶多也就20%~30%罢了。

因此，在做期货的时候，为了赚取100万日元的利益，比如说，估计的支出有（这个例子虽然举得有些极端）：

对冲头寸的损失	30万日元
资料费和劳动力	25万日元
手续费	20万日元

这样，即使只有25万日元的净利润，那不也是了不起的成功了吗？何况，全部的费用控制在50%以内，那几乎可以说是接近梦想的巨大成功了。

有这么好的事情，却还认为区区一点点手续费就是做期货的全部费用，还舍不得在最重要的研究经费上投入金钱，更有甚者，在书店里站着阅读一些开架的期货书籍，想依靠这样得来的一点零碎的知识来炒期货赚钱，显然是不可能得到满意的结果的。

各种事物都有相通之处，期货的书也好，资料也好，读得越多，越能够区分其内容的好坏，越能够区分出什么是做期货必需的内容，什么是没有用的东西。如果什么都不阅读的话，根本就连区分内容好坏的能力都没有。

如果有100万日元的资金，至少拿出10万日元左右直接用作资料费的话，那么，立刻，这个人的做期货的水平就会提高。

2. 各种各样的对冲头寸（一）

下面开始正式研究对冲头寸。正如前面多次提到的那样，对冲的技术是期货技术中奥妙最深的东西，请读者好好阅读并加以理解。

让我们根据第23图和第24图来考虑在顶部应该如何建仓。为了讲解方便，在此不考虑4月份的顶部以后的下跌行情，从5月末以后的上涨行情开始考虑。

首先，在5月开始的上涨行情中当然是持有买入头寸有利。买入的是6月份期货，数量控制在资金的1/4较妥当。即使看涨预购7月份期货，6月份和7月份期货的买入资金投入也不要超过资金的1/2。

到了6月份。买入头寸是6月份期货，或者6月份和7月份期货。如果此刻买入头寸如第1表的A那样只用去1/4资金的话，就不需要考虑对冲。如果看涨的话，甚至会加码买入 7 月份期货。但是如果像第 1 表的 B 那样，买入头寸的资金投入接近总资金的 1/2 的话，就不可以再加码买入，需要积极地进行对冲。应该卖空作为升水价差的远期期货的 8 月份期货进行对冲。

第 1 表　看涨预购及对冲的方法

	⑤	⑥	⑦	⑧
5 月末		−10		
在 5 月末，看涨预购 7 月份期货的话：		−10	−5	
或者是这样的：		−10	−10	
进入 6 月份以后				
A　投入 1/4 的资金购买建仓		−10		
B　投入 1/2 以上的资金购买建仓		−10	−10	5−

↑
对冲头寸

其次，再分析一下进入 7 月份以后有几种建仓方法。

（1）买入头寸为 6 月份期货，卖空 8 月份期货进行对冲。

由于 6 月份期货在交割以后，就只剩下 8 月份期货，因此可以考虑买入 7 月份期货对 8 月份的卖空头寸进行对冲。

还有一个办法就是在 6 月份交割以后，根据价格波动将卖空头寸逐步平仓。

（2）看涨预购了 7 月份期货。

在 6 月份期货交割以后，还剩有 7 月份的买入头寸。

（3）买入了 7 月份期货，看好后市。

如果看好后市的话，还可以加码买入 8 月份期货。但 7、8 两个月份的买入头寸不能超过资金的 1/2。

（4）在上一种做多的情况中，如果加码买入的 8 月份期货的成交价太高的话，需要引起注意。即使做多，在 7 月初价差收缩的时候最好也进行卖空对冲。在 7 月 5 日—10 日价差扩大，虽然在这段时间不能卖空对冲，但 7 月中旬远期期货的价格超过 8000 日元的时候价差明显缩小，在此时即使少量地卖空也应该进行对冲。

（5）从 6 月份开始做空。

如果从 6 月份开始做空的话，整个仓位当然会偏重卖空头寸。像第 1

种情况的（买入 6 月份期货—卖空 8 月份期货）的仓位中，8 月份卖空头寸的数量多于 6 月份买入头寸。这些卖空头寸如果熬过了 7 月份的高位震荡，一直持有到了下跌的行情才可称得上"做得对了"，但在实际操作中想在上涨过程中维持住卖空头寸是一件很困难的事情。

进行对冲卖空并不意味着操作者对行情的看法由看涨变成了看跌。同样，对卖空头寸进行买入对冲，也不意味着操作者对行情的看法由看跌变成了看涨。对冲的意义只是根据行情的状况对已建的头寸进行"保险"或"锁利"。在上升势头变缓进行卖空对冲以后，也许价差会再次扩大，行情再次上涨。虽然看着过去的走势图，很容易想出最佳的建仓计划，但在实际操作中无法知道将来的价格走向。即使所建的仓位中有对冲头寸避险，也要考虑安全，避免满仓建仓。

3. 各种各样的对冲头寸（二）

在价差扩大的时候卖空远期期货进行对冲比较有利，但是在前面的讲解中，也提到了"要在价差收缩的时候卖空对冲"。读者会觉得这两个说法有矛盾，容易被搞糊涂，其实并不矛盾。在"正常"情况下，价差时而扩大，时而缩小，做周而复始的开闭运动（以升水价差的上涨行情为例，与价差的开闭运动同步，行情呈锯齿状态上升。在价差扩大的时候，远期期货的涨幅大于近期期货；在价差缩小的时候，远期期货的跌幅大于近期期货）。在正常情况下的操作策略应该是在价差扩大的时候卖空对冲，在价差缩小的时候把远期的卖空对冲头寸平仓，等价差再度扩大的时候重新卖空。但价差有时候正常的开闭规律会被打破，价差在缩小之后，行情由上涨趋势变为下跌趋势，这时就不能仍然等到价差扩大再卖空远期期货进行对冲，而应该改变策略，马上将近期期货的买入头寸平仓获利，卖空远期期货做空。

以上的"正常情况"或"非正常情况"只是为了表述方便，在实际操作中，并没有一个现成标准来判断价差的收缩是正常的收缩还是非正常的收缩，也就是说无法根据价差的收缩来判断行情的涨跌，如果有的话，也就不需要进行风险控制了。下面我按顺序讲一下几种情况。

原则上说，在升水价差的行情中应该购入近期期货，卖空远期期货。在贴水价差的行情中，应该卖空近期期货，买入远期期货。但是情况不同适用的头寸也不同，而且根据操作者的行情观的改变，头寸的布局也会发生变化。下面举几种状况来进行说明。

(1) 升水价差的上涨行情：

如果看涨的话，以近期期货的买入头寸为中心，于是，在价差扩大的时候卖空远期期货进行对冲。当对冲头寸的数量增加到与买入头寸同等数量时，对冲头寸的性质就变成了"锁利"的头寸。在此基础上如果继续增加卖空头寸或减少买入头寸的话，整个仓位就变成了做空的仓位。

如果看跌的话，就以远期期货的卖空头寸为主，以近期期货的买入头寸为对冲头寸。

(2) 升水价差的往复震荡行情：

头寸的布置与前面第 1 种情况相同。

(3) 震荡行情中价差扩大的局面：

与第 1 种情况一样，看涨的仓位是以近期期货的买入头寸为中心。如果在震荡行情的低价处价差开始扩大的话，是绝好的买入时机。

看跌的仓位是以远期期货的卖空头寸为主。这也与第 1 种情况完全相同，在近期期货中建立对冲的买入头寸。

(4) 震荡行情中价差缩小的局面：

如果看涨的话，在价差缩小的时候把远期期货的卖空头寸平仓。原来是买入头寸和卖空头寸数量相等的对锁仓位，减少了远期期货就相当于增加了近期期货的买入头寸的比重。但在低位震荡区价差收缩的时候，远期期货的对冲头寸的卖空盈利大于近期期货的买入头寸的亏损，因此，也可以将远期期货的卖空头寸和近期期货的买入头寸同时平仓套利，减小仓位。

(5) 升水价差固定于缩小的状态：

有时候，价差扩大、缩小的节奏被搞乱了，缩小以后看不到再次扩大的倾向，固定于缩小的状态。在追高买入的时候看到这种情况的话，这个价差收缩就是行情到达顶部的征兆。

抱牢远期期货的卖空头寸，将近期期货的买入头寸平仓获利，就变成了一个做空的仓位。

单方向头寸危险

根据价差的变化时而建立对冲头寸，时而将其平仓。但有时候，当将卖空的对冲头寸平仓，只剩下买入头寸以后，行情突然下跌；有时，当把买入的对冲头寸平仓，只剩下卖空头寸以后，行情却又突然上涨。因此，有时既要根据价差和行情的整体倾向采取避险的仓位，有时又要积极地偏向于以获利为目的的投机的仓位，需要有各种各样的策略。

4. 各种各样的对冲头寸（三）

虽然有点枯燥，但接下来我再讲解一些包括对冲头寸在内的头寸的变化。展示一下在 1963 年 4 月至 7 月东京小豆期货的震荡行情中可能的操作策略和理想的形态。（参阅第 23 图）

（1）在月份的高价位加码卖空远期期货，增加对冲头寸。

请细看一下 4 月份的价格波动。

日期	④	⑤	⑥	远期与中期之差价	远期与当期之差价
01	7420	7350	7670	320	250
02	7490	7600	7720	120	230
03	7630	7750	7900	150	270
04	7610	7750	7930	180	320
05	7600	7720	7890	170	290
06	7680	7780	7990	210	310
08	7690	7800	8000	200	310
09	7730	7830	8030	200	300
10	7690	7780	7960	180	270
11	7700	7850	8070	220	370
12	7750	7890	8050	160	300
13	7790	7910	8060	140	270
15	7660	7750	7900	150	240
16	7670	7800	7930	130	260
17	7710	7810	7950	140	260
18	7540	7600	7700	100	160
19	7430	7550	7610	60	180
20	7450	7510	7570	60	120

4 月至 7 月虽然是震荡行情，但其间价格也有涨跌。由于 4 月至 5 月是一波下跌行情，在此期间仅仅卖空对冲还不够，还要积极地做空。策略一：在价格高的日子逐步加码卖空 6 月份期货；策略二：减少买入头寸，使仓位偏向于卖空。具体操作如下：

	④	⑥
	−10	1 −
	−10	3 −
	−10	6 −
	−10	10 −
策略一：加码卖空 6 月份期货		
	−10	11 −
	−10	13 −
	−10	16 −
	−10	20 −
策略二：减少买入头寸		
	−9	10 −
	−7	10 −
	−4	10 −
	0	10 −

（2）在 5 月份低价处反手做多。

下面展示的是由于 5 月份价差扩大，因此减少 6 月份期货的卖空头寸，并进一步反手做多的过程。根据情况还可以卖空 7 月份期货进行对冲。

	⑥	⑦
4 月份	10 −	
5 月份	9 −	
	7 −	
	4 −	
	−1	
	−3	
	−6	
	−10	
卖空 7 月份期货进行对冲	−10	1 −
	−10	3 −

（3）6 月份由于价差的扩大，因此我预测行情将上升，考虑加码买入 6 月份期货和新建 7 月份期货买入头寸。卖空 8 月份期货进行对冲。也可将 7

月份期货的对冲卖空头寸换月到 8 月份期货。

	⑥	⑦	⑧
6 月份：	-10		
加码买入：	-11		
	-13		
	-15		
买入 7 月份期货：	-10	-1	
	-10	-3	
	-10	-6	
卖空⑧作为对冲头寸：	-10		1 -
	-10		3 -
	-10	-5	2 -
	-10	-5	5 -
对冲头寸由⑦换月至⑧	-10	3 -	
	-10	1 -	2 -
	-10		3 -
	-10		6 -
	-10		10 -

6 月份期货的买入头寸在交割时平仓，仓位变成［卖空⑧－买入⑦］或只剩下 8 月份期货的卖空头寸。

（4）7 月份，对冲卖空的月份是 9 月份期货。如果 8 月份期货已有对冲头寸的话，就要把它们换月到 9 月份期货。买入头寸建立在 7 月份期货或 7，8 月份期货中。

（5）如果发现价差持续缩小的话，这就是下跌行情的前兆，就要把仓位变成做空的仓位。具体做法请看第 2 表。

第 2 表　价差收缩的胶着状态时的仓位

	⑦	⑧	⑨
卖空⑧		10 -	
加码卖空：		12 -	
		15 -	
卖空⑨：（因为价差很小，故只少量卖空）		10 -	1 -
		10 -	2 -
		10 -	5 -
		10 -	7 -
买入⑦，进行对冲：	-1	10 -	7 -
	-3	10 -	7 -
买入头寸交割：		10 -	7 -
抱牢⑦	-10		
买入⑦和⑧：	-10	-5	
单方向买入头寸危险，卖空对冲：			
	-10	-5	15 -
买入头寸平仓：　a.	-10		15 -
b.	-5		15 -

如果没发生价差收缩的固定状态的话，就认为行情还会再次上涨。就按照上涨行情的预期建仓。

对冲是智慧的体现。

我再重述一下期货的建仓原则：

（1）升水价差的行情应该购入近期期货；

（2）升水价差的行情应该卖空远期期货；

（3）在价差扩大的时候购入近期期货，卖空远期期货；

（4）在价差缩小的时候要留神下跌；

（5）积极地利用对冲手法。

在前一节，我讲解了各种各样的情况，那些都是理想的状态。读者理解了上述原则并按照这些原则进行交易的话，就有可能完成比较理想的交易。当然，大家都是凡人，在交易中既有困惑的时候，也有痛苦的时候，但知道这些原则，至少可以避免资金遭到重创。这就意味着可以逐步地积累盈利了。

话说回来，原则只是原则，想依靠自己掌握的原则去猜行情是行不通的，唯一的方法是灵活运用对冲手法去应对行情的变化。因此，在理想的仓位中，包括对冲头寸在内、头寸的布局也有多种选择。

在做多的时候，即使主力头寸是买入头寸，仓位中如果含有卖空的对冲头寸的话，就能够柔软地对付行情的变化。本章的结论就是要时常建立对冲头寸。对冲是智慧的体现，时常要建立对冲头寸，对冲头寸起着与昆虫的触须一样的探测功能。

5. 下跌的过程

顺便再讲一讲从 1963 年 7 月的顶部开始的下跌过程。

下跌的行情是从差价固定在收缩状态开始的。于是我卖空了一些 9 月份期货，（或同时卖空 8 月份和 9 月份期货），抱着这些卖空头寸，行情转向了下跌。

卖空头寸的资金投入控制在总资金的 1/4 左右，最多也要限制在资金的 1/2 以内。请看第 25 图下跌的势头，可见这些卖空头寸是多么的有效。

请看一下价差的变化。

7 月 20 日（远期的 9 月份期货创最高价格 8120）

⑦	⑧	⑨	当期、远期的价差
7820	7960	8120	300

8 月 1 日（⑩上市开盘价 7320）

⑧	⑨	⑩	当期、远期的价差
7190	7320	7320	130

8 月 28 日（交割会）

⑧	⑨	⑩	当期、远期的价差
6770	7010	7120	350

9 月 1 日（⑪上市开盘）

⑨	⑩	⑪	当期、远期的价差
6960	7020	7570	610

9 月 12 日（11 月份期货的秋天的低价）

⑨	⑩	⑪	当期、远期的价差
5400	5490	6300	900

9 月 17 日（9 月份期货的最低价格）

⑨	⑩	⑪	当期、远期的价差
5070	5230	6370	1300

9 月 23 日（9 月份期货最高价格）

⑨	⑩	⑪	当期、远期的价差
5500	5720	6780	1280

9月25日（交割会）

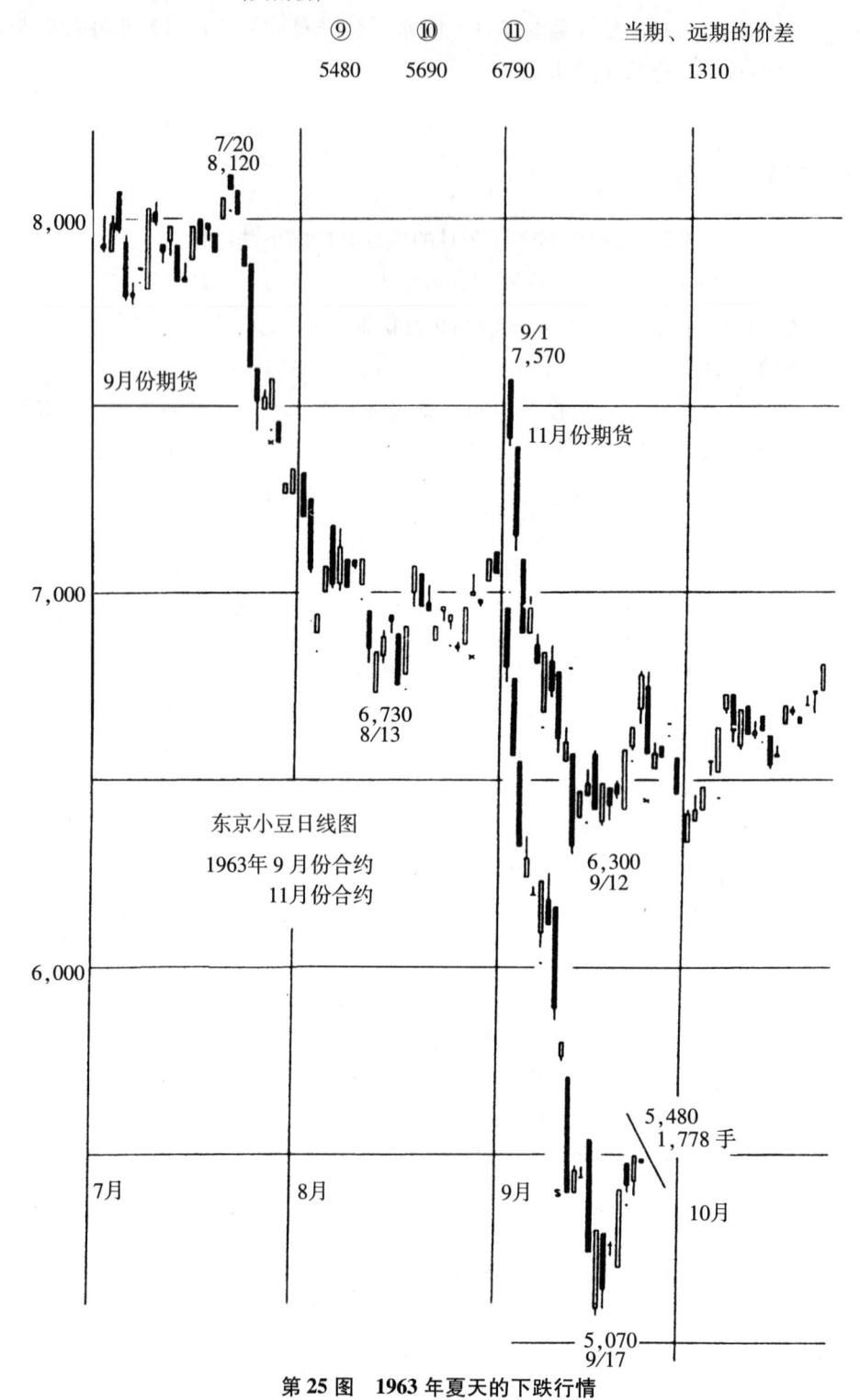

	⑨	⑩	⑪	当期、远期的价差
	5480	5690	6790	1310

第25图　1963年夏天的下跌行情

第六章
仓位的转换和头寸的对冲

　　请看上面的价差的变化，9月份期货刚卖空的时候是远期期货，现在已经过渡到当期，作为当期的9月份期货大幅度下跌，可见这些卖空头寸是很有效。由于当期期货的下跌造成了价差扩大，这是理想的价格波动。

　　耐心抱住这些卖空头寸，直到价差扩大到极限的地方再平仓获利。

　　再选择有利的月份重新买入建仓，加码买入，并逐步将所建的买入头寸向较远的期月转移，此外还要建立对冲头寸。总之，只要持有头寸，就一直要设法维持仓位的平衡。

第七章

走出期货外行的阶段

一、什么是期货技术
二、资金和时间
三、建仓和概率
四、技术的提高所需经过的阶段

一、什么是期货技术

1. 期货的职业炒手

期货市场是一个公平竞争的场所，它不会偏袒任何人。因此，放任自己的懒惰，认为只要做期货就必然会亏钱的想法是错误的。

世上所有的工作，都有内行和外行之区别。一般的人也认为这样的区分是理所当然的。比如说，一般的人似乎都有这样的概念：门外汉无论怎样玩命干也赢不了内行。

外行，即市场新手——技术还没有达到一定水准的人。

内行，即投机老手——技术高于一般水准的人。

这种区分方法是专门从纯粹的技术角度来区分的，这样的区分比较清楚明白。

比如说围棋。人们说，初段的职业棋手有着与业余棋手最高段——五段业余棋手差不多的实战能力。垒球也是这样，业余球队与职业球队是无法比拟的，两者之间有着巨大的差距。

这是因为，被人们称为内行专家的人的技术提高的原动力已经超过了单纯的"爱好、喜好"的阶段，他们是一心一意地从事于那一行，他们的心理素质和研究方法都与外行是完全不一样的，因此，他们有着外行无法比拟的高水准的技术。

有关做期货的内行和外行的区别，按照一般的人的常识来看，交易所内部的工作人员是职业炒手，客户是门外汉。

但是根据前面的分析，读者立刻就可以明白这种区分的方法是错误的。

高尔夫球场的事务人员并不是职业高尔夫球选手，当然他们也没有打高尔夫球的专业技术。垒球球队的经营者和事务人员，既不会投球也不会打垒球。

上述这些文字是从《红小豆行情的基础》这部书的最后一章"内行与外行"的开始部分摘录出来的。

第七章 走出期货外行的阶段

想不到这个有关期货的内行与外行的区别的话题，正好是读者所关心的话题，在许多读者的来信中都提到了这个问题。

本书是按照理解的难易程度的顺序由浅及深地展开的，尽管只写出了从古至今的浩瀚的期货技术中的极少的一部分，但在本书中，对有关内行和外行的问题也打算再深挖一下，从各种各样的角度来思考一下这个问题。

2. 具体的方法

我觉得读完第三章的读者一定会有下列的感想：

对做期货来说，报纸上有关行情的信息与价格波动仅仅有间接的关系。由这些信息即使能够得出一些对行情涨跌的看法，那也是流动性的。即使打算把这些看法与建仓计划联系起来，也只能作为建仓计划的前提，不能作为结论。①

能够称得上结论的是以灵活的行情观为前提的具体建仓方法，不论现在还是将来遇到何种行情，这种建仓方法都必须能够考虑应对的措施。

期货技术就是根据灵活的行情看法和价格波动情况，在资金范围内对头寸进行增减调节的一系列的操作技术。期货技术的目的是把损失限制在最小限度，让利益尽可能地扩大。

换句话说，期货技术就是头寸操作的技术。我把期货技术与围棋、高尔夫球、垒球等技术作了一些比较，它们既有相同之处，又有不同之处。

围棋、高尔夫球、垒球等技术受到年龄、性别、体力等条件的限制，需要具备一些与常人不同的基础条件。同时还需要积累与常人不同的训练，在此基础上，才具备了掌握这些技术的条件。

但是，期货的技术既不像围棋技术那样需要特殊的推理能力，也不像垒球技术那样需要具备特殊的体力。

简单地说，做期货的基础是资金。期货技术不受年龄、体力、性别等等因素的限制。

---

① 译者注：这段话有些费解。问了作者，其解释如下：

交易者对行情的看法很容易发生变化。比如说看涨的话准备买入，根据看涨的强烈程度不同，购买的方法也不同。而且，交易者的行情观是流动性的，随着时间的推移会发生变化。行情观变了，头寸的布局也会相应变化。即使一开始认为行情会"大幅度上涨"，也不会从头至尾大量地买入，"啊，涨势并不如我想象的那么厉害呀"。当这样想了以后购买数量就会有所收敛。或者，"只涨了一点点，也许快到顶部了吧"。"行情观"变成这样的时候就会积极地卖空对冲。"行情观"只能作为建仓的一个契机。

日常的经济生活是基础

也就是说，做期货的第1条件是有做期货的愿望，第2条件是有足够的资金。剩下只需个人不断地努力而已。

现代生活无法离开经济活动，不管是商业活动还是日常生活，都无法离开货币往来，对任何人来说，货币都是必要的，人人都具有一定数量的货币。

以人人都有的东西为基础，就是说谁都具有做期货的基础，并不需要具备特别的条件，做期货所需要的条件与一个人活在世上所需要的条件差不多。但即使具备活下去的条件，如果不具备活下去的技术的话，其结果必然是死亡。

一个人活着需要什么样的技术？

比如说，与周围的人交往的技术，为了不被社会拒绝，需要有抑制自己的本能和欲望的自制力，还要有调节这种自制力的技术等等——当然，尽管还应该有更多的技术，但是最有关系的技术大概就是这些吧。

如果对自己的欲望和本能丝毫不加以抑制的话，举一个极端的例子，比如说，因为希望得到某物就去偷盗别人的东西，或者说某人惹他心烦就把别人杀死，这样的人就失去了活下去的资格。

打垒球或打高尔夫球的时候，如果为了击球，随心所欲地挥动球棒球杆的话，就有可能把球打得飞出规则规定的界线之外去，游戏就无法再继续进行下去了。只有具备自制力，才有可能达到目的。

尽管这些例子举得有些过于极端，但事实上做期货也是这样，抑制自己的操作欲望，按照基本的规则进行操作也是期货技术的内容之一。

有关抑制欲望这个问题与做期货的资金运用问题有关系，在建仓时要考虑到投入的资金要留有宽裕，以保持仓位的安全性。这些内容将放在以后讨论，我先纠正一下初学做期货的人常见的错误观念。

二、资金和时间

1. 期货行情分析的不合理之处

我认为做期货刚入门的人常常容易产生的错觉，尽管有很多种，但大致可分为下列两种：

（1）期货行情是可以猜中的。

（2）必须让资金全部投入周转。

我想从多种角度来分析一下这两个观点。

首先，做期货的目的是什么？答案是"为了赚钱"。人们的日常生活中的常识也是：买入低价物品，再在高价处卖掉的话就能够赚钱。尽管做期货也只是把"低买高卖"的原则发挥到极致而已，但是这个原则完全被人们误解了，人们把这个原则误解成去猜"今后的价格是走高还是走低"了。

持这种错误观念的人认为做期货的全部内容就是：分析各种各样的材料，预测将来的行情的走势，决定买入还是卖空等等。

比如说，在炒股的时候，分析经济的形势，调查公司的业绩，对现在的股价进行分析，进而判断现在的股价是否妥当，如果认为股价偏低，预测今后会上涨的话就会做出买入的决定。

这种做法是完全错误的。简单地说，股价这么低是因为全日本的人都认为这么低是妥当的，才确定了现在的股价。自己一个人认为不妥当，这种看法本身就是自以为是的错误想法。

有关这个问题在第三章的"建仓的技术"中的"行情观"的地方也已经讲解过了，请参阅。

猜测行情的人沉迷于猜测行情。在一些股票的书籍中（例如投资杂志、周报等等），也对猜测行情倾注了全部的力量。

他们认为下大力气对经济形势和公司业绩进行调查研究，得出的结果就越精确，（对行情的）预测的精确度就越高，这样做股票或做期货才能赚钱。

如果事情是这么简单的话，那么经济学家来炒股就一定会赚钱了吧？然而事实上并不是这样的。大经济学家恩格斯在巴黎的交易所老是亏损，就说："现在的行情的价格波动是错误的。"这是很有名的一段轶事，即使经济分析做得都正确，行情的波动却不一定与分析结果一致。

实际状态观与购买气氛观

造成行情变动的因素可以分为实际状态观和购买气氛观。

实际状态观：

指的是世界或日本的经济形势、股票的公司的业绩、政治形势等对价格的影响。

在做期货的时候，指供求的状态及所有的政治、经济形势等对价格的影响。

购买气氛观：

购买气氛观的主观因素比较浓重，指的是所有的市场内部的因素，比如说，持仓关系、庄家之间的关系，买卖双方的力量对比，交付承接方式等等，即一般的人看不到的市场行情的内部的一面。经济学家不赚钱的原因，就是因为他们能够进行实际状态观的分析，却没有能力分析市场内部的因素，然而做期货必须把这两种结合起来进行分析才行。

那么，能够运用这两种分析方法进行分析的人做期货就能够赚钱了吗？

比如说，期货交易所调查部的人能够很容易地得到这两个方面的数据，可是，他们做期货的成绩也并不理想。如果说一个人做期货分析的力度不够的话，那么聚集起很多人，广集众人智慧来做期货的话成绩又如何呢？同样地不理想。

也就是说，即使掌握了如"购买气氛观"这样的行情内部的数据，那也仅仅是理论分析的一部分。

结论就是对做期货来说，理论知识尽管有用，但仅仅依靠理论分析还是不够的。

甚至有些人干脆偏激地说，理论分析对做期货来说没有一点益处。[①]

期货的理论分析应该尽可能地全面，随着时间的推移还应该时时地改变或修正自己的看法。比如说，初步要做的事情就是把报纸上的股市报道剪贴在笔记本上细心阅读，这能够稍微克服过于偏重理论分析的欠缺。

当然，这是建仓之前的问题。换句话说，这种完全根据理论分析的结果来做期货的做法是错误的。

因此，看来做期货不能归类于"理论研究性质"的工作，相反似乎如工匠一样的属于"熟练工种"。但有人说，这并不能证明期货行情就是不可猜测的。在说明这个问题之前，我先讲一讲另一个问题——有关资金的问题。

[①] 注：这里说的"没有一点无益处"的意思是：在做期货的时候如果过于拘泥于理论分析的结果的话，那还不如干脆不做理论分析好。

从理论上讲，对期货行情的分析研究越精确越好，然而实际上这是不可能的。因此，如果盲目地相信不全面的数据，并且在操作的时候拘泥于这些数据的话，那还不如没有这些数据好。

2. 经济方面的活动

首先，研究一下"资金量"的问题。

大到国家规模的事业，小到个体户的夜排档，都是由于投入资金量的不同而造成了各自的活动形态不同，因而运行的方式也各不相同。

在投资的时候限制投入的资金量，这是常识。尽管我们在日常生活、经济活动中都能够遵循这些常识，但在做期货的时候，却为什么会把这个常识性的原则忘得一干二净呢？

比如说，请读者阅读一下你手边的投资杂志，可以发现上面净是选用一些应该购入某某品种，应该卖空某某品种等的预测。尽管在这些预测中都没有写明该投入多少资金，读者在读的时候却丝毫也没有察觉这样的预测有什么不妥之处。

或许读者认为，资金量的大小只会使投资的品种数量受到限制，但方法是一样的吧？

如果这样想的话，就违反了"资金量不同，方法也不同"的经济原则。

究竟是哪些人群在投资的时候会忽视资金量的因素呢，是拥有无穷财富的人呢，还是资金为零的人呢？

拥有无穷财富的人没有必要再做期货；而资金为零的人，本来就不能做期货；正是那些只有少量的资金的人，才想增加它，他们在做期货的时候，却不考虑投入的资金量。

总之，根据操作者拥有的资金量而制定出来的各种操作方法和操作技术都有其各自的适用范围，但这一点似乎被人们误解得相当严重。

其中一般外行都有一个最有害的观点：资金要充分地周转。

3. 无主见的方法

做股票的人常常说："股票跌了，没办法，等到涨上来以后再卖吧。"

这就是所谓股票被套住了。尽管在买股票之前并没有想到会被套住，但当一旦被套住，马上就改变了当初的制定的方针，这种无主见的操作方法根本就谈不上是随机应变的炒股技术，但是像这样的买入之后就搁置不管，股票不涨上来就一直等下去，究竟打算等到什么时候为止呢？

比如说，看好某只股票，以 100 元的价格买入该股。买入以后，股票却下跌了。他想，等行情涨上来以后再平仓。就一直持有该只股票。可是，一直到死也没有涨上来。传给了儿子。儿子又传给了孙子。经过了一百年，总算涨了上来，卖了。

这样做究竟赚钱了吗？在这里，为了举一个典型的例子，特地把时间说成100年，但如果把时间说成1年或10年，在理论上的意义是一样的。

为什么在购买股票之前没有稍微考虑一下呢？换句话说，为什么在购买之前没有制定计划呢？

就是说，为什么在购买股票的计划中没有把时间的因素考虑进去呢？

时间——不管是天数还是月数，总之，不可以忽略时间的因素。

如果将一年赚100万日元和一个月赚10万日元相比较的话，尽管从绝对值来看是100万日元大，但从回报率来看是一个月10万日元的高。

是的，我们做股票追求的就是回报率。那是时间与金额的组合。

在这里，让我们把前面的过程利用走势图来表示一下看看。在走势图上，纵轴表示价格的变化，横轴表示经过的时间。世界上任何一种经济活动，当然包括做期货炒股票在内，都与这两个因素有关。

但是，每当人们真正开始做期货或炒股的时候，往往就会把资金量和时间因素忘到九霄云外去，因此，总是容易把事情想得太容易了。刚开始做期货的人，总是容易产生两个错觉：

（1）做期货就是要猜行情。

（2）要让资金全部投入周转。

在下一节中将完成对这两个错觉的分析，并想出一个脱离这种思维定势的办法。

三、建仓和概率

1. 掷骰子论

人们常常将期货交易和掷骰子的赌博游戏相比较。摇动骰子，猜对和猜错的概率各占一半。人们无法预先知道在每次摇动之后，将要开出来的点数是奇数还是偶数。

期货行情除了上涨就是下跌，但究竟接下来的行情会是上涨还是下跌却是难以预知。

第七章
走出期货外行的阶段

在掷骰子的时候，时而猜对时而猜错，猜对和猜错出现的概率是没有规律的；但在做期货的时候，如果有一段期间持续上涨行情的话，在接下来的一段行情内，就将持续一段下跌行情。如果用掷骰子来描述这种期货行情的话，就是一旦猜对，就会在一段时间内一直猜对；一旦猜错，就会在一段时间内一直猜错。

因此，在做期货的时候只要注意发现行情的变化点，并在行情发生变化的时候判断应该卖空还是买入就可以了。

大部分做期货的人都有这种想法，但是，每个人的强烈程度是不一样的，因此，每个人的操作方法也各不相同。在什么地方不相同呢？

首先，分析一下把做期货比作掷骰子的论点的谬误之处。

假定猜骰子会摇出奇数点还是偶数点，假定赌注押在会一直摇出奇数点（假定这个骰子只有奇数点和偶数点这两种选择）。

从理论上讲，无数次摇动骰子的话，猜对的概率是二分之一，如果只摇动有限的次数，猜对的概率就没有这么高了。

其次，即使假定只摇动有限的次数，猜对的概率也达到了二分之一，但如果猜对和猜错每回赌的金额不固定的话，就得不出最后输赢相当的结论。然而，由于做期货每次投入的资金是不固定的，因此，把掷骰子与做期货相对比是不恰当的。

第三，掷骰子时，掷出来的点数是不规则地出现的，而期货行情却是有规律的，在一定的期间内，会持续上涨或下跌的行情。行情从出发点开始上涨，如果百分之一百会回到原点的话，那么不论猜哪个方向，长期猜下去的话，猜对的概率也是二分之一，但是，行情上涨之后，并不是必定会回到原点的，所以猜期货行情概率是不可能达到二分之一的。

第四，在掷骰子的时候，一个点数代表了一个量；而在期货行情中，即使出现的上涨或下跌行情的次数是固定的，但每次的涨幅或跌幅却是完全不一样的。

举例来说，不管是上涨了 500 日元还是上涨了 100 日元，从掷骰子的角度来看，都属于出现了点数一（假定点数一代表上涨，点数二代表下跌），但从做期货的角度来看，金额上的变化相差了五倍，所以将做期货和掷骰子相比较是不准确的。

再举一个例子。有一个 3000 日元的上涨行情，是一路上扬地涨了上来，但是在下跌的时候不是一下子跌下来的，而是下跌 500 日元，反弹 300 日元，这样地反复重复这个过程，等到跌回原来的价位的时候，如果不考虑反弹，累计的跌幅竟达到 6900 日元，与上涨的 3000 日元的涨幅竟相差得这么多。①

详见下表：

价格	跌幅	反弹幅度	累计跌幅	下跌的次数	反弹的次数
3000					
2500	500		500	1	
2800		300	500		1
2300	500		1000	2	
2600		300	1000		2
2100	500		1500	3	
2400		300	1500		3
1900	500		2000	4	
2200		300	2000		4
1700	500		2500	5	
2000		300	2500		5
1500	500		3000	6	
1800		300	3000		6
1300	500		3500	7	
1600		300	3500		7
1100	500		4000	8	
1400		300	4000		8
900	500		4500	9	
1200		300	4500		9
700	500		5000	10	
1000		300	5000		10
500	500		5500	11	
800		300	5500		11
300	500		6000	12	
600		300	6000		12
100	500		6500	13	
400		300	6500		13
0	400		6900	14	

---

① 译者注：原著中没有写6900日元的累计跌幅是如何计算出来的，译者在询问之后，林知之先生解释说，下跌500日元，反弹300日元，这个过程重复了13次之后，就从高价下跌了2600日元，最后一次下跌400日元，就跌回原点了，这时，不计算反弹，把下跌的跌幅叠加起来，就得出6900日元的结果。

第五，如果上涨行情和下跌行情占去的时间都是一样的话，方能把猜上涨下跌比拟成猜测掷骰子的点数。但由于上涨行情与下跌行情的时间跨度往往是不一样的，所以不能做这样的比较。

最后，在实际操作中，想要判断出行情的转折点是一件相当困难的事情，尽管看着走势图上过去的行情转折点来发表观点很容易，但一旦被问到"今后的行情会怎样走"，由于不管怎么说都没有什么依据，因此总是会变成猜测。

2. 假定的事项

虽然把做期货与赌博相比不一定合适，但其中也有合理的部分。

假定：

（1）做期货的资金总是恒定的。

（2）涨幅和跌幅总是恒定的。

（3）上涨的天数与下跌的天数相同。

（4）不管是上涨行情的回挡，还是下跌行情的反弹，都只做一定的比例，或者不参加交易。

（5）永远猜下去。

那么，只要一直猜下去的话，就有50%把握可以猜中行情的观点能够成立。

因此，所有做期货的人都认为：当新的行情产生之后，就会在一段期间内持续这波行情。

但是，承认还是不承认前面的五个假定，得出的结论是完全不同的。

其中，有一派人把假定的事情错认为真实的存在，他们将价格走势曲线分成红色的买入线和黑色的卖出线，并盲目地坚信这些买入，卖出信号；与这种观点正相反，另一派人认为这五个假定是不成立的，但是他们试图通过头寸的增减操作来弥补在行情预测方面无能为力的状态，这一派的人属于期货技术派。

下面举一些例子来说明一下技术派的学习过程。

假定某个人想学习厨艺，拜了某个大厨师为师，即使他在拜师之前读过各种各样的有关厨艺的书籍，也依然不会做菜，而且在刚刚入门不久的时候，也不可能做出很高级的菜肴。

首先，大厨师让他先从学习洗碗、磨刀等基本功开始。过了一段时间，又让他练习用萝卜根雕花。

总之，大厨师在教他厨艺时不是向他脑中灌输厨艺的理论，而是让他从做厨师必须掌握的最基本的操作和方法开始学习，一件一件地学习，直到全部掌握。

最后，等到他能够做出让客人满意的菜肴的时候，才算学成出师了。

3. 对相关事件的处理

他在学习厨艺的过程中，会遇到各种各样的突发事件，他必须学会应对和处理这些事情，总之，由一些基本的事情会引发各种各样的现象，他在增加阅历的同时还要学习和积累一些处理这些问题的经验，只有这样，才能够达到学习厨艺的目的。

打垒球和打高尔夫球的学习过程也是这样的。光在理论上知道如何投球以及用什么角度投球，还是不可能实际投球的。必须通过练习才能学会投球。但仅仅做到这些还不够。还必须能够在比赛的时候也和平时的练习的时候一样地正常发挥，而且正因为有整个球队的配合和各种战术策略的运用，方能进行垒球比赛，只学会打垒球的一部分技术还是不够的。

学习打高尔夫球的情况也是如此。

只要读一下介绍高尔夫球的小册子马上就能够明白应该怎样握球棒，应该用什么姿势挥动球棒，球会如何飞等等，尽管在原理明白了，但还是不会打高尔夫球。

也就是说，还没有掌握这门技术。做期货也是这样，绝不可以在还没有掌握技术的时候就随便乱做。

言归正传，综上所述，我从做期货的基础知识开始讲解，之后又否定了在做期货时猜测行情的做法，还讲到了投入资金的最大界限以及经过的时间等问题。

其次还讲述了：所谓掌握了一种技术，即使这种技术十分简单，也要等到学会处理与之相关的杂事之后，才称得上掌握了这门技术。具有某件事的详细知识并不等于掌握了该门技术，必须能够实际操作才行。

至此，我相信读者已经完全理解了这些观念。

但是在期货的实际操作中，从一个市场新手的近乎儿戏的做法中走出来，变成一个老练的操盘手，需要经过哪些阶段呢？

这个问题放在下一节讲解。

四、技术的提高所需经过的阶段

1. 初级阶段

一般来说，一个市场新手要经过一些什么样的过程才能进入高手之列？这个过程通常都要经过哪些阶段？似乎还真有一些必经的阶段。

我之所以在这里用"似乎"这个不太肯定的字眼，是因为我没有做过确切的统计。

我很喜欢统计。我曾经对做期货的人群做过各种各样的统计，然而，这些统计大部分都带有一些主观性，说得不中听一点就是凭兴趣而为，因此，得出的结论不敢说带有绝对的普遍性。

还有另外一个理由。

我还带着这个问题咨询过高尔夫球高手，围棋的高级选手，舞蹈家等人群，对这个问题，他们回答的观点是各种各样的，每个人都各不相同。

也许是因为机缘不凑巧，我问到的人正好都是一些没有观察，注意，研究过这个问题的人。

但是，他们的答案之中还是有共同之处的。

其一是，随着技术的提高，会留心到一些以往熟视无睹不曾留心的事物，到了这个阶段，就可以说是掌握了这门技术。

其二是，不曾留心的事物，或者尽管了解却不能理解的事物，对于不同的人来说是不一样的，但都可以把其归纳成某一种类型。

也就是说，在刚开始的时候，假如学习的对象或目的以及必须做的事情是从 ABCDE 等项目中选出来的，这些内容在教科书中都有详细的记载。

过了一段时间，当把这些东西都学会之后，接下来又碰到了 XYZ 等问题，而在这个阶段的问题一般来说在教科书中却没有记载。

这就是说，后面的这部分学习内容与学习者的经验有关，当然，每个人对问题的理解深度是不一样的。

到了这个阶段，学习者可以开始选择深造的方向。打个比方说，如果没有因人制宜的培养，在围棋方面，都不会出现天才的少年围棋棋手。

那么，是否必须学完第一阶段 ABCDE 的五个项目的全部内容之后，才能开始学习第二个阶段的内容呢？其实不是这样的。也许在第一阶段还剩有一部分内容还没有搞明白，就已经开始了第二个阶段的学习，这样过了一段时间，第一阶段中遗留的不明白的地方会自然而然地豁然开朗。

在这个阶段开始出现个性。由于每个人的进步的历程不同，每个人会有自己的特色，但是只要不是走在太偏离正途的道路上，剩下的发展快慢就要看他本人的努力程度了。

在进入了初级阶段之后，一直重复地犯着一些初级阶段的错误，这种人，人们称之为市场新手。当他们过了这个初级阶段之后，人们依然称他们为市场新手，原因并不是因为他们的技术拙劣，而是因为他们还没有开始靠以做期货来维持生活。

因此，世上迷失在初级阶段里无法彻悟并始终停留在初级阶段里折腾的人太多了，尽管他们也想向第二阶段进发，但光阴似箭，日月如梭，他们都在连第二阶段的一丝头绪还没看到的时候就结束了一生。

2. 期货技术的进步历程

我的高尔夫球技一直停留在第一阶段，如果稍微认真一些，也就不至于始终停留在重复低级错误的阶段了。然而我只是把高尔夫当作一种娱乐，因此无法继续提高。因为只当作娱乐而已，即使一直重复初级阶段的失败，只要觉得好玩，对我来说就足够了。

但是对做期货来说，还是应该尽早设法走出初级阶段。

即使因为兴趣而做期货，也牵涉到资金的问题。因此，我一直以来的观点就是：做期货与做实业是一样的，只要一开始做，在初级阶段就绝对不可以重复同样类型的失败。如果不能从市场新手的阶段中走出来，最后就是走向破产。

做期货既没有公布发表的必要，也不必与其他人进行比赛。也就是说，并没有规定一定的期限，不必那么意气用事地紧张地学习。什么时候学习都可以，这种没有时间紧迫感的学习就不容易学进去。

刚开始做期货的时候，新手总觉得眼前似乎到处都是赚钱的机会，仿佛赚钱只是轻而易举的事情，因此这样的人不仅不愿意认真学习，而且受自己膨胀的欲望支配，重仓建仓或满仓建仓。

由于仓位过于庞大，超过了他的应付能力，结果当然是失败；在建仓失败之后还不知道恰当的应对措施，最后导致破产。

第七章
走出期货外行的阶段

其中一部分人在屡战屡败的过程中开始反省：不能再这样下去了，这样的人就会逐渐地进步。

当这个人意识到仅对一个问题深入思考还是不够的，就会开始学习另一项内容。

如此这般，在留心到初学阶段的失败原因之后，反而感到发自内心的喜悦，因为由此可以找出解决的办法。为什么这样说？因为期货水平的进步完全不受年龄、容貌、性别、体力等等条件的限制。

我认为在初学阶段会留心到的大约有下列这些问题：

（1）考虑有关对买入或卖空头寸的止损平仓的问题（对失败头寸的措施）。

这也许真的是初学者的问题，因为即使上门推销的证券公司的业务员也会这样向顾客传授的。

接下来，会考虑程度稍微高一点的问题。

（2）考虑不同期月的期货的价格波动特点和建仓期月的选择（各期月期货之间的差价的考虑和期月的选择）。[①]

（3）关心价格波动和行情的节奏（对价格波动的分析）。

（4）重视经过的时间（考虑到了时间成本）。

不要如赌客那样，在某一时刻猜中赚了钱就沾沾自喜，而是要纵观一年时间，价格变化了多少，利益是百分之多少，等等。又比如，同样的利益如果仅仅用了三个月就得到了，那就是很可观的利益，如果花了三年时间才得到，那就没什么了不起了。

（5）了解到有加码和逆势操作的做法（初步的技术）。

（6）了解到建仓技术的具体做法（掌握期货技术）。

（7）怀疑对行情妄加猜测的做法（技术的本质）。

……

当然，这些内容的顺序是随意的。初学者有可能留心到的事项除了这些，也许还会有其他一些内容吧，但涉及的期货本质的内容大致就是这些了。

[①] 译者注：中国的期货除了一两个主力合约的月份有众多的人参与交易以外，新出现的远期期货的交易冷冷清清，所以人们基本上都在主力合约的期货中建仓；而在日本的期货市场中，新的月份的期货一出现，马上就会集聚大量的人气，各个月份的期货中都有很多参与者，所以就面临着一个在哪个月份中建仓比较有利的问题。

3. 锤炼出自己擅长的招数

过了初级阶段，进入中级阶段以后，会遇到哪些问题呢？

不能因为期货学习没有一个明确的期限就不必抓紧，相反更应该抓紧，多一分耕耘就会多一分收获。再也没有比期货技术更值得学习的东西了。学做期货不需要特别的体力，只要有会计算资金的小学的算术知识，任何人都可以学习做期货。

因此如果做期货一直没有进步的话，极端地说：要么就是这个人的知识结构过于偏窄，要么就是这个人精神上有缺陷。（也许有点刻薄）

只要做，就能够学会。

能够做得到的事情却不去做，那是不足取的。有志于做期货的人，一定要设法掌握这些初级的内容，向中级阶段进发。

当然也不必把这件事想得太悲壮了，想要完成初学阶段的学习，看上去很难，但也不必把它想得太难，话虽如此，却也不是在一天之内就能够学会的，多少还是需要投入一些努力的。但是谁都具有掌握期货技术的能力，只是由于每个学习者努力程度不同，造成了每个人学成的时间不同而已。

到了中级阶段，操作者应该掌握的内容是：

（1）头寸的增减。

本书在"建仓的技术"和"头寸操作"中就详细讲解了头寸增减的技术。

（2）对冲。

在本书的"建仓的技术"和"资金和安全系数"中写有关于对冲的内容。

因此，第二阶段的主要内容就是：

建仓的操作和资金的运用。

到了第二阶段，操作者已经完全不再猜测行情了。

到这时，操作者的建仓技术已经很高明了，头寸的增减的操作也已经能够做得很流畅了，对冲的操作也能够做得很漂亮了，资金的分配也做得很理想，这样说来，这个人不是变成神了吗？世界上所有的财富都将被他赚去了吧？显然，这是不可能的。

还是选一个自己擅长的绝招好好地锤炼一下，根据自己的技术水平，根据自己的资金状况量力而为地赚取利益，这才是做期货。

第七章
走出期货外行的阶段

市场新手在越过了初学阶段之后，会感觉不到什么阻力地向中级阶段进发。

为什么？

比如说，要想成为一个音乐家——要想从一个外行变成一个出色的音乐家，除了要具备超乎常人、经过训练的乐感之外，还必须有很多特殊的经验。而要想成为一个运动选手，除了要有良好的体力之外，还要求有敏捷的运动神经。但做期货从初学阶段向中级阶段进步，却不需要这种特别的乐感或运动神经。

分秒必争的敏捷性？开玩笑。请看走势图——岂止是一分钟的波动没有必要刻意去争，连一天的波动也没有必要去争。一目了然吧？

正如读者在读完第三章至第六章之后所了解到的那样，期货中高级阶段的内容也是可以写成教科书的。

请读者更加自信一些吧。

练习的必要性

本书到现在为止都是从技术角度来讲解如何做期货的，但行文至此，我把"练习"作为一个探讨的问题提了出来。

期货技术包括：

（1）建仓本身的技术。

（2）头寸的增减。

（3）仓位的设计。

……

我认为这些技术与钢琴的弹奏技术，高尔夫球的击球技术等非常相似，因此要想提高必须满足下列条件：

（1）要有干劲。

如果很厌恶做期货却强迫自己去做，那是不可能提高的。

"好！以后就专心地做期货吧！"必须有这种心情才行。这一点无论对做哪一行来说都是一样的。

（2）必须有专门的工具。

像学开车床必须有车床才行；家里没有钢琴就不能练习钢琴；想打高尔夫球，如果没有几根高尔夫球杆的话，就不能打球，因此也就别指望提高了；对做期货来说，资金就相当于这个工具。

（3）必须经过练习。

刚把钢琴买回家不可能马上就弹奏得很高明，刚开始打高尔夫球不可能一下子就打得很好。不论多么有天赋的人也必须经过练习。

　　做期货也是这样。但是世上大部分做期货亏钱的人，似乎都是那些相信刚买回钢琴就能上舞台演出，一回也不练球就能在比赛中出好成绩的人。

　　也就是说，这种人在做期货的时候一次也不进行练习，直接参加正式交易，因此受到损失。

　　他们这样做亏钱是必然的。

　　必须进行什么样的练习呢？请阅读下一章。

第八章
交易基础练习法

——散户投资者的必胜法

一、真刀真枪的比赛论
二、交易的战术法则
三、下单开仓的头寸
四、头寸的增加
五、建仓失败时的应对措施
六、对冲与平仓
七、股票交易练习法

第 26 图	9 手头寸建仓方法的例子 ⋯⋯⋯⋯⋯⋯⋯⋯⋯⋯⋯⋯⋯⋯⋯⋯	148
	东京小豆日线图　1968 年 7 月 18 日至 8 月 28 日	
第 27 图	小幅度波动的顶部 ⋯⋯⋯⋯⋯⋯⋯⋯⋯⋯⋯⋯⋯⋯⋯⋯⋯⋯⋯	171
	札幌白扁豆日线图　1967 年 5 月份期货、7 月份期货、8 月份期货	
	东京小豆日线图　1967 年 11 月份期货、1 月份期货、3 月份期货	
第 28 图	大幅度波动的顶部 ⋯⋯⋯⋯⋯⋯⋯⋯⋯⋯⋯⋯⋯⋯⋯⋯⋯⋯⋯	172
	东京小豆日线图　1968 年 12 月份期货、2 月份期货	
第 29 图	1966 年 8 月东京小豆的顶部行情 ⋯⋯⋯⋯⋯⋯⋯⋯⋯⋯⋯⋯	197
	东京小豆日线图　1967 年 1 月份期货　1966 年 8 月 1 日至 11 月 14 日	
第 3 表	各种各样的试验头寸 ⋯⋯⋯⋯⋯⋯⋯⋯⋯⋯⋯⋯⋯⋯⋯⋯⋯⋯	135
第 4 表	仓位的强弱 ⋯⋯⋯⋯⋯⋯⋯⋯⋯⋯⋯⋯⋯⋯⋯⋯⋯⋯⋯⋯⋯⋯	139
第 5 表	成规模建仓的主力头寸 ⋯⋯⋯⋯⋯⋯⋯⋯⋯⋯⋯⋯⋯⋯⋯⋯	141
第 6 表	资金投入时按照 1，2，3，4 的比例投入，分批建仓方法 ⋯⋯	143
第 7 表	理想的主力头寸的仓位 ⋯⋯⋯⋯⋯⋯⋯⋯⋯⋯⋯⋯⋯⋯⋯⋯	144
第 8 表	仓位是如何根据价差和行情的变化而变化 ⋯⋯⋯⋯⋯⋯⋯⋯	146
第 9 表	试验头寸锁仓的方法 ⋯⋯⋯⋯⋯⋯⋯⋯⋯⋯⋯⋯⋯⋯⋯⋯⋯	153
第 10 表	锁仓以外的应对措施 ⋯⋯⋯⋯⋯⋯⋯⋯⋯⋯⋯⋯⋯⋯⋯⋯⋯	155
第 11 表	锁仓之后的操作（一）⋯⋯⋯⋯⋯⋯⋯⋯⋯⋯⋯⋯⋯⋯⋯⋯	158
第 12 表	锁仓之后的操作（二）⋯⋯⋯⋯⋯⋯⋯⋯⋯⋯⋯⋯⋯⋯⋯⋯	160
第 13 表	头寸换月的例子 ⋯⋯⋯⋯⋯⋯⋯⋯⋯⋯⋯⋯⋯⋯⋯⋯⋯⋯⋯	162
第 14 表	对冲头寸的例子 ⋯⋯⋯⋯⋯⋯⋯⋯⋯⋯⋯⋯⋯⋯⋯⋯⋯⋯⋯	165
第 15 表	投机和对冲的例子 ⋯⋯⋯⋯⋯⋯⋯⋯⋯⋯⋯⋯⋯⋯⋯⋯⋯⋯	167
第 16 表	水平低的人的仓位变化 ⋯⋯⋯⋯⋯⋯⋯⋯⋯⋯⋯⋯⋯⋯⋯⋯	168
第 17 表	反手做空的例子 ⋯⋯⋯⋯⋯⋯⋯⋯⋯⋯⋯⋯⋯⋯⋯⋯⋯⋯⋯	174
第 18 表	现货股票和信用交易对冲的股票仓位的演变过程 ⋯⋯⋯⋯⋯	195

第八章 交易基础练习法

一、真刀真枪的比赛论

1. 惨败了的人的做法

一旦建仓之后，就不再是轻轻松松的了，夸张一点地说，就要真刀真枪地干了。

做错了就不能再重新来过。当某个行情操作错了，想按照正确的办法再重新操作一遍，但那个行情已经一去不复返了。

在化学实验中，比如说，做一个用氢和氧化合成水的实验，即使失败了，也可以再重做一遍。

但是在社会科学方面，比如说，重新再搞一回法国大革命那是不可能的，就这点来说，人生也是不可重复的。

假如一年有 300 个交易日，如果某个人做了 50 年的期货，画够了 15000 根日 K 线之后，这个人的一生也就过完了。

很多事情一生只能够做一次，人生是不能够重复的。

怎么说着说着好像在说人生的感叹一样呢？我想说的是，总之要想真正地做期货，必须有相应的精神准备，具体来说，研究和准备是必要的。

做期货与押宝游戏是不同的。赌博总是要凭运气的。

依靠运气的方法，是无法找出对比的基准的，对一切凭运气的方法的研究是没有意义的。

如此看来，那种认为做期货的全部内容就是确定做多还是做空的想法是错误的。①

这一点，在读完了前一章之后应该已经很明白了。

谁也做不到如鸟一样在空中飞行。硬要做这种唐吉诃德式的尝试是不

---

① 译者注：做期货，即使只考虑价格波动的话也还有个波动幅度的问题，而且，在实际交易中，交易的数量也会影响到盈亏的数额，因此，做期货要考虑很多方面的因素。如果把做期货理解为只要猜对做多还是做空就可以的话，就与"掷骰子"的赌客的思维模式一样了，所以说是错误的。

可取的。明知会失败的事情，就不应该去尝试。

期货的研究应该如何进行？不应该如成天研究"如何在空中飞行"那样地不现实，也不应该如猜骰子点数那样整天猜测行情。猜测行情的做法，既不是研究也不是学习，因此遭到惨败再沉浸于悲痛之中也是于事无补的。这只是一种闹剧。

在我们的周围如赌徒一样地挑战期货而遭到失败的人太多了。至少我不希望读过我的这本书的人也成为这样的残兵败将。

2. 在实践方面的困难之处

本书行文至此，所写的都是一些与迄今为止的期货书籍完全不同的方法。

我想，读者对有的地方会忍不住想反驳。

当然，在本书中也许有一部分确实是我个人的特殊观点，但总体来说，本书讲解的理论和技术都是一些期货的真髓。

本书不会为了迎合读者而去写一些看上去似乎合情合理，但实际上却是谎言的东西。正因为如此，反而容易招致读者的反感，但我认为到前一章为止的内容，读者已经完全理解了。

正如在第一章一开始就提到的那样，本书的目的是让读者从市场新手的思路中走出来，因此，在读的时候会有一些抵触感是很自然的事情。

何况，在实际操作的技术层面来看，更是倍感困难重重，由于期货这个事物的特殊性，决定了做期货的人非常容易陷入悲观的情绪之中。[①]

"期货是一种让参与者连续不断地失算的游戏。"正如这句话形容的那样，期货是不能期待结果完美无缺的。况且，每学习一种新的期货技术时所做的练习，都必须在实际操作中进行，因为这些练习也是不能重做一遍的。

无论什么技术，都不可能读一遍教材马上就掌握。比如说学游泳就是如此。初学期货的人如果稍不顺利立刻就放弃继续学习，那是绝对学不会的。

---

① 译者注：由于做期货在交易失败的时候会有金钱上的损失，这会给新参加的人留下非常深刻的印象。因此，容易使人们产生追求完美的交易的倾向，"坏了，怎么这么不顺利""怎么老是猜不准"等等容易使人们产生一些焦虑的情绪。

（1）即使拼命学习，也不可能马上就做得很好。

（2）况且期货总是不可能做得完美无缺的。

如果抱有上述两个想法，那是当然会失败的。

能不能越过这个坎儿，这就是市场新手能否成功的分岔路。

言归正传，接下来我将告诉读者一个也可以称之为基础练习法的建仓方法的标准，来让前面这段文字告一个段落。这是一种普遍适用的基本的方法。

通过学习基础练习法之后，接着再去发现自己对哪一种方法比较有信心，以后就可以有意识地向这个方向发展。

在做期货时，当某一笔交易做错之后是不能够重新再来的，为了在这个真刀真枪的市场中生存下去，除了要有正确的看法之外，还必须有自信。

3. 实际操作的阶段

在资金运用方面，除了做期货以外，自古以来就有一个叫"财产的三分法"的方法（在这里且不讨论这个方法是否正确），这个方法已经被应用在各种投资方面，但是能否也应用在期货投资上呢？[①]

在此将要讨论问题是：在分配在证券方面的三分之一的资金的范围内，应该进行什么样的交易？

这个问题已经不是理论问题，而是实际操作的问题了。

期货的资金的分配问题与分散投资不是一回事。

一般来说，分散投资指的是把投资资金分成几份。比如说，在炒股的时候，把资金分别投资在钢铁股、石油股、纺织股等数种股票中。在做期货的时候，把资金分别投资在小豆、白扁豆、精糖、橡胶等各种不同的品种中。这就是分散投资的思路，但这种思路并不是具体的交易方法。

在实际操作中，之所以分散投资从未出现过成功的例子，是因为这种方法不仅在概念上比较模糊，而且思路比较消极，这种方法把资金投资在许多品种上，看上去似乎在积极地投资，但实际上最后每个品种都变得靠不住。

在炒股技术中的资金运用，内容更加具体。以分散投资的例子来说，

[①] 注：所谓财产的三分法，就是指把总财产分成三份，三分之一投资在证券上；三分之一投资在房地产上，特别是购买地产；剩下的三分之一现金存入银行。人们都说，财产三分法能够在经济景气变坏的时候规避风险，防止资产缩水。然而，这个思路也属于一种叫"分散财产"的相当抽象的理论中的一种。在财产三分法中，并没有告诉人如何降低房地产的平均买入价等具体的方法。

比如打算购买纺织股，准备投入多少资金购买哪个品种，最初准备以什么价位购买多少股，等股票涨到多少价位之后加码买入多少股？获利平仓多少股，又准备以资金的几分之几来对主力头寸进行对冲等等。

用期货的例子来说，比如购买小豆，总共打算购买多少手，买入哪个月份的小豆期货，刚开始建仓打算先买入几手，最初的这组头寸与总资金相比占几分之几，随后如何交易，整个仓位的最多的头寸数量准备限制在多少手之内，此外，对冲头寸准备建立在哪个月份，准备在什么价位开始建立对冲头寸，建立多少手等等，完全都是一些具体的内容。

二、交易的战术法则

1. 安全系数和效率

假定有金额相当于100手的操盘资金——这笔资金不一定必须是总资产的三分之一（当然，也可以是总资产的三分之一），拿出多少资金来做期货这是个人的自由。

财产三分法的思路是比较消极的"守财"的思路，而做期货却是比较积极的"想发财"的思路，因此，这用来做期货的100手资金即使占去了总资产的一半，甚至是全部的总资产也没关系，因为这100手资金是作为期货的保证金预先存在期货交易所里的。

如果期货保证金不够了，就从银行中取一些出来存入交易所；再不够了，就再从银行中取一些出来存入交易所，这种做法就叫漫无计划。以这种漫无计划的做法做期货是不可能成功的。

当决定好以100手资金做期货以后，这100手资金就相当于公司的资本金，一旦定下来就不要随便增减。期货操作的时候，应该在这个范围内选用最合适的技术。

具体应该如何建仓呢？

满仓交易是破产的根源。自古以来，从未有过满仓交易成功的例子，显然，这就说明，这种方法是行不通的。

假如有100手资金，每次只用1手资金参加交易，你也许认为资金效率太差了。但实际上，效率并非太差，剩下99手金额的资金不去动用，意识到"还有足够的资金呢"在精神上就比较轻松，即使在亏钱的时候，亏损金额占整体资金的比例也比较小，这是物质上的宽裕。

因此对于投入的资金量和交易的数量的比例来说，要考虑到两个方面：

（1）安全系数。

就是要限制投入资金，这样在失败的时候，不至于因此而受到太大的打击。换句话说，就是要留有能够从容地东山再起，化亏为盈的宽裕资金。

（2）效率。

然而，又要有效地运用这笔资金。这就是说，要尽可能地利用这笔资金多赚取一些利益。为了解决效率与安全系数的矛盾，应该设法找出这两者之间的折中点。

2. 资金的分批投入

这个问题与如何动用企业的启动资金一样，同属于最重要的问题之一。但不可思议的是很多人都不重视这个问题。

最近在美国变得非常出名的格兰比尔投资法则，对于这个问题也丝毫没有涉及。[①]

曾是美国畅销书的《我如何在股市赚了200万美元》写的是作者尼古拉斯·达瓦斯的投机记录，他在书中写道：纯粹的技术性的方法才是唯一靠得住的方法。他平时买来报纸，总是只把有股价的那一面剪贴下来，其他版面看也不看就扔掉了。他属于那种否定杂音的踏实的操盘手。连他这样重视技术的人，对资金控制问题也几乎一句都没提到，唯一涉及建仓内容的，也只有寥寥几句，例如：

以35.25美元的价格试探性地买入了300股股票。

以36.50美元的价格买入了1200股股票。

以40美元的价格买入1500股股票，合计3000股股票。

诸如此类，只记录了一些平均的购买价格。

在中国，也许是因为人们喜欢一些概念性的数字游戏。比如说《河图·洛书》以及由此基础上发展起来的九宫。在中国清代的期货书《富致录》中也记载有九数的方法。在《中源线》（清代）这部书中，记载有六分之一建仓法，看来中国人早就对资金控制的问题有着相当的研究。

---

① 译者注：戈兰比尔投资法则就是移动平均线的法则，该法则只提到了如何预测的问题，没有提到如何使用资金的问题。

只是不知是为了有趣还是什么原因,总之最后似乎堕入了数字游戏之中,这一点令人遗憾。

再来看日本早年的期货书中对资金问题的论述。

首先,在《三猿金泉录》中作者写道:在做交易之前先要好好地估量一下自己的资金量——假如打算建50手规模仓位的时候,一开始先建仓10手。如果只是10手的话,那么万一方向做错还好收拾。事先在心里规定好一个允许的损失范围,不要坐视损失的金额超过这个范围。

在大米交易的建仓的时候,光有那种一下子就买足的想法是不够的。在买入的时候应该分成两次进行,在卖出的时候也应该分成两次进行。

即便是文殊菩萨,如果做没有计划的交易,那么当他遇到预料之外的暴涨暴跌行情的时候,也会输得一塌糊涂。

做期货之前的资金准备工作与大战之前的军队调动情形有些相似,做大米期货需要调动的部队就是资金。

在《商家秘录》一书中,还记载着交易战术法则:

在准备交易的时候——先试探性地购入少量稻草包的大米,假如总共打算购买一千石大米的话,第一次先购买二百石,第二次购买四百石;假如打算购买一百石大米的话,第一次先购买二十石,第二次购买四十石。

在《商家秘录》中,写得更加具体一些:把资金分成三份,把其中的一份再分成三小份,再用三小份中的一份开始进行购买。

这些古书上的内容究竟是纸上谈兵还是经验的结晶?把这些古代的理论套用在现代的期货技术理论研究和实际操作中,是否依然有效?

3. 做有准备的交易

近代的一些炒股或者做期货做得成功的人士几乎都认为:

(1) 必胜的秘诀是:

"操盘时要留有宽裕资金,要惦记着对主力头寸做好对冲交易。"

(2) 具体应该留出多少宽裕的资金呢?

"即便是遇到百年难遇的买入机会,投入资金也要限制在三分之一以内,最多至一半为止。"

(3) 最初开仓的时候应该投入多少?

"炒股的话是 1000 股，做期货的话是 1 手。"①

（4）一波行情最多投入多少资金？

"一般来说是总资金的 10%～20%。"

（5）对冲交易呢？

"对冲交易是操作成败的关键，非常重要。"

言归正传，前面的这个答案只给出了一个投入资金的最大公约数，由于并没有告诉读者总的资金量是多少，关于建仓的头寸数量也只告诉读者最初买入 1000 股股票或者 1 手期货，之后的建仓数量是总资金的 10%～20%。

这样的说法容易招致读者误解，由于说得不够具体，也许会引起读者不满。但是在《孙子兵法》《作战要务令》《用兵理论》等书中，有一个共同的观点，那就是"全军投入是必败的战法"。

在《三猿金泉录》里也指出"布阵的交易方法是有备而战的交易方法"。在该书中还写道：

"做交易之前必须准备好兵力，这个兵力就是资金。"由此看来，长期以来对于人类的战争行为和期货行为来说，古代兵法家和早年的期货专家通过千辛万苦得来的经验的结晶，至今依然充满着生命力，依然被当代的人所广泛地应用着。

在此，从一些古书中再举一些具体的资金分批建仓例子来探讨一下。

把资金分成三份，取其中一份再分成三份，再取其中一份作为一个建仓单位。

——《商家秘录》

把资金分成两份，再把其中的一份分成三小份，以其中的一份作为一个交易单位，这一交易单位相当于总资金的六分之一。

——《中源线建仓法》

我认为，这些书中的九分之一或六分之一的建仓法对我们今天的建仓操作也是非常有参考意义的。目前我们的期货制度是六月份制或三月份制，而这些数字正好是三、六等三的倍数，我相信，资金这种分批投入的比例对今天的期货操作是非常有利的。

的确如此。不论是战争还是做期货，用兵的战术是非常重要的。有备而战的技术，才称得上是有生命力的技术。如果不这样，就变成了赌一把的"赌徒式的期货技术"，那就彻底完蛋了，因为做期货是不可能等行情过

---

① 译者注：这分别是日本股票和期货的最小买卖单位。

去之后再去准备的，那样的技术也就不能称其为技术了。

如果硬要称其为技术的话，那只能称之为必败的技术。

最初建立的头寸起的是侦察作用，因此如前面提到的股票开仓的时候只买入最小的单位1000股、期货开仓的时候只买入1手的做法，也就不难理解了。然而，在那以后应该投入的兵力当然要根据操盘人掌握的资金量而有所不同了。

因此，在那之后的各次建仓的资金投入量，也许是2手，也许是5手，也许是50手，究竟是多少要根据当时的资金量和行情的价格波动情况来决定。

而且还必须遵守"单方向头寸的资金投入量不能超过总资金的三分之一或二分之一"的规定。也就是说，即使在打算全力以赴地买入的情况下，投入的资金也不能超过全部资金的三分之一或二分之一。

三、下单开仓的头寸

1. 建仓的计划

一说起期货的交易练习，我就想起自己早年初学期货时的情形。当时我想，原来期货练习就是这样的呀。现在回想起来，当时的练习有很多地方不太合理。如果我教别人的话，将使用更加容易理解的方法。但在当时我却是拼命地学习的。

初学阶段令我难忘的事情还有：虽然技术还不是很成熟，却由于盈利使保证金大幅度增加。

下面我想告诉读者几个练习方法的例子，尽管这几个例子中运用的资金规模很小，但涉及的内容都是一些实际操作和运用方面的技巧，我认为这些方法可以说是散户的必胜法。

假定运作资金是20手。（当然100手或10手都是可以的）

因为如果要想讲清楚对冲交易和分批建仓的概念，举例的时候最少需要20手才容易讲解。

事实上，从我的经验来看，资金量太少的话，随机应变的空间就很小，运用起来很困难，所以，最少也需要相当于20手金额的资金。

期货的学徒期间大约需要多久？

经常有人问我这个难以回答的问题。

每个人的情况是不同的。

初学者需要学会的内容有：

（1）跟上行情的走势，跟对方向。

（2）学会利用差价。

（3）学会建立主力头寸。

（4）学会建立对冲头寸。

根据我的经验，初学者要想学会这些内容，最少需要花费一年，最好花费二年时间来做这些练习，才能学得比较扎实。

数据记录用的笔记本

学做期货最初步的事情是要学会对资料进行整理。

记录行情用的笔记本绝对应该用大型笔记本。

我常常看到有的人用手帕那样小的笔记本来记录行情，在我的印象中，这样的人似乎总是在输钱。做期货赢钱的人毫无例外都用的是大型笔记本，这一点不可思议地似乎有着因果关系。

活页笔记本是绝对必须准备的。报纸上的报道和评论，统计资料等可以剪贴在笔记本上进行整理。

记录行情用 B5 纸的活页笔记本比较好用。这种笔记本从活页文件夹到纸张都是按规格制作的，可以选用自己喜欢的纸张。

比如说，有会计的账簿用的活页文件夹，有厚的也有薄的；塑料封皮的种类也有许多种，纸张也有许多种：既有横格纸，也有方格纸，还有账簿的草稿纸、单侧开着装孔的能够绘制走势图的方格纸、透明的塑料套等等，总之这种活页文件夹可以装订各种各样的资料。

打开笔记本后，可以用左侧的页面来记录行情的价格，右侧的页面可以用来粘贴从报纸上剪下来的资料。或者也可以准备两本活页笔记本，一册用来记录行情数据和自己的建仓记录，以及粘贴报纸上的报道剪贴；另一册用来粘贴统计资料。由于活页笔记本的纸页是可以替换的，当剪贴资料比较多的时候，也可以连续几页都用来装订剪贴资料。

当活页笔记本变得太厚的时候，新的内容可以另外装订保存。

还可以夹杂着装订一些不同颜色的活页纸张，当有思想灵感的时候可以随时写在上面，这非常重要。

在这不同颜色的纸面上，也可以记录一些读后感，或所见所闻的感想。

俗话说，好记性不如烂笔头，如果当时不记下来的话，时间长了就会忘掉的。

把这些灵感，感想记录下来，按照不同的项目分门别类进行整理，重新装订，时时温习。这也只有是活页笔记本才能这样做。

总之，用大的活页笔记本比较好。因为这样做了之后，就会比较珍惜，自然交易的结果也会因此变得好起来。

虽然做资料的剪贴花费不了多少功夫，但似乎很少有人这样做。报纸上的评论都有一个时间性，报纸上的数字尽管正确但却是零零碎碎的，因此，读报的人仅能得到一些零碎的知识，而且还很容易忘得干干净净。

要想把这些资料变成系统的知识，变成决策判断时参考的依据，就必须对这些资料进行归纳和整理。

如果觉得做剪贴很麻烦的话，也可以把报纸上的股票和期货的行情栏目直接剪下来，装订起来。这样也能成为一种行情的纪录。

即便如此，粘贴报纸上的其他有用的东西的活页笔记本依然是必要的。

（1）通过通读剪贴的汇总，批判地吸收其中有用的东西。

（2）通过比较剪贴上的统计数字来体会行情的变化。

（3）研究行情的价格波动与消息的关系。

通过这些努力，能够在某种程度上了解一些交易的环境。[1]

尽管资料的范围越广，分析越周密越正确越好，但是操盘手也是人而不是神，所以不可能做得没有疏漏，即使是使用电脑也一样做不到完美无缺。因此资料的收集只要在自己的能力范围内进行就可以了。即使只参考日本经济新闻也足够了。

言归正传，根据这些资料开始分析行情走势，制定建仓计划。

在此需要注意的是：尽管根据这些资料，操作者对行情的走势有了自己的看法，但这种看法并没有绝对的把握，说到底仅仅是一种猜测。而且正如第一章中所讲过的那样：这种看法也是随时都要改变的（说得不中听一点，这种自己一个人闭门苦思出来的对行情的看法也许根本就是错误的）。

假定，操作者决定开始购入一些试试。

在何时购买？

购买哪个月份的期货？

在涨上来或跌下来的时候，分别应该如何进行建仓？

最多准备购买多少手？

---

[1] 注：在第五章的"实际状态观""购买气氛观"中也已经阐述过：对行情的判断不能过分地拘泥于报道材料和统计数据。因此，极端地说，判断行情的时候主要根据价格波动，不听一切消息也完全没有关系。

(在这个例子中，资金量是 20 手，因为单方向建仓最多只能投入资金量的一半，所以最多只能建立 10 手头寸。)

在什么价位，哪个月份的期货中建立对冲头寸？

锁仓的时机如何掌握？

诸如此类，需要考虑各种各样的问题。

为了把这些问题考虑成熟，花费两三天或者一周都是值得的。该来的行情是逃不掉的。买到了低价位并不能代表操作技术就一定很高，关键要看操作者能否顺应行情的波动方向，顺势而为。

2. 试验头寸[①]

先买入一手试试。

应该购买哪个月份的期货？如果处在升水价差市场的话，应该买入价位最低的月份。如果当期期货的价位最低的话，那就应该买入当期期货。当期期货一般在当月的二十几日交割的，在当月的十日以前购买的话，就不算太晚，可以买入。

虽然常常有人说："当期期货已经快交割了，如果买入后走势向反方向发展，等不及走势回头就交割掉了……。"是的，但是，在购买某种期货的时候，操作者一定是梦想着第二天就会暴涨才购买的，本来就没有打算持仓几个月不放。因此即使购买当期期货也完全没有关系。

但是因为交割会已经迫近了，看来当期期货交割之后这波行情也会继续下去，如果操作者也不打算放弃当期期货交割之后的上升行情的话，也

---

① 译者注：林辉太郎先生的儿子林知之先生在他的《行情术语词典》一书中，对试验头寸做过如下的论述：试验头寸，就是试探着买一点（或卖一点）试的头寸。

赌博式的倾色购买是危险的，应该通过分批买入来分散风险。我们把初期建立的确认价格波动的头寸叫试验头寸，把在确认了价格走向以后加码买入（或卖空）的头寸叫"正式头寸"（或叫"主力头寸"）。

虽说是"试验"，但只是数量较少，由于也是真正的买入（或卖空），与正式头寸一样地会产生盈亏。因此，建多少头寸是试验头寸或正式头寸并没有严格的区分标准。从这个意义上说，下面这句话也可作为时常告诫自己的话语："分批建仓，在观察行情的状况的基础上慎重地加码买入（或卖空）。"

当发现行情与自己的设想相反，就将试验头寸平仓止损，等适当的时候再重新建立。当然，即使在建立正式头寸以后，发现行情的方向相反，也要平仓止损，再重新出发。

也有的人特意反方向建立试验头寸。比如说，在打算买入建仓的时候，特意建立卖空的试验头寸，这是一种为了保持冷静所做的努力。就是说，一开始建立买入还是卖空的试验头寸，视交易者的操作习惯而定。

虽然交易总是必须带有计划性的，但将来的价格波动是不可能完全预测出来的，有必要通过试验头寸来感受行情的波动趋向，以便对将要进行的交易随机应变地制定具体的交易计划。为了保持这种思维的柔软性，事前的计划是有用的。

……

可以在当期期货后面的那个月份的期货中建仓。

试验头寸在过去被称为"出发的头寸"。通过试验头寸来试验一下自己的仓位是否跟上了行情的走势，即头寸是否建对了方向。因此要好好地注意行情的节奏，比如说，在第二个新低价的次日早晨买入，等等。

如果想用摊平购买法来降低平均买入价格的话，应该在行情创出新低价的第二天试探性地买入一些。如果想用顺势操作的手法来建仓的话，可以在一段时间的持续下跌之后的首次高价收盘的时候，试探性地买入一些，或者在第二天试探性地买入一些。

但是操作者如果不是很在乎价位的话，什么时候买入都可以，因为试验头寸正如其字面意义那样，只是试探性的头寸。

但是在连续三次收盘创新高的日子绝对不可以试探性地买入，在这样的日子的次日的早晨也必须避免建立试验头寸。（在连续三根阴线之后，不要进行试探性卖空。）

虽然说什么时候都可以建立试验头寸，但这并不表明试验头寸是随随便便的头寸，即便只是一手试验头寸也要珍惜。在庞大的仓位建立之前最先建立的这个头寸，是为了后面的各种各样的仓位得以操作下去而建立的，目的是试探出行情波动的方向（叫试手感）。如果不实际建立一手头寸，就不能行情的波动有切身的感受，因此这个头寸是为了切实感受行情波动的头寸。要注意试验头寸在买入的时的价格和随后的价格波动，特别要注意价差关系。

试验头寸看上去似乎是"胡乱地买着试试的头寸"，似乎与赌博式买入方式没什么两样，但它们之间根本性的不同之处是：

（1）数量较少。

（2）有计划性。

下面我们再来看看，具体应该如何建仓。①

试验头寸根据其目的不同还可以分为两种：

（1）在目的上与主力头寸的目的很接近，也就是说，这个试验头寸的目的除了试探行情方向之外，还兼有准备赚取这波行情的目的。

（2）这种试验头寸自身的目的并不是准备赚钱的，而是为了探察行情的走势方向，特别是为了观察差价而建立的随时准备牺牲掉的头寸。

---

① 注：在后面第七章"头寸的操作"这一节里还要出现试验头寸的内容，但那时因为资金量与现在不同，所以相应的试验头寸的数量也与现在不同。在本例中的试验头寸的数量是根据资金量为20手这一前提而设计的，请读者明白这一点。

第八章 交易基础练习法

在这里列举的都是第一种目的的试验头寸，第二种目的的试验头寸要等读者读完第七章之后就明白了。

各种各样的试验头寸请见第 3 表。

在第 3 表中，由 A～L，列出了 15 种试验头寸。下面我将逐个进行讲解。

A　普通的试验头寸。买入 3 月份制的期货的当期期货，对冲头寸准备建立在远期期货之中。

第 3 表　各种各样的试验头寸

		①	②	③	④	⑤	⑥
A		−1	②	③			
B		①	②	③			
			−1				
C	a	①	②	③			
		−1					
	b	①	②	③			
		−1	−1				
D		①	②	③			
		−1		1−			
E		①	②	③	④	⑤	⑥
		−1					
F		①	②	③	④	⑤	⑥
			−1				
G		①	②	③	④	⑤	⑥
				−1			
H	a	①	②	③	④	⑤	⑥
		−1					
	b	①	②	③	④	⑤	⑥
		−1	−1				
I	a	①	②	③	④	⑤	⑥
			−1				
	b	①	②	③	④	⑤	⑥
		−1	−1				
J		①	②	③	④	⑤	⑥
		−1					1−
K		①	②	③	④	⑤	⑥
			−1				1−
L		①	②	③	④	⑤	⑥
				−1			1−

B　买入中期期货作为试验头寸。这样比较从容，即使过了一个月，也没有必要将试验头寸换月。对冲头寸准备建立在下个月的远期期货④中，但是如果在月底之前就发现试验头寸失败的话，对冲头寸就建立在③当中。

C　先试探性地买入1手当期期货，以此感受价格波动，以后看准机会又买入中期期货。

当期和中期各有1手买入头寸。对冲头寸建立在本月的远期③和下月的远期期货④中。或者在③、④中各建立一些对冲头寸。

D　买入当期的同时卖空远期。可以把这种做法看成"在买入的同时进行对冲"。在后面的文章中我要详细讲解为什么一上来就建成这种对锁头寸的原因。在价差转向缩小的时候，这种仓位比较有利，6月份制的话，第3表中仓位K那样的仓位比较有利。

E　这是6月份制期货的当期期货的买入。这个仓位比A更侧重于当期期货。

F　买入了6月份制中的②，这个仓位既相当于A（买入3月份制的当期），也带有B的色彩。

G　买入6月份制的③。这个仓位的效果与F相同。

H　买入6月份制的当期期货，看准机会再买入②。

F、G、H都是6月份制的标准的试验头寸。

I　这个仓位在形式上与H是一样的，但是所有的头寸都往后错了一个月。在这里，仓位C、H、I都是建立2手试验头寸的做法，其中，第1手是真正的试验头寸，第2手尽管操作者也有让它成为主力头寸的打算，但实际上往往办不到，在多数情况下最终还是作为试验头寸来处理的。

J　这个仓位与D是一样的，也是"买入当期期货，卖空远期期货"。但这是建立在6月份制中的对锁头寸。

K　与J的形式相同，只是把试验头寸建立在②期货之中，以避免建在当期期货中面临被过早地交割平仓的局面。

L　与J的形式相同，只是把买入头寸建立在③期货之中。J、K、L三个仓位，它们中的买入头寸一个比一个靠近远期，在对锁头寸中，由①至⑤都可以用来建立买入头寸。对锁头寸的买入与卖空头寸的月份跨得越远，赚取两者之间的价差收缩的效果就越好。顺便说，在贴水价差的时候应该卖空近期期货，买入远期期货，考虑到贴水价差的一时性的投机色彩比较浓厚，贴水价差的"对锁"头寸比升水价差的对锁头寸还要有利。

言归正传，读者也许会问，这些试验头寸究竟应该在什么情况下建立呢？尽管读者希望我给出一些试验头寸建仓时机的具体的例子，但我认为

第八章
交易基础练习法

没有这个必要。说到底，试验头寸还是要靠读者自己去试验。就如钓鱼一样，鱼咬住了鱼饵的时候，钓鱼的人会感觉到"上钩了"，这是一种只可意会、不可言传的感觉，这种感觉需要垂钓者自己去感受、体会，自己去锻炼鱼儿上钩时手的反应能力。为了感受行情的方向，也要读者自己建立试验头寸去感受。

A～L中最容易做的是3月份制的B和6月份制的F和G。我初学期货的时候小豆行情还是3月份制，光是B的试验头寸师傅就让我做了几十次。但是，单从这个仓位的孤零零的这一手试验头寸来看，我总觉得它有一些猜测行情的味道（特别是初学者更是如此）。3月份制的D和6月份制的J、K、L由于买入和卖空头寸是同时建仓的，虽然有些难以理解，相对来说就完全没有猜行情的因素。对锁的仓位更容易通过头寸客观地观察行情，达到试验头寸的本来目的。

另外，对锁头寸还有更深的含义。比如说，假定某人建了一个如K那样的试验头寸的仓位。

之后，他一直在等待行情上涨。当他感觉到行情如自己预测的那样开始出现一些上涨迹象的时候，他又加码买入了1手。又这样等待了一段时间。接下来感觉到行情可能会变为下跌，而且价差也拉开了，就增加了1手卖空头寸。

当行情又开始掉头向上时又增加买入头寸，等等，就这样随着行情的变化方向分别增加多、空头寸，假定最后的仓位变成了（-7，5-）。

这是一个做多的仓位。里面既有买入头寸也有卖空头寸，因此有的头寸处于盈利状态，有的头寸处于亏损状态。但只要此刻盈亏相抵盈大于亏的话，把多、空头寸同时平仓也没关系。能够获得确定的利益，这也做得相当了不起了。

比如说，亏损是50000日元，盈利是60000日元，即使两者相抵仅剩10000日元也没有关系，也可以值得自豪了。

有时候我觉得，这才是做期货的真谛。

再举一个例子。

某人持有10000股三越（日本大型百货公司）股票。买了之后价格涨了上来。首先，他用"信用交易"卖空1000股。[1]

---

[1] 译者注：日本的股票是可以双向交易的，即只要在证券公司内存入一定数额的保证金就可以卖空建仓，叫"信用交易的卖空"。在本例中，他不是把买入的股票卖掉1000股平仓获利，而是另外用信用交易卖空1000股，目的是规避行情下跌的风险。万一行情下跌，可以通过卖空的1000股的盈利来抵消掉一部分股票的浮动盈利的缩水。

行情继续上涨，随着价格上涨，他逐步逆势加码卖空，当卖空头寸的数量增加到买入股票同等数量10000股的时候，就达到了买入股票的浮动盈利的"锁利"的目的。就是说，这10000股卖空的股票是起到了保险对冲的作用。然后，如果看样子要继续上涨的话，就将1000手卖空头寸平仓，看行情将要下跌的话，再重新卖空。多次进行这样的交易，只要不做得太差，盈利的机会还会增加。

股票和期货交易就应该这样，不要逆势而为，跟随价格变化逐步调整头寸，没有必要去猜测行情。

四、头寸的增加

1. 试验头寸和仓位

建立试验头寸的目的是通过它来获得价格波动方向的感觉，以便让今后的主力头寸能够跟对行情走势方向。

如果通过试验头寸的试验，觉得行情"有眉目！"以后，应该怎么办？

首先，我们应该先搞明白根据什么知道"有眉目"的呢？

建立试验头寸以后，或者一个小时、或者2~3天、或者2~3周，自己会感受到如身处于波峰浪谷般的感觉，这是关键。

如果以上有关心理方面的感觉描述也许比较抽象不易理解，那么，我再从行情的现象上来解释一下：如果远期合约没有崩溃的迹象，从各月份期货的价格来看，比如说：

当期合约	下跌 50 日元
第 2 期合约	下跌 40 日元
第 3 期合约	下跌 30 日元
……	
远期合约	下跌 10 日元

就如这样，远期合约不崩溃，或者即使下跌也马上反弹就说明行情的下跌力量已经不大。

即使行情还处于底部的徘徊状态，也可以开始逢低吸入，在低价位处开始建仓。

总之这时就必须建立以赚钱为目的的正式主头寸。然而，建立正式头寸尽管增大了赚钱的可能性，但另一方面亏钱的危险性也成比例地增加了，因此才称为正式的建仓，这就是为什么称其为正式头寸的原因。[①]

正式头寸就是具有一定规模的、正式以获利为目的的头寸群。与试验头寸相比，正式头寸具有更加明显的赚钱意图，而且正式头寸的仓位的做多或做空的意图也更加明确。

比如，请看第4表。

第4表　仓位的强弱

A	① −1	②	③			
B	① −1	② −5	③			
C	① −1	② −8	③			
D	① −1	② −8	③ 1−			
E	① −1	②	③	④	⑤	⑥
F	① −1	② −5	③	④	⑤	⑥
G	① −1	② −6	③ −2	④	⑤	⑥
H	① −1	② −5	③	④	⑤	⑥ 1−
I	① −1	② −5	③ −1	④	⑤ 3−	⑥

在第4表中：

（1）仓位 A 只是建立了1手试验头寸。

（2）仓位 B 中②合约中的5手买入头寸是正式头寸。这个仓位完全是一个做多的仓位。

（3）仓位 C 中又加码买入了3手②期货合约，因此，操作者所建的仓位 C 比仓位 B 的做多意图更加明显了。

---

① 正式头寸 = 主力头寸 = 主力部队，后文中正式头寸有时也称为主力头寸。试验头寸 = 侦察兵。

（4）仓位 D 中在远期合约建立了 1 手卖空头寸。仓位变成了 [-9，1 -] 的状态。尽管这依然是一个做多的仓位，但其内在含义已经变得与前面的仓位有所不同了。究竟有何不同将在"锁仓"和"对冲"的部分详细讲解。

尽管仓位 D 与仓位 C 的看涨的强弱程度是一样的，但关于这两个仓位的不同之处，在目前，读者只要知道仓位 D 比仓位 C 具有更加复杂的意义就可以了。在某些时候，仓位 D 有可能比仓位 C 还要看涨。

（5）仓位 E 中在六期月制的当期合约中建立 1 手试验头寸。

（6）从仓位 F 到仓位 G，随着买入头寸的增加，操作者的看涨意图更加鲜明。

（7）仓位 H 中在远期合约中建立 1 手卖空头寸，起着对冲的作用。这个仓位的结构与仓位 D 是一样的。

（8）仓位 I 的构成是（-7，3 -），尽管比仓位 H 的总头寸数多，但是看涨的程度比仓位 H 弱。

2. 具备一定规模的头寸群——主力头寸的建仓

言归正传，读者明白了前面的内容，是否已经能够想象出下面该如何把试验头寸变为主力头寸的方法了吗？即具备一定规模头寸群——主力头寸的建仓方法。

第 5 表所展示的就是正式头寸的建仓过程。这是 10 手单边头寸的典型的主力头寸的建仓过程。请好好记住这些仓位。

在第 5 表中：

（1）仓位 A 中在当期期货①中建立 1 手试验头寸，观察试验头寸的变化。

然后买入 5 手中期期货②。

之后再买入 4 手当期期货①，在当期期货中合计有 5 手多单。这样买入头寸的总数合计达到 10 手，这是投入资金的最大限度。对于这波上升行情来说，这是足够庞大的仓位了。

第5表 成规模建仓的主力头寸

A	a	①	②	③			
			−1				
	b	①	②	③			
			−1	−5			
	c	①	②	③			
		−5	−5				
B	a	①	②	③			
				−1			
	b	①	②	③			
				−5			
	c	①	②	③			
			−2	−7			
C	a	①	②	③	④	⑤	⑥
				−1			
	b	①	②	③	④	⑤	⑥
			−5	−5			
D	a	①	②	③	④	⑤	⑥
				−1			
	b	①	②	③	④	⑤	⑥
		−1	−3				
	c	①	②	③	④	⑤	⑥
		−1	−6	−2			

（2）仓位B是另一种做法。这是三个月份制的期货市场。

预期下个月以后行情将正式开始上涨，所以在月中之后，分两次加码买入就形成了这样的仓位。对于10手的资金限额来说，只用了9手，因此还有1手的宽裕资金。这1手宽裕资金，留待新的远期期货产生之后，如果行情依然坚挺的话，再加码买入。

由于当期期货中只有少量的头寸，因此能够从容镇定地把这2手多单一直持有到交割为止，比较客观地感受交割时的价格波动情况。

这个仓位的布局还是比较合理的。

仓位B与仓位A相比，仓位B在资金的投入方面更加留有余地，因而兼顾到了下个月的建仓资金，而且还能根据当月的交割情况试出仓位建得是否合适。

（3）仓位C与第一个例子一样，都是满仓建仓。但这是六个月份制的期货市场。而且避开了在当期期货建仓。

对于六个月份制的期货来说，这估计是一般的人都会想到的标准仓位吧。

（4）仓位 D 和仓位 C 都是由前面的第 3 表的仓位（F）变化过来的。比较一下这两个仓位之间的微妙的差别：

仓位 C 是在最简单的、标准的试验头寸的基础上建立正式头寸的做法，比较简单明快，但却有一些市场新手的味道。相反，仓位 D 却有如下的特点：

第一，没有建满仓，资金还留有一定的余地。

第二，因为在当期期货中建仓不多（只有 1 手），所以能够比较从容地感受交割时的价格波动。

第三，仓位 D 把头寸分布在多个月份中，这样也分散了风险。

第四，留出了 1 手宽裕资金，等当期的 1 手买入头寸交割以后，变成 2 手宽裕资金，这样就为"头寸换月"做好了准备。这样在精神上也比较放松。

显然，仓位 D 更能够适应行情的变化，特别是在面临行情的突发性的变化的时候，就更是如此。

当然，仅仅这样讲解也许读者还无法理解为什么仓位 D 能更灵活地适应行情。然而，到现在为止，我已经反复地列举了各种各样的仓位，读者应该能够在某种程度上分辨仓位的优劣了吧。

如果读者自己能够分辨仓位的优劣的话，那就表明读者已经知道如何建立主力头寸了。

言归正传，仓位 D 的最终布局（-1，-6，-2）是分 3 步建成的，就是说正式头寸不是一举建成的，而是分批建成的。

那么在分批建仓的时候，有没有更简单的、平时都能同样实行的建仓方法呢？

请读者回忆一下第 3 章的"建仓的规则"。

3. 分批建仓的主力头寸

在前面我展示了逢低吸纳的仓位布局（比如，依次买入的数量为：1，2，3，4，……）。

主力头寸建仓的时候是否也可以应用这个方法呢？在用逆势操作的逢低吸纳，或顺势操作的加码买入的方法建立主力头寸的时候，是否也可以应用这种宝塔型的建仓方法呢？

请看第6表。（按照头寸建立的先后顺序从左往右看）

在用摊平法逢低吸纳的时候，尽管谁都明白资金依次按照1，2，3，4的比例投入建仓是最理想的做法，但在实际操作的时候这样做的话，会面临两个问题：

（1）所建的头寸实际上是处于浮动亏损状态。（因为是逆势而为）
（2）头寸的数量越建越多。

第6表　资金投入时按照1，2，3，4的比例投入、分批建仓方法

a. 用"摊平法"逢低吸纳的例子：
a1. 理想的宝塔型的逢低吸纳的做法：　　－1　－2　－3　　　－4
a2. 实际操作中允许的较容易的做法：　　－1　－2　－1　－2　－2　－2
　　　　　　　　　　　　　　　　　　　－1　－2　－1　－2　－3　－1
a3. 比较拙劣的做法：　　　　　　　　　－1　－4　－3　－1　－1

b. 加码买入的例子：
b1. 理想的宝塔型的加码买入的做法：　　－1　－4　－3　　　－1　－1
b2. 实际操作中允许的较容易的做法：　　－1　－2　－3　－2　－2
　　　　　　　　　　　　　　　　　　　－1　－2　－2　－2　－2　－1
b3. 比较拙劣的做法：　　　　　　　　　－1　－2　－3　－4

由于行情还在不断地下跌，因此操作者一般都会变得害怕，也许会在本应该购买3手的时候改为分成两次购买：先购买1手、再购买2手。或者在本应该购买4手的时候改为2手、2手，或3手、1手地购买。

这就是为什么在第6表中有一栏要用"实际操作中允许的较容易的做法"来表示。

当然，每次的资金投入数量除了上述的比例之外还有其他的分配比例，总资金是20手的话，单方向头寸群的资金投入的最大限度是10手。在此基础上如欲再留出1手资金的余量的话，就是9手，那么，以第八表的例子来说，就必须在某个地方少投入1手。

最初的1手是试验头寸。因此，从第1手头寸建仓完毕到第2手头寸开始建仓之间，可以隔开一段时间。但是当主力头寸开始建仓之后，就应该按照预定的计划建仓，不要随意更改建仓的时间间隔。

逢低买入在实际操作中最容易按4，3，2，1的比例分配资金，这是最拙劣的做法。在任何时候都必须避免建立这种扇形分布的头寸。

再看一看加码买入的情况吧。

逢低吸纳的最拙劣的资金分配比例（4，3，2，1）正好是加码买入的最理想的比例。

关于加码买入的其他方面第 7 表就没有必要再多讲什么了。

下面我们看一看第 7 表。从中我们可以看出如何进行主力头寸的建仓是要视情况而定的。

第 7 表　理想的主力头寸的仓位

```
A    a    ①     ②     ③     ④     ⑤     ⑥
               -1
     b    ①     ②     ③     ④     ⑤     ⑥
               -3
     c    ①     ②     ③     ④     ⑤     ⑥
               -6
     d    ①     ②     ③     ④     ⑤     ⑥
               -9
B    a    ①     ②     ③     ④     ⑤     ⑥
               -1
     b    ①     ②     ③     ④     ⑤     ⑥
               -3
     c    ①     ②     ③     ④     ⑤     ⑥
               -5    -1
或者是
          ①     ②     ③     ④     ⑤     ⑥
         -1     -5
     d    ①     ②     ③     ④     ⑤     ⑥
         -1    -6    -2
```

在第 7 表中：

（1）尽管第 7 表中 A 的逢低吸纳的资金比例做得很漂亮，但是，所有的多单都集中在一个期货中了。除非有什么特别的目的：比如说，在某个期月的期货中持仓量特别多、或者该月份的期货与远期期货的差价收缩得特别厉害等等，一般不提倡这样做。

但是在用少量头寸进行逢低吸纳练习的时候，锁定一个期月的期货按照 1，1，1 的比例或 1，2，2 的比例进行练习，也不失为一种很好的练习方法。

（2）第 7 表的仓位 B 与第 4 表的仓位 G、以及第 5 表的仓位 D 一样，都是一些比较理想的仓位。①

---

① 注：第 4 表的仓位 G、第 5 表的仓位 D 和第 7 表的最下方的仓位的布局都是 [-1，-6，-2]，但在第 4 表的 G 中，试验头寸是建立在第一个期月中的，而在其他两个仓位中，试验头寸是建立在第 2 个期月中的。

虽然第 7 表有顺序号码，但在实际操作中，操作者可以根据实际情况灵活决定如何建仓。这中间，除了有价差和价格因素之外，还有操作者的个人的操作习惯的因素。

4. 期货的价差对建仓方式的影响

读者读到这里，对这些仓位的一些其他的变化形式是否也能够应用呢？

比如说，在升水价差市场中做多的仓位布局是（－1，－6，－2），把这个仓位中的头寸反过来布置的话，就变成了一个做空的仓位。布局是：（2－，6－，1－）。这几个头寸分别是建在④、⑤和远期期货之中的，如第 8 表中所示。

（1）仓位 Ab 是升水价差的标准的做多的仓位。仓位 Aa 是升水价差的做空的仓位。

（2）Ba 是贴水价差做空的仓位，Bb 为贴水价差的做多的仓位。

细心比较一下可以发现，仓位 B 只是把仓位 A 机械地倒置而已，读者或许会感到这种做法有些幼稚。再看仓位（－1，－6，－2），这样布置是因为考虑到当期合约临近交割和后市操作的方便。

但是在升水价差市场做空的时候，没有必要考虑当期合约。如 Aa 那样。

那么，是否还有更加有效的仓位呢？

确实有。分析一下各位高手的各种操作手法，就会发现他们运用的是更加有效的手法。

比如，请看：

（3）升水价差市场时的各种做空的仓位：

Ca 是把 Aa 稍加改变，这样一改，远期合约中的空单增加了 1 手，比原来更加合理。

在升水价差市场我们总是卖空远期合约，因此没有必要考虑当期合约交割的问题。

Cb 的远期合约中的卖空头寸的比重较大，这样更有利，也合乎理论。

在中期合约和远期合约中应该卖空多少头寸，要与交易者对下跌行情的长短的预期联系起来考虑。

交易者认为这个下跌行情的寿命是三个月，也就是说三个月后价格将跌到最低点，所以 Cc 在④合约中的卖空头寸的数量最多。

第 8 表　仓位是如何根据价差和行情的变化而变化

```
                                                          1 -
A    a                                            6 -     ⑥
                                           2 -    ⑤
                                           ④
                                    ③
                             ②    - 2
     b       ①    - 6
             - 1
             1 -
             ①    6 -
B    a       ②    2 -
                  ③
                         ④
                       - 2    ⑤
     b                      - 6    ⑥
                                  - 1
C    a       ①    ②    ③    ④    ⑤    ⑥
                             1 -  6 -  2 -
     b       ①    ②    ③    ④    ⑤    ⑥
                             2 -  3 -  4 -
     c       ①    ②    ③    ④    ⑤    ⑥
                             4 -  3 -  2 -
     d       ①    ②    ③    ④    ⑤    ⑥
                             4 -  3 -  2 -
D    a       ①    ②    ③    ④    ⑤    ⑥
                           - 1  - 6  - 2
     b       ①    ②    ③    ④    ⑤    ⑥
                           - 2  - 3  - 4
```

如果交易者认为这波下跌行情还有两个月左右就将结束，后面紧跟着的是上涨行情，考虑到赚足下跌行情和后面的"空翻多"操作的方便，就把所有的头寸都向靠近近期合约的方向错一个月。在③合约卖空头寸最多。在实际操作中，Cc 和 Cd 的应用范围最广。

(4) 在贴水价差市场中做多的仓位：

Da 的头寸布局是把 Ca 的卖空头寸换成买入头寸而得到的。

Db 的总头寸数量与 Da 相同，但头寸的布局不同。

在价差较大的贴水价差行情中，越靠近远期涨幅越大，因此如 Db 那样的越靠近远期合约买入头寸的数量越多的仓位布局是正确的。顺便来说，当头一个月没有什么头寸，过了一个月变成价差较大的贴水价差的情况下，所建的仓位自然就是这种理论上比较合理的仓位了。

但是，在很多场合下，可以发现在这种以多单为主力头寸的仓位的近期期货中还残留着一些卖空头寸，也就是说，这个仓位起初是一个以空单为主力头寸的仓位，这些多单最初是作为对冲头寸出现的，随着行情由跌势变为涨势，这些起对冲作用的买入头寸才渐渐地变为投机性的买入头寸的。

在贴水价差市场中的仓位 D 的布局也与升水价差的仓位 C 一样，也能随着不同的行情有着各种各样的变化，在这里就不再详细讲解了。

举一个实际的例子。

第 26 图是 1968 年 8 月的东京小豆的低价区。这时候已经渐渐地收缩了，请参阅第 5 图。到了 8 月，价差已经快收缩到了极点，7 月份合约在很低的价位交割了，我想，到了下个月，行情是否会调转方向？

于是，如第 7 表的仓位 B 所示，按照交易法则买入建仓。虽然 9 月份合约的做多的主力头寸错过了最低价位，但在当期合约和 10 月份合约的买入成交价都是最低价。

第 26 图的上半部分是 12 月份合约的日线图和 10 月份合约、9 月份合约、8 月份合约、7 月份合约的收盘价连接线的走势图。也就是说，下半部分是在与上半部的走势图相对应的日子里的各期期货的交易记录，即建仓记录。

比如说，在 7 月 31 日，买入了 1 手 9 月份合约，那么，在表格中 9 月份合约的那一栏里的交易的数量的那一栏里，记录下数字：1。在仓位的剩余头寸的栏里，记录的数字也是 1。

在 8 月 3 日，买入 2 手 9 月份期货，那么，在剩余头寸的栏里，合计的数字为 3。

就如围棋有棋谱一样。在江户时代有一种叫"争棋"的棋也有棋谱。棋道的高手下过的对局也可以在棋盘上重新摆出来进行研究。

可是对于做期货的人来说，正如在前言里说的那样，即使能够收集到价格波动的纪录，却不容易收集到别人的交易记录。如果把做过的交易如第 26 图那样记录下来的话，就成为交易记录，也可以称为交易谱。

交易谱

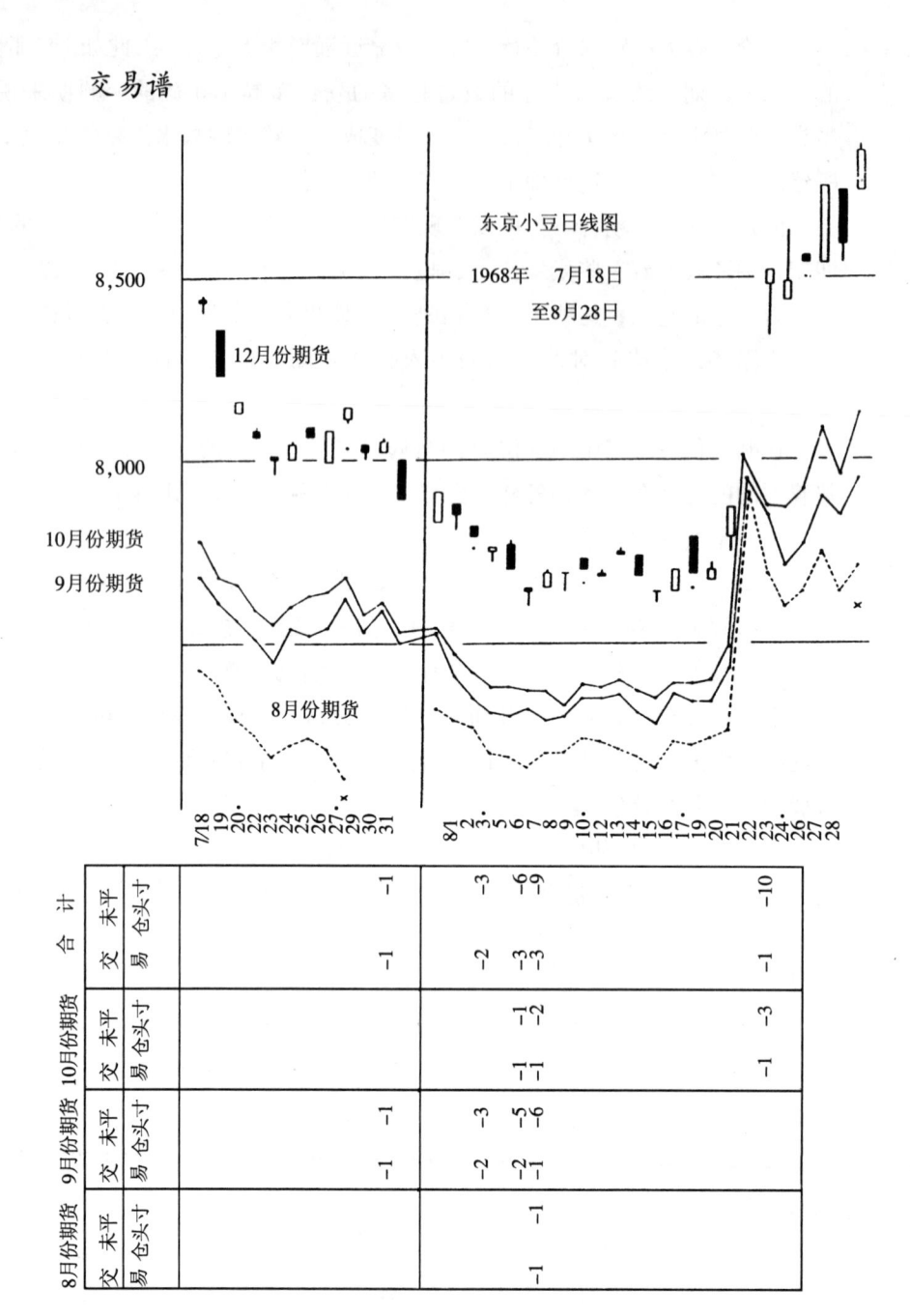

第26图　9手头寸建仓方法的例子

该图虽然是按照每日做过的交易来记录的，但也可以按照每节的交易来详细记录（虽然这样的记录太详细了，有些麻烦）。以日为单位做的记录尽管不知道交易是发生在哪个场节的，但如果并不是非要求那么详细的话，这样就足够了。

言归正传，在第 26 图中，到 8 月 7 日为止的仓位是：

8 月份合约，买入 1 手。

9 月份合约，买入 6 手。

10 月份合约，买入 2 手。

合计一共买入了 9 手。对于上升行情来说，这已经是准备得万无一失的仓位了。再看其后的走势情况，就可以明白这个仓位是建得多么的正确。

（有关在 8 月 23 日买入的最后的一手头寸的作用将放在以后再讲解）

但是，读者读到这里，可能会产生下列的疑问吧？

第一，原来如此，这个例子的确做得中规中矩：漂亮地建仓、并且加码扩仓，形成了一个理想的仓位，但在实际操作中，是否总是能够做得这么高明呢？如果失败了的话怎么办？

第二，从理论上说，当差价收缩之后，又会因为其反作用的力量使差价向着扩大的方向回归，操作者的建仓方案就是基于这一思路进行的。如果行情正如理论上所指的方向发展的话，那么建成的仓位也符合理想状态，但实际上，行情有时也会不按照理论的方向发展，差价出现操作者预料之外的变动也是可能的。

第三，由以上两点以及其他一些因素来看，操作中的失败是不可避免的。在"建仓的计划"那一节中还提到应该研究失败的问题，如果失败的话应该怎么处理，在下一节中我们将研究这些问题。

五、建仓失败时的应对措施

1. 改变建仓的计划

请看第 5 图和第 26 图。1968 年 7 月 31 日的行情。

对价差收缩幅度的计算和思考

在高价位区，当期、远期合约之间的价差曾经达到 1400 日元（6 月 10 日，6 月份合约 7910 日元，11 月份合约 9310 日元）。

当期、远期之间的价差随着行情的下跌渐渐地缩小。7 月 31 日，价差缩小至 550 日元（7 月 31 日，开盘价：8 月份合约，7450 日元，12 月份合约，8000 日元）。

把 6 月 29 日的各期期货的收盘价与 7 月 31 日的各期期货的开盘价做一下比较，得到如下的数据：

	6 月 29 日的收盘价	7 月 31 日的收盘价	价格的变化
8 月份合约	7390	7450	+60
9 月份合约	7530	7540	+10
10 月份合约	7580	7560	−20
11 月份合约	8010	8040	+30
12 月份合约	8020	8000	−20
价差	630	550	

可见，7 月 31 日的当期、远期合约之间的价差比 6 月 29 日的价差缩小了 80 日元，价差缩小的速度开始变得缓慢下来。

看一下这些数据就可以知道，眼前的这次价差的缩小主要是由于近期合约的上涨造成的。

各期合约的价格波动及其思考

虽然 7 月份合约以低价交割，但其他月份的合约并没有跟随下跌，当期合约反而上涨了。远期合约的下跌只是下跌行情的尾声了。

受这卖空人气的影响，下个月的新期货也许会低价开盘，即使因此出现一波短期下跌，那也只是卖空人气出尽的最后的下跌了罢。

基于这样的考虑，交易者在 9 月份合约中建立了买入试验头寸。

之后，8 月份的远期合约（1 月份合约）上市果然是低价开盘。当日的价格为：

8 月份合约	7240 日元
9 月份合约	7360 日元
10 月份合约	7440 日元
11 月份合约	7860 日元
12 月份合约	7830 日元
1 月份合约	7800 日元

然而，由于行情看来没有大暴跌的迹象，这波跌势的跌幅也不大，因此，交易者从 8 月 3 日（星期六）开始建立主力头寸。

主力头寸的建仓相对来说还是很容易的事情，然而，问题是如果遇到下列的情况，主力头寸该怎么办？

（1）建成的头寸数量未能达到预定的数量。

（2）价差的变化方向改变了。

（3）建仓的计划失败了。

谁也不能100%地预测行情，总有一些不能确定的因素。预测不准的原因既可能是由于很大的突发事件，也可能是由于很小的事情。预测是否正确随着每日的价格波动自然会渐渐明朗，即使大体正确也多少会有一点误差，这是没办法的事情，甚至有时候会完全猜反。

在看错行情之后，只有下面两个撤退的办法可供选择，两者之中取其一。

（1）改变一部分建仓计划；

（2）全面放弃原定的建仓计划。

不管是"部分改变"还是"全面放弃"，应该在什么时机执行撤退的计划呢？

试验头寸的撤退方法与主力头寸的撤退方法有什么不同？

答案是：建仓失败时采取的措施，与失败的时期无关。不论是试验头寸还是主力头寸，都只有两个选择：选择"改变计划"还是选择"放弃计划"。

这就是说，在失败的时候，不管是只建了1手头寸，还是建了6手头寸，或者甚至是按照计划建立了9手头寸，只要判明建仓失败了，应该采取的措施都是一样：或者"平仓"，或者"锁仓"，除此之外，别无它法。①

但是在"改变一部分计划"的时候，所进行的一系列的操作行为本身不属于失败。

期货是"让人连续不断地失算的游戏"。改变一部分计划在今后长期的期货的操作生涯中是会经常发生的事情。读者可能会说，这样的话，即使制定计划也是徒劳无益的。我说，正因为如此，才更应该制定计划。即使因此被某些人讽刺道"你的计划就是为了日后的改变而制定的"，那也请读者记住：制定计划与不制定计划，最终结果是完全不同的。

2. 当建仓计划失败的时候

早年，师傅叫我反复进行简单的1手头寸的建仓练习。由于当时小豆

---

① 注：平仓与锁仓的不同之处将在后面详解。

还是三个月份制的市场,所以我总是喜欢把头寸建立在中期合约之中。

逆势逢低买入也是1手、1手、1手,合计3手。价格越跌,买入数量越多的加码买入方法的练习是在满师以后独当一面的时候才敢这样做,在练习的时候一直是老老实实地1手、1手地做。由于一开始总是用1手头寸练习,所以这1手头寸也可以看作是主力头寸。

熟练一点以后允许我自己最多只能建立5手头寸。

练习的目的,一是为了让我去体会最初的那1手试验头寸在所有的头寸中起什么作用。

另一个目的是让我考虑随着行情的发展,最初的那手头寸还有没有用?如果发现试验头寸做错了,就必须马上平仓。

现在回想起来,当初由于只用1手头寸练习,我是把它当主力头寸来看待的,但实际上,这个头寸依然是试验头寸。师傅让我做这种练习的目的还是为了让我通过实际操作来培养在盘中的方向感,就如钓鱼一样,通过亲自执竿垂钓来体会鱼儿上钩的一刹那的微妙的感觉。

因此,即使在刚买入的时候行情是上涨的,如果一旦感觉不妙,也可能马上就将其平仓。而即使买在了暴涨的高价处,却也有可能继续持仓,并在过后继续加码,完全要看试验头寸在建仓之后的表现如何而定。

如果让我现在向读者推荐一个练习方法的话,我不打算推荐这么辛苦的练习方法。但是,我觉得读者自己建1手头寸试试,体会一下感觉,这样的练习做个五六次还是有必要的。

然后,当觉得"做错了"的时候,就"立刻"平仓。我觉得读者也应该经历一下这种过程。

我认为这对读者来说是非常有益的经验,我确信,经过这样的磨炼,读者将来会有巨大的回报的。

言归正传,对于前面的那1手买入的试验头寸,总觉得感觉不好,但是,如果打算只改变一部分计划的话,也可以继续持有。

比如说,试验头寸投入的时机过早,在这种时候,可以把本来打算3天后建仓的主力头寸推迟到10天或2周以后再建仓。

如果试验头寸失败后,更改一部分计划也不能解决问题,只能全面放弃原来的计划的话,怎么办?这时,只有下列两个办法:

(1) 全部平仓。

(2) 锁仓。

当然,在变更部分计划的时候也可以用这两个办法。

止损平仓的办法在前面已经讲过了,就没有必要再重复了。下面我要讲一讲"锁仓"的办法应该怎么做。

请看第9表：

（1）仓位 A 建立了一手买入的试验头寸。之后，试验头寸出现了浮动亏损。

（2）如第9表中所示，仓位 B 在远期合约中新建 1 手卖空头寸，这样就把买入头寸的浮动亏损"锁住"了。

也就是说，这手卖空头寸的目的是阻止买入头寸的浮动亏损继续扩大。这种做法就叫"锁仓"。

但是，锁仓的目的并不是单纯地建立一组等量的反向头寸而已，而是想尽量减小浮动亏损，可能的话还要转亏为盈。

第9表 试验头寸锁仓的方法

		①	②	③	④	⑤	⑥
A			−1				
B			−1				1−
C			−1			1−	
D			−1		1−		
E			−1	1−			
F	a		−1				1−
	b		−1				
	c		−3				
G	a		−1				1−
	b		−1			1−	1−

（3）如第9表中所示，仓位 C 锁仓的卖空头寸也可以不建在远期合约中，而是建在⑤期货中。

（4）在仓位 D 中，也可以卖空④合约进行锁仓。

（5）在仓位 E 中，根据交易者的操作习惯或价差状况，也可以卖空相邻月份的合约进行锁仓。

（6）在仓位 F 中，如果将买入头寸锁住以后，发现行情还在上涨，这时可以把锁仓的卖空头寸回补平仓。这样做也叫"解锁"。

之后，再逐步加码买入。

第 9 表的仓位 Fc 展示了在"解锁"之后，又加码买入了 2 手主力头寸，加上试验头寸，仓位里合计共有 3 手买入头寸的建仓过程。

（7）仓位 G 展示的是这样一个过程：起先建立了一个做多的试验头寸，但发现行情在下跌，我就立刻锁仓观望，发现行情还要继续下跌，这时，我改变了对行情的看法，把原来的做多的计划改为卖空，先把买入的试验头寸平仓止损，又卖空 1 手合约⑤试探行情。

3. 主力头寸的失败

当主力头寸在建仓之后需要锁仓的时候，也只要如第 9 表所示的那样：再建立同等数量的反向头寸就可以了。

最初建立的 1 手是试验头寸，如果只是因为建仓时间太早不想全面放弃的话，即使试验头寸处于一定程度的浮动亏损状态，最好还是继续持有。

也就是说，不管建立了几手试验头寸，最好不要随便更改。

（特别在是准备大规模建仓的时候更是如此，这一点等读者读完第八章以后就明白了。）

但如果那 1 手头寸就是主力头寸的话，出现浮动亏损的时候最好还是尽早锁仓。因为主力头寸比试验头寸重要。

以第 7 表的从下向上数第 3 个仓位 Bc 为例（在第 26 图上是 8 月 6 日）：

①	②	③	④	⑤	⑥
	−5	−1			

如果对这些头寸进行锁仓之后，维持原状几天或几周都可以。但是，不可能永远地处于锁仓状态。等冷静下来之后再重新制定计划。

在前面提到，建仓失败的时候的措施有：止损平仓和锁仓。还可以如第 9 表最下面的仓位 Gb 展示的那样，再重新建立试验头寸。

①	②	③	④	⑤	⑥
	−1			1−	1−

此外，在建仓失败的时候还有其他办法。比如说，建立对冲头寸。

也就是说，建仓失败的时候，有三种办法：

(1) 止损平仓。

(2) 锁仓。

(3) 对冲。

本书至此首次把对冲手法作为一种有效的手法提出来了。

因此，如前面提到的，针对1手失败的买入头寸而言，既可以把另1手卖空头寸看作是对买入头寸进行锁仓，也可以看作是对买入头寸进行对冲。就看交易者本人是如何想的了。

用第10表举例说明。

第 10 表　锁仓以外的应对措施

		①	②	③	④	⑤	⑥
A				−5	−1		
B				−5	−1	6−	
C				−5	−1	3−	3−
D				−5	−1	2−	4−
E				−5	−1	4−	2−
F				−5	−1	2−	2−	2−
G	a			−5	−1		1−
	b			−5	−1	2−	3−
H				−5	−1	1−	2−	3−
I				−5		2−	3−
J				−5		3−	4−

在第10表中：

(1) A仓位　这就是例子中的建立了6手买入头寸的仓位。

（2）仓位 B 在合约⑤中一下子建立 6 手卖空头寸进行锁仓。

（3）仓位 C 是另一种锁仓方法：在合约⑤和合约⑥中各建 3 张空单。

（4）仓位 D 说明若远期合约与其他各期合约之间的价差较大的话，就卖空远期合约进行锁仓。

（5）仓位 E 说明若远期合约与合约⑤之间的价差很小的话，就多卖空一些合约⑤，少卖空一些远期合约。

（6）仓位 F 说明也可以将卖空的锁单分散在④、⑤、⑥期等三期合约之中。

为什么要采用这么麻烦的办法锁仓呢？

这是因为要考虑如下问题：

一是根据合约间的价差寻找更有利的锁仓方法。

二是要先考虑好选哪个月份的合约进行锁仓，今后容易解锁。

不应该认为这些问题太琐碎。想必在读者当中，一定有人有过建仓失败之后慌忙地"对锁"的经验吧。①

这种对锁单子是很难解锁的，最后的结果往往是亏上加亏。

这是因为，对锁住的单子解锁以后就只剩下了有很大浮动亏损的单方向的头寸，从解锁的那一刻起又开始产生新的亏损。价格随着时间的推移不断下跌，刚一解锁时的价格已经不存在了，一害怕就再次锁仓。等再次解锁的时候浮动亏损更大，这样就越套越深。

对锁的仓位由于买入、卖空头寸都是同一个月份，即使锁住的时间再久，最后的结果无非也只能把买入头寸和卖空头寸一齐平仓，亏损无法减小，甚至还有可能扩大，因此还不如在一开始就把买入头寸和卖空头寸一起平仓止损来得痛快。

然而，在买入头寸被套得还不太深的时候，错开几个期月，选择价差较大的其他月份的合约进行卖空锁仓的话，那么，在解锁的时候也就不那么困难了。

再看第 10 表的仓位 G。

（7）仓位 G 是完全不同的锁仓方法。

先卖空 1 手远期合约。

这是因为：在建立了 6 手买入头寸的时候，发现远期合约的价格波动有些奇怪，因此卖空 1 手看看。这手卖空头寸是对冲头寸，或者也可以看成是试探性的卖空头寸。然后，加码卖空。

---

① 译者注：对锁，即在同样的期月中建立同等数量的方向相反的头寸。

在仓位 Gb 中，卖空头寸增加到了 5 手。之后，有两种方法可以达到"完全锁仓"的状态。①

其一，再卖空 1 手合约④，这样卖空头寸合计 6 手，与买入头寸相等，达到完全锁仓。见仓位 H。

根据空单的分布情况我推测④、⑤合约与远期合约之间的价差一定相当大，如果确实如此，那么这个锁仓的操作可以说进行得相当漂亮。

其二，将仓位 Gb 的主力头寸减去 1 手。这样，也形成完全锁仓。见仓位 I。

我把 Gb 至仓位 I 这几步操作称为锁仓，但实际上，这些操作也可以称为对冲，或者称为通过头寸的增减而进行的"头寸的操作"。因此，还可以在仓位 I 的合约⑤和远期合约中各加码卖空 1 手，形成仓位 J。

这些头寸操作的方法当然也是重要的期货技术之一。

4. 锁仓之后的操作

在锁仓之后，当然有必要继续调整买入头寸和卖空头寸。如果操作得好，可以减轻亏损的程度，甚至能够扭亏为盈，而这也正是做期货的目的。

下面举一个锁仓之后该如何操作的例子。请看第 11 表。

在第 11 表中：

（1）仓位 A 在合约②中建了 5 手多单，在合约③中建了 1 手多单。

（2）仓位 B 说明，因为是升水差价，所以在锁仓的时候在远期合约中布置了较多的卖空头寸。

然而，总觉得当期合约有一些疲软，交割的日子越来越临近，尽管期待着下个月行情开始出现上升趋势，但因为目前合约②也跟随当期合约出现了一些下跌的苗头，因此，在当期合约中新建 1 手卖空头寸，在合约②中减去 1 手买入头寸，见仓位 Bb。

尽管这个仓位看上去完全是一个做空的仓位，但因为当期合约不久就要交割掉了，所以仓位 Bb 并不太"弱"。②

---

① 译者注：卖空头寸与买入头寸的数量达到一致的状态叫完全锁仓。卖空头寸的数量少于买入头寸的状态称为部分锁仓。

② 译者注：仓位中的空单比多单的数量仅仅多出一点点，两者的数量的差距不是很悬殊。

第 11 表　锁仓之后的操作（一）

		①	②	③	④	⑤	⑥	
A			－5	－1				
B	a	①	②	③	④	⑤	⑥	
			－5	－1		2 －	4 －	
	b	①	②	③	④	⑤	⑥	
		1 －	－4	－1		2 －	4 －	
	c		②	③	④	⑤	⑥	
			－4	－1		2 －	4 －	
C	a		②	③	④	⑤	⑥	
			－4	－2		2 －	4 －	
	b		②	③	④	⑤	⑥	
			－4	－2		1 －	4 －	
D	a		②	③	④	⑤	⑥	⑦
			－4	－2		1 －	4 －	
	b		②	③	④	⑤	⑥	⑦
			－4	－5			3 －	
	c		②	③	④	⑤	⑥	⑦
			－4	－5				
	d		②	③	④	⑤	⑥	⑦
			－2	－5	－1			

这种因临近交割，只在当期合约中做一些试验性的操作的做法是一个很常见的做法。比如说，在上涨行情中，随着临近交割，升水市场（即正向市场）的当期合约的涨势最强的时候，在当期合约中试探性地买入一些，或在近期合约中加码买入；此外，在行情到达底部刚开始上涨的时候，远期合约尽管涨势很旺，但当期合约却由于供应过剩的拖累，有可能低价交割，针对这种行情，操作者有可能在买入合约②、③的同时，却试探性地放空当期合约。

（在这两种情况中，当期合约中的多单或空单的主要目的是试探行情，而非为了赚钱。）

还有，当期合约的价格由于庄家的多空双方的交战而波动得厉害起来的时候，有的操作者也会把现有的仓位锁住，而试探性地买入一些当期合约做投机。

请再看一下第 11 表。

（3）仓位 C 在当期合约交割以后，近期合约虽然也跟随着下跌了一些，但总的来说还是很坚挺。因此，在合约③中又试探性地买入了1手。

仓位 Cb 是看来行情确要上涨，因此，又减去1手合约⑤中的卖空头寸。

对头寸换月的考虑

在第11表的仓位 C 加码买入了1手合约③。为何不购买合约②，这是因为合约②马上就要变成当期合约了。买入合约②的话有可能还没有到达行情的最高点就被交割掉了。合约③的这手买入头寸，既属于看涨预购的头寸，也属于新的试验头寸。

仓位 Cb 的交易是减少卖空头寸（回补）。在⑤和⑥合约中都有卖空头寸，为何卖空头寸数多的合约⑥不减仓，却减少1手合约⑤的卖空头寸？这也是有原因的。卖空头寸的回购相当于"买入"。升水价差的买入原则是买入靠近近期的合约。另外，下个月新上市的远期合约如果高价上市，那就是人气出尽行情将要下跌的兆头。如果下跌必然从远期合约开始下跌，因此保留远期合约的卖空头寸比较好。这也符合"远期合约适合于卖空"的原则。(参阅第11表)

下面再讲解一下仓位 D 的头寸变化。Da 与 Cb 是同样的仓位，但 Da 已经产生了新的远期合约⑦。跨月以后，也是准备赚取上升行情，但之前 Da 曾经锁仓，在仓位中还剩下碍事的卖空头寸。而且 Da 的买入头寸偏重当期合约。理想的买入仓位如第7表的最下方所示：[-1、-6、-2]。

先把第11表的 Da 与第7表最下方的理想的主力头寸的仓位做一下比较：

第11表的 Da

	②	③	④	⑤	⑥	⑦
	-4	-2		1-	4-	

第7表的 Bd

	①	②	③	④	⑤	⑥
	-1	-6	-2			

进行以下操作：

仓位 Db：加码买入第2期合约③。将⑤的卖空头寸平仓，减少1手⑥的卖空头寸。这步交易把新建买入头寸和卖空头寸回补合计在内一共做多了5手。

仓位 Dc：果断地把碍事的卖空头寸平仓。当然在平仓时关注价格变化，尽量在有利的价位平仓。

仓位 Dd：由于当期合约②临近交割，所以应该进行换月。

就这样，仓位逐步接近理想的形态，令人高兴。

我们在交易的时候必须十分留心仓位的形态。有一个职业炒手总是把自己的仓位写在卡片上随身携带。就是那种不记价格，光记录月份和头寸数量的卡片。那个职业炒手在酒吧的时候也拿出卡片琢磨。

最后再举一个锁仓以后，在短期内就把仓位变成一个理想的做多的仓位的例子。请看第 12 表。出发点与第 11 表一样，在 B 仓位建立 6 手对冲头寸以后逐步改变仓位，仅仅用了 10 天就变成了一个跟随上涨行情的完美形态。

之后，在下个月份的交割和月份变化的时候观察行情如何变化，找机会进行头寸换月或建立对冲头寸。

第 12 表　锁仓之后的操作（二）

	①	②	③	④	⑤	⑥	⑦
A		−5	−1				
B	①	②	③	④	⑤	⑥	
		−5	−1			6 −	
C		②	③	④	⑤	⑥	⑦
		−5	−2			6 −	
D		②	③	④	⑤	⑥	⑦
		−5	−3			6 −	
E		②	③	④	⑤	⑥	⑦
		−4	−4			6 −	
F		②	③	④	⑤	⑥	⑦
		−3	−5			5 −	
G		②	③	④	⑤	⑥	⑦
		−3	−5			4 −	
H		②	③	④	⑤	⑥	⑦
		−3	−6			2 −	
I		②	③	④	⑤	⑥	⑦
		−2	−6	−1		1 −	
J		②	③	④	⑤	⑥	⑦
		−1	−6	−2			

六、对冲与平仓

1. 头寸换月的操作

请看第 12 表最下面的 J 仓位。

② ③ ④ ⑤ ⑥ ⑦
　　 -1　 -6　 -2

通过这个仓位，交易者已经准备好了跟上上升行情的万无一失的态势。

现在有 9 手买入头寸，总资金是 20 手，最多可投入的资金限制在 10 手以内，因此还有 1 手余额。这最后的 1 手只有当交易者强烈确信行情将会上涨的时候才可投入。就是说，当 9 手买入头寸都出现了浮动利润，交易者认为完全不会出错的时候，作为建仓完工，才投入第 10 手头寸。最后这 1 手头寸也是加码买入的头寸。

开始建仓的时候留有余地只买入 9 手头寸还有另一个原因。假如对买入头寸进行对冲，对冲头寸出现一些损失，20 手的资金亏掉 1 成变成了 18 手，那么，只买入了 9 手依然符合资金管理的原则：投入资金限制在总资金的 1/2 以内。因此，在建仓的时候已经考虑到将来的不利方面的变化。

那么，交易者用 9 手头寸准备好了跟随上涨行情的态势，而行情也如交易者所期待的那样涨了上来。月份变化以后，当月期货交割了，为了维持买入头寸就需要对头寸进行换月。

前面我已经讲过了头寸换月的方法，在这里我只讲 2 种代表性的方法并讲解一下它们的差异。

请看第 13 表。

请看第 13 表的 A 和 B。头寸换月 A 的过程用了 5 次操作，B 的过程用了 7 次操作，这并不表示 A 过程用了 5 天，B 过程用了 7 天。这只是行情的次数。A 是比较快的头寸换月的例子。在月初，在"仅远期与第 5 期之间的价差较大，其他月份之间价差不大"的状态下完成了头寸换月。与之相比，B 是慢慢地进行了头寸换月。升水价差的上涨行情的价格波动特点是"月初价高，中旬价低，月末价高"。B 就是利用了这种价格波动特点进行了头寸换月的例子。

第13表　头寸换月的例子

		①	②	③	④	⑤	⑥	
A	a	① -1	② -6	③ -2	④	⑤	⑥	
	b	① -1	② -6	③ -3	④	⑤	⑥	
	c	① 交割	② -6	③ -4	④	⑤	⑥	
	d		② -4	③ -5	④ -1	⑤	⑥	⑦ 1-
	e		② -2	③ -6	④ -2	⑤	⑥	⑦
B	a	① -1	② -6	③ -3	④	⑤	⑥	
	b	① 交割	② -6	③ -4	④	⑤	⑥	
	c		② -4	③ -4	④	⑤	⑥	⑦ 1-
	d		② -2	③ -4	④	⑤	⑥	⑦ 1-
	e		② -2	③ -4	④ -1	⑤	⑥	⑦ 1-
	f		② -2	③ -6	④ -1	⑤	⑥	⑦
	g		② -2	③ -6	④ -2	⑤	⑥	⑦

下面具体讲一下A与B的差异。

Ab是考虑到当期期货马上就要交割了，看好后市买入了1手期货合约③。

Ac在当期期货交割以后，依然看好后市，又买入了1手合约③。然后，新的远期期货上市以后，在其中建立了1手卖空头寸，这是起触角作用的对冲头寸。同时逐步把买入头寸向着靠近远期期货的方向换月（Ad和Ae）。

B与A的不同之处在于B利用中旬价低的时机进行换月买入（月初新的远期期货上市至月中这段时间行情有一波调整下跌），以便换月的新头寸买入在有利的价位。详细说来，B的换月的过程有如下特点：

（1）换月的时间比 A 晚。

（2）耐心地抱牢起着触角作用的对冲头寸。

（3）A 在当月期货交割的同时进行头寸换月，B 在当月期货交割以后，等到价格低的时候才进行头寸换月。

在进行头寸换月时必须注意不要把头寸操作得太厉害，虽然期货是月份制的行情，为了抱牢头寸，必须对头寸进行换月，但作为中心地位的头寸尽量不要去动它。这叫"让头寸睡眠"。

重要的是不要进行无效的头寸变动，要设法赚取足够的价格幅度。

让头寸睡眠的方法

下面我讲解一下"让头寸睡眠"的方法。

行情如果向着头寸相反的方向变动的话就会产生浮动亏损。但是，即使头寸与行情相反，只有当未采取合适的措施时，才会产生严重亏损。如果处理得干净利落，虽然也会产生一些亏损，但这种轻微程度的亏损只能看作是做期货所必须付出的开销。当浮动利润积累到一定程度的时候，我们为了看清行情的流向，需要建立一些对冲头寸。这些对冲头寸也会时不时地出现一些小的亏损，这种小的亏损同样也属于做期货的必要开销。

做期货高明的人，在建成的头寸与行情走势相符时，就会"让头寸睡眠"。这是为了赚取一定程度的价格幅度。但是在头寸与行情走势相逆之时，就会尽早止损。反观那些期货水平低的人，他们在建对方向的时候就会早早地获利平仓，在做错方向的时候却让头寸睡眠。于是，他们一直把头寸持有到保证金亏尽毫无办法的时候才把头寸平仓，使资金受到重创。这种人就是"亏大赢小"的典型。

被套住的团状的头寸

顺便说一说团状的头寸。这个期货术语在大阪用的人比东京的人多。它与围棋中的被困住的一组团状的棋子的情况很相似。

在前面讲的那个操作练习的例子中，投入资金只有 20 张合约，所以被套住的团状的头寸的问题还不太显眼，但如果运作的是 50 手、100 手头寸的话，被套住的团状的头寸就很显眼了。

这是因为尽管团状头寸也是分几次建仓才形成的，但这些头寸都是追涨杀跌的结果，都是一些价格相仿的头寸。

比如说，在往复震荡的行情中操作者看多，在做多的时候，如果是在回挡的时候向下摊平购买，尽量使购入的平均价降低的话，效果应该是不错的。

但是交易者却没有这样做，每逢行情的涨势加快，交易者就担心接下来会不会暴涨？就慌慌忙忙地买在了高价位置。这个高价位正处于反弹的高点，紧接着行情又出现回挡。但是，交易者在回挡的低谷处却按兵不动，等到反弹上来之后又如飞蛾扑火般地扑上去买入高价。

结果，过后回过头来看一看各个头寸的买入成交价，发现都是成交在了各个波峰上，都是一些效率很坏的头寸。

这种头寸群被称为头寸团子，那些对期货技术仅仅一知半解、心理上摇摆不定的人常常会制造出一些头寸团子，所以人们也常常说："头寸团子不容易解套。"

就是说，尽管成交的都是一些高价位的头寸团子，但如果这些高价的头寸团子在平仓的时候能够获利的话，那么这个人依然称得上很高明，但一般来说，建成高价位的头寸团子之后，多数都随着行情的下跌而被套住，如果能够全身而退，那真的是很幸运的事了。

2. 对冲交易的练习

远期合约的波动变得激烈起来了。所谓波动激烈不仅仅指价差变化激烈，价格变动的幅度也变大了。第 5 图就是这种行情的典型。6 月的顶部行情，11 月份合约的价格波动比 10 月份合约大得多。像这样的波动不仅会出现在顶部前后，涨势比较平坦的行情在快到顶部时、空头爆仓、价格会突然暴涨时也会出现这样的状况，涨跌的节奏和波动的幅度都会发生很大的变化。

在这样的时候，在远期合约中建 1 手对冲头寸看看。由于这是起触角作用的对冲头寸，即使行情在这手对冲头寸卖空以后马上暴涨也没关系。但当价格远离这个对冲头寸的卖空成交价的时候，卖空头寸就无法再获得价格波动的实际感觉了，虽然也可以把最初的卖空头寸平仓以后再重新卖空，但这种改变一部分的计划的事情最好别做，因为这是在买入头寸充分上涨的地方对冲卖空的，这手对冲头寸不仅起着触角作用，还起着"锁利"的作用。因此不应该在欲望的驱使下做勉强的事情，正规的做法是逢高加码卖空，增加卖空头寸的数量。

逢高卖空的具体做法请看第 14 表。

第八章 交易基础练习法

第14表　对冲头寸的例子

		①	②	③	④	⑤	⑥	⑦
A	a	-2	-6	-2		1-		
	b	-2	-6	-2			2-	
	c	-2	-6	-2		1-	3-	
	d	-2	-6	-2		2-	4-	
	e	-2	-6	-2		3-	5-	
	f	交割	-6	-2		3-	5-	
	g		-6	-2		3-	5-	2-
B	a	-2	-6	-2			1-	
	b	-2	-6	-2			3-	
	c	-2	-6	-2			6-	
	d	-2	-6	-2			10-	
	e	交割	-6	-2			10-	

在第14表中：

在 A 中加码卖空的方法不是根据价格，而是根据天数进行的。设想在合约⑦高价上市之时，价格也达到最高点。

Aa 是卖空 1 手远期合约。

Ab 是加码卖空 1 手远期合约。

Ac 是合约⑤和远期合约各卖空 1 手。

Ad 和 Ae 与 Ac 相同，合约⑤和远期合约各加码卖空 1 手。

Af 是由于当期合约的交割使买入头寸减少了 2 手，因此买入和卖空头寸都变成了 8 手，形成了"完全锁利"的状态。

Ag 是根据价格波动又卖空了 2 手新上市的远期合约。这 2 手卖空头寸可以看作为试验头寸，但由于建立了这2手卖空头寸，使仓位中的卖空头寸数量超过买入头寸，使仓位变成了一个做空的仓位。

B的加码卖空的过程是在"在当月合约高价交割时，远期合约已经开始下跌"设想下进行的。由于想尽早建立卖空头寸，B（a，b，c，d）的卖空步骤是按照规矩进行的。

3. 对冲头寸的变化

在上一节，加码卖空增加对冲头寸的数量，使之与买入头寸相等，从而达到确保利益的最终阶段。然后，又继续卖空2手头寸，使卖空头寸的数量超过了买入头寸，使仓位变成了一个做空的仓位。

由于对冲头寸是相对于主力头寸而建立的，因此可以放心进行，甚至初学者也能够做得很顺利。但是，过分执着于卖空的成交价也容易导致失败。下面我列举一些经常容易发生的失败情形进行讲解。

取消指定价以后的失败

我本身不喜欢用指定价——我认为做期货不应该使用指定价，但是有的人刻意地想卖空于有利的价位而喜欢用指定价。可是当价格逐步接近其指定价的时候他又会犹豫：价格是否会涨得更高？因而把原来的指定价取消，调高指定价。如果提高了指定价以后能够成交的话还可以，但如果价格还未涨到新设的指定价之前就下跌的话，交易者又必须慌忙地考虑下面的对策。

把对冲头寸平仓以后行情下跌

在建立卖空的对冲头寸以后，交易者有时会感到"行情的涨势依然很强烈"，想找机会再重新卖空，因此把对冲头寸平仓。但有时刚把对冲头寸平仓行情就突然下跌。当头寸数量少的时候还不感觉如何，头寸数多的话就令人着慌，因为有可能"两边挨耳刮子"。就是把对冲头寸平仓以后由于行情下跌，就慌忙增加头寸数量重新卖空，这回行情又反弹，重新卖空的地方正好是短期的低点的情况。因此，即使发现把对冲头寸平仓是一个错误，也不能重新加码卖空，而应该观望2~3天。

买入头寸超过了"单方向头寸1/2"的限度

请看第15表。

买入头寸超过了"单方向头寸1/2"的限度，即超过了10手。仓位Aa合计有14手买入头寸。当交易者非常顺利地跟上行情的时候，会出现这样的状况。补救的办法如Ab至Ad所示，在减少买入头寸的同时建立对冲的卖空头寸。

第15表　投机和对冲的例子

		①	②	③	④	⑤	⑥	⑦
A	a		−2	−6	−6			
	b		−1	−6	−6		1−	
	c			−5	−5		3−	
	d			−3	−3		3−	4−
	e		−6	−6			3−	4−
B	a		−2	−6	−2		1−	
	b		−2	−6	−2		2−	
	c		−2	−6	−2	−2	2−	
	d		−2	−6	−2		3−	

兴趣被短期的交易机会吸引了过去

在第15表的Ad里，有6手买入头寸，7手卖空头寸，卖空头寸多出1手。但Ae又重新在加码买入合约②和合约③。这是交易者持"短期可能会有一波小反弹"的想法进行的投机性买入。这就属于一开始就比较勉强但结果还不错，交易者就忘乎所以地更加勉强地重仓买入的情况。

但是，当行情活跃的时候一般人的确会想进行短期的投机交易。这时，至少应该使用没有头寸的月份进行短期交易。请看第15表的B。Ba和Bb是卖空远期合约进行对冲，Bc是趁着短期回挡的机会买入2手合约④。这样做的话，主力头寸和短期的买入头寸区分得很清楚。如果通过卖空来赚取短期的下跌行情的话，也应该选择卖空没有头寸的5月份合约。

在进行短期的投机交易的时候，必须注意以下两点：

第一，必须按原定计划按时平仓。比如说计划当日平仓的话，开仓以后一定要在当天按时平仓。如果侥幸地想"就今天例外一回，等明天再平仓"的话，就有可能打乱计划使所有的头寸全部遭殃。

第二，即使介入了短期交易，也不能因此而对主力头寸草率马虎。请看第 15 表的仓位 Bd。在将合约④的 2 手投机头寸平仓的同时，加码卖空了 1 手远期合约。这手卖空头寸是针对主力头寸的对冲头寸，在进行短期交易的同时，也没忘记对主力头寸进行对冲。

4. 不可能进行对冲的仓位

在上一节我也讲到了：利用对冲来确保利益的操作出乎意料地容易。但其中依然有上一节所提到的那些需要注意的地方，而且，如果方法不当，会陷入无法进行对冲的状态。

这里，我介绍一个水平低的人的典型做法作为反面例子。假定资金仍然是 20 手。

请看第 16 表。

第 16 表　水平低的人的仓位变化

A	新建买入	①	②	③	④	⑤	⑥
							−5
B	加码买入	①	②	③	④	⑤	⑥
							−20
C	行情下跌	①	②	③	④	⑤	⑥
							−20
D	锁仓	①	②	③	④	⑤	⑥
							20 −20
E	解锁与加码买入		②	③	④	⑤	⑥	⑦
							−20	−10
F	再次下跌		②	③	④	⑤	⑥	⑦
							−20	−10
G	再锁仓		②	③	④	⑤	⑥	⑦
							20 −20	10 −10
H	减少头寸		②	③	④	⑤	⑥	⑦
							10 −10	10 −10
I	再解锁			③	④	⑤	⑥	⑦
							−10	−10
J	第三次锁仓			③	④	⑤	⑥	⑦
							10 −10	10 −10

仓位 A 买入了 5 手远期合约。水平低的人开始买入时已经是行情变得热烈的时候了。高明的人在这种时机已经开始建立对冲的卖空头寸了。

仓位 B 大量加码买入，头寸一下子多了起来。不仅超过了"单方向头寸1/2"的限度，而且满仓建仓的大多是一些价格相近的头寸。

仓位 C 行情下跌。但既没有进行对冲的宽裕资金，也没有可以建立对冲头寸的月份（因为远期合约已经建立了买入头寸）。如果继续下跌有可能被要求追加保证金。

仓位 D 终于进行了锁仓（所建的头寸已经完全超过了预定的数量。水平低的人在交易的时候本来就没有好好地考虑头寸的数量）。总之是因为亏损在扩大才进行锁仓的，这与为了确保浮动利润而建立对冲头寸的情况不同。因此，交易者为能够一举摆脱这种困境而焦急。

仓位 E 新的远期合约上市了。但是行情还在继续下跌。交易者想：已经下跌这么久了该反弹了吧，就把锁住的头寸解锁，同时买入新的远期合约。把卖空头寸平仓虽然获取了一时性的利润，但剩下的买入头寸带着大幅度的浮动亏损。

仓位 F 行情再次下跌。水平低的人下决心买入的时候，一定是行情下跌之前。

仓位 G 即使连续下跌，也会有小幅反弹。但是现在跌下来的低价离被套住的头寸当初的买入价越来越远，应该减少的买入头寸也舍不得平仓止损。结果，再次进行锁仓。

虽然开始只买入了 5 手头寸，但到现在连同锁仓的头寸在内增加到合计 60 手。全部都是价格相近的头寸，一半处于亏损的睡眠状态。

仓位 H 由于保证金不够了，不得不减少头寸，浮动亏损变成了实际亏损，资金大幅度减少。

仓位 I 由于资金减少到了极限，连解锁的实力也没有了。作为逃避一时的方法是：先把对锁的两个方向的头寸之中的盈利的一方（即卖空头寸）平仓获利。

仓位 J 是结果，行情并未出现交易者所期待的上涨。迫不得已又重新进行锁仓。已经灰心丧气了。束手无策地眼看着这些被套住的头寸随着各期的交割日的到来而依次被交割平仓。资金几乎全部亏尽。

你也许会认为"这也太惨了吧"，但拙劣的做法加上一旦搞错时机，实在是很容易陷于这样的境地。不做勉强的事情，要进行有计划的交易，这是非常重要的。

5. 反转头寸的计算

前面我已经详细地讲解了期货的基本练习方法，这里我把反转头寸，即多翻空、空翻多的方法作为前面内容的一个总结，并举例来说明反手做空的注意事项。

先讲一下由上升行情转为下跌行情时的多翻空。虽然想把赚足上升行情的买入头寸转换为卖空头寸，但如果已经建立了对冲的卖空头寸的话，就完全没有必要急急忙忙地进行。价格到达最高点以后远期期货开始下跌价差收缩，即使维持对锁的仓位不变，也能够毫不费力地扩大盈利。建立了对冲头寸的仓位可以2~5天不去动它，长的时候一个月不去管它也没关系。

请看第27图和第28图。第27图是小幅度波动的顶部的例子，第28图是大幅度波动的顶部的例子。请读者自己设想一下，如果自己做的话，如何正式建立对冲头寸，如何保住主力头寸已经获得的账面上的浮动盈利。

请读者考虑一下，行情从进入顶部范围至脱离顶部范围将要经过多少天呢？

有这样一种说法叫"顶部3日，底部100日"，这句话的意思是在峰顶的最高价格只能维持三天就结束了。也就是说，峰顶只是一个很短的期间。然而顶部范围的期间却比人们想象的要长得多。有的人习惯在很短的期间内急急忙忙地完成多翻空的操作，但实际上完全可以慢慢地进行。除了特别巨大的行情之外，顶部行情的持续范围一般都差不多大约是两周到四周，没有必要分秒必争。

其次让我们探讨一下在建立对冲头寸时逢高卖空每次卖空的间隔的价幅。请看前面的第14表。

这就是由对冲卖空变为投机卖空的例子。仓位A分6步逢高卖空，仓位B分4步逢高卖空。用植树算术来计算，A有5个逢高卖空的价幅，B有3个逢高卖空的价幅，假定每步卖空的价幅为100日元，合计的卖空幅度分别为500日元和300日元。如果每次间隔200日元卖空的话，合计的卖空幅度就是1000日元和600日元。当买入头寸出现浮动盈利以后，剩下的事情只要不慌不忙地按照一定的间隔卖空对冲就行了——交易者自己不要带有主观看法，只要机械地按照100或200日元的间隔进行卖空就行了。与刻意地想卖个好价位相比，机械地卖空往往反而更能够卖在好价位。

下面再探讨一下把买入头寸平仓的基准。

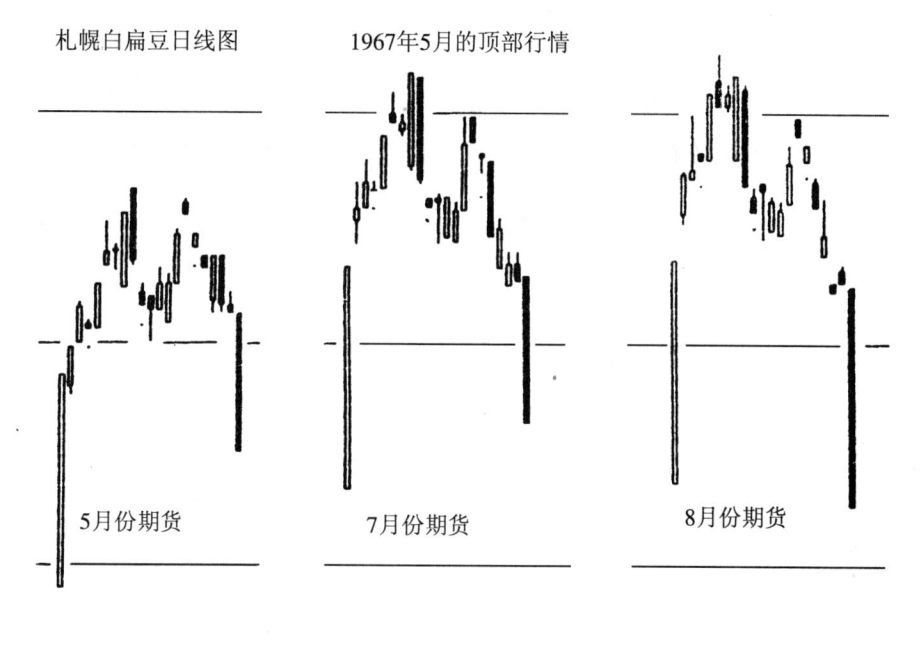

札幌白扁豆日线图　　　1967年5月的顶部行情

5月份期货　　　7月份期货　　　8月份期货

东京小豆日线图　　　1967年11月的顶部行情

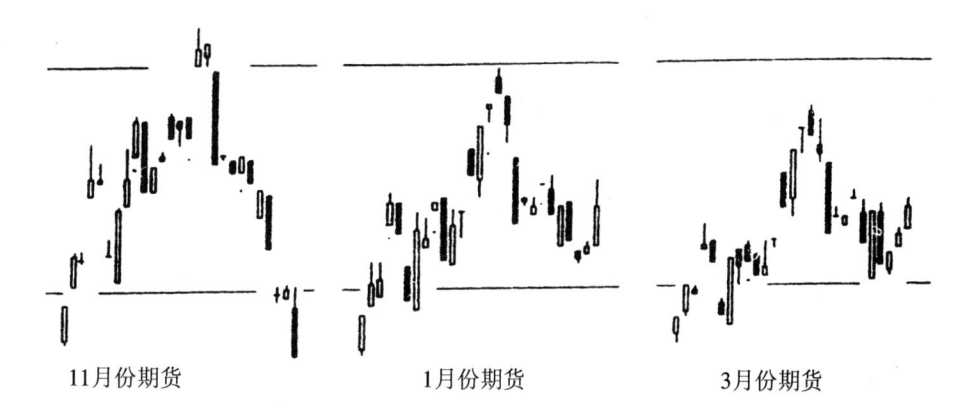

11月份期货　　　1月份期货　　　3月份期货

第27图　小幅度波动的顶部

先探讨一下买入头寸的止盈基准。

对冲头寸虽然对买入头寸起着"锁利"的作用，但当买入头寸平仓以后就变成了做空的头寸。当对冲头寸的主要部分在卖空成交以后下跌了300日元或卖空成交价的5%的时候，就是买入头寸平仓获利的合适时机。

每个行情都不相同，也许有的人不理解为何要规定一个统一的平仓标准。这是因为人的心理是软弱的，如果不规定一个平仓基准容易变得随波

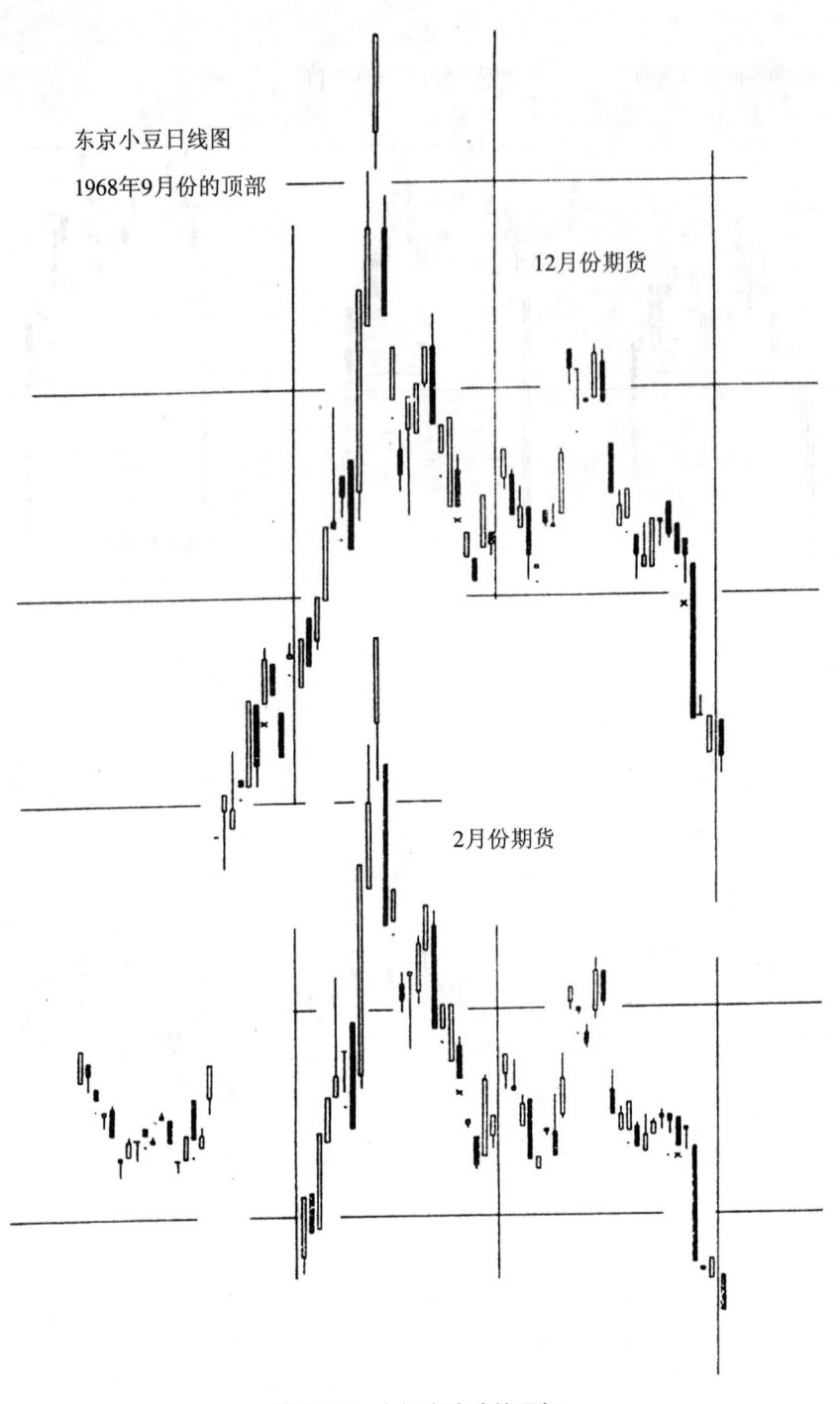

东京小豆日线图
1968年9月份的顶部

12月份期货

2月份期货

第28图 大幅度波动的顶部

逐流，有基准的话就要好得多。

买入头寸在建仓以后行情上涨，出现了浮动盈利才建立了卖空对冲头寸的。利益已经被锁住了，即使大幅下跌，买入头寸的利润缩水也没关系，因为卖空头寸的盈利可以抵消买入头寸的亏损。所以应对不必慌张。

再探讨一下买入头寸的止损基准。

假如在对冲卖空头寸的主要部分卖空成交的价位上建立了买入头寸。就是说在高价位上建立了买入头寸出现浮动亏损时，应该在亏损到什么程度时平仓止损？答案是在买入以后下跌了 300 日元，或下跌了买入价的 5% 的时候平仓止损。

下跌 300 日元或买入价的 5% 的基准还可以用于其他情况下买入头寸的止损判断，但这个基准不是绝对的，如果行情变动幅度大的话，这个止损幅度也可以设定得大一些。在多翻空操作的时候，这是个很有用的数值。请读者记住这个数值。

6. 反手做空的方法

请看第 17 表。

下面我列举两个反手做空的具体做法的例子。设想一下对于可能出现的价格波动的合适的应对措施。

首先讲解第 17 表 A。

Aa，这是第 14 表的最后的仓位。由于价格冲高使空头爆仓。因此预测本期的交割将会是一个高价的交割会。采用购入近期合约、卖空远期合约的仓位将非常有利。保持此仓位观望行情的变化。

Ab，看来将有一个高价交割会。但即使不出现高价交割会也没问题，因为已经建立了对冲头寸。但现在看来卖空的方向是正确的，接下来打算逐步加码卖空，但为了再确认一下反而买入一些试试。②和③各买入了 1 手。

Ac，在上一步买入了 2 手头寸进行试验，发现反弹的力量不大，就把这 2 手头寸平仓，恢复原来的仓位。

Ad，当期合约的 6 手买入头寸交割平仓，仓位变成了 2 手买入头寸，10 手卖空头寸，从第 14 表 Af 到这个仓位正好经过了 1 个月。

Ae，趁价差扩大的时候把在中期合约④中的 3 手卖空头寸转换到远期合约⑦中去。当期合约②当中的 2 手买入头寸平仓 1 手，留下 1 手继续持有。这样就准备好了赚取下跌行情的万无一失的态势。

下面再讲 B 的反手做空。

Ba，这也从第 14 表的最后仓位 Be 开始看。

第 17 表　反手做空的例子

		①	②	③	④	⑤	⑥	
A	a		−6	−2		3 −	5 −	2 −	
	b	①	②	③	④	⑤	⑥	
		−6	−3	−1 −		3 −	5 −	2 −	
	c	①	②	③	④	⑤	⑥	
		−6	−2		3 −	5 −	2 −	
	d	交割	②	③	④	⑤	⑥	
			−2		3 −	5 −	2 −	
	e		②	③	④	⑤	⑥	⑦
			−1			5 −	2 −	3 −
B	a	①	②	③	④	⑤	⑥	
		−6	−2			10 −		
	b	①	②	③	④	⑤	⑥	
		−6	−2			8 −	2 −	
	c	①	②	③	④	⑤	⑥	
		−6	−2			6 −	4 −	
	d	①	②	③	④	⑤	⑥	
			−2			6 −	4 −	
	e		②	③	④	⑤	⑥	⑦
			−1			6 −	4 −	

估计当期合约的交割价格不会高。但如果当期合约价低的话，其他月份合约的价格也会走低，因此可以不慌不忙地进行准备。

Bb 和 Bc，在价差收缩的时候进行头寸换月（减少⑤中的卖空头寸，增加⑥中的卖空头寸。）。

Bd，由彷徨行情到大幅度下跌，⑤中的卖空头寸的跌幅超过了 400 日元。2 天内的跌幅如下：

当期期货	跌幅	100 日元
第 2 期期货②	跌幅	80 日元
第三期期货③	跌幅	100 日元
远期期货	跌幅	140 日元

很明显远期合约开始崩溃。因此将当期合约的买入头寸一举平仓。

Be，新的远期合约以贴水价差开盘上市。行情呈逐步下跌状态。交易者决定抱牢卖空头寸，保留 1 手买入头寸作为对冲头寸。

绝对不要做一厢情愿的模拟交易

　　这样看来，操作者能够很巧妙地完成顶部行情的多翻空操作了。第27图和第28图就是为了讲解多翻空的操作方法而做出来的。若在别的行情中也想试一试这个方法，那么，有没有必要再做一些其他的顶部行情的走势图呢？答案是没有这个必要，有这两个图就足够了。

　　绝对不可以纸上谈兵地把当前的行情画成走势图做模拟性的操作。

　　本来，连这两幅走势图都不想做的。这一点似乎与独自一个人将围棋的棋谱摆在棋盘上复盘研究的情况有一些不同。

　　因为模拟操作从一开始建仓的时候，就尽往好的方面设想。

　　从前有一个笑话，说的是有一个专门写股评文章的记者，连续做了一年的模拟交易，时常在报纸上发表他的交易成绩。由于他的交易成绩太好了，所以他开始公开发表出来指导散户炒股。

　　但是没想到公开发表之后，他所做的预测就没有一个猜中的。

　　归根结底，他的预测都是一些如镜中花、水中月一样的虚无缥缈的东西。而且（由于没有实际建立头寸）在猜错的时候也没有切身的感受。当他猜错的时候他只要不发表出来就行了，因此久而久之，他自己也产生一种总是猜对行情的错觉。

　　对于做期货的人来说，这是一种最坏的习惯。而且模拟操作进行得越久，这种坏习惯就越根深蒂固。

　　即使是战战兢兢操作也应该进行实际操作。有一句话叫作"百闻不如一见"，对做期货来说是"百闻或百见都不如一行"。

七、股票交易练习法

　　尽管股票行情在本质上与期货行情是一样的，但是，由于期货行情本身的特殊性，才使得上述的这些练习方法成为可能，这些方法的效果非常的好，让读者们迄今为止的对行情的观念一下子发生了改变，使读者实实在在地感觉到了自己的操作水平得到了提高，然而，这些练习方法对于炒股来说是否也同样地适用呢？是否期货的练习方法无法用在炒股上呢？

　　实际上期货的方法也能够用在炒股上面。

　　但是，股票与期货在交易制度确有不同之处，两者都有其各自的特点。

接下来主要想就这些问题进行一下叙述。

本节的内容从炒股新手的注意事项到高级技术的示范例子，涵盖的范围很广，希望对读者有所帮助。

炒股技术的特点

对于炒股来说，保证金交易是有期限的，而且还牵涉到利息问题，因此，需要留意持仓的时间，但如果是持有现货股的话，由于现货股票是可以永久性地持有的，因此，持股人往往会完全丧失了时间的观念。

尽管炒股丧失时间观念看起来也没有什么关系，但是根本违反了经济活动的常识。当然，也有一些交易是与价格波动无关的，比如说，持有自己公司的股票，并且绝对不打算放手；此外，买股票完全是为了保存财产或为了分红的目的而买股票等等，这些人不会去终日关心股票的价格波动。

我认为即使是上述的情况，作为参与了一种行情，持股人还是对股票价格波动稍微关心一些比较好。

那么，正如在本章一开始所写的那样，"买股票"就相当于期货的"建立了买入头寸"，由于在那之后就时刻伴随着金钱的增减，只要还持有股票，不管这个股票是现货股票还是保证金形式的股票，其本质都与期货的买入头寸没什么两样。

我并没有劝说读者绷紧神经的意思，但即使那些在做期货时很关心价格变化的人，一旦买了股票，不可思议地会变得不慌不忙，面对行情的下跌对所持的股票完全放任不管（尽管留意到了行情的下跌，却不采取任何措施），因而亏了又亏却不着急，不仅仅是因为他们缺乏股票的操作技术的知识（比如摊平购买法等等），更主要的是因为他们欠缺股票操作的基础知识。

其次的问题是一般散户对价格波动本身的误解。在第一章里，我把股价的波动和期货价格的波动做了一下比较，发现股票的价格波动比较剧烈。即使把如索尼、哈乌斯等涨幅达到十倍左右的品种抛开不提，股价的涨幅达到两至三倍是很平常的事情，因此，股票技术有着很大的应用余地。

作为价格波动的特点来说，小豆等期货行情在一年之中，大的价格波动仅仅只有几次，大部分时间都处于徘徊震荡行情之中；但对股票来说，一年之中大的价格波动非常之多。

更确切地说，股票的一波行情开始以后，往往有一段期间的持续性。因此，持股的期间比做期货还要长期化，这是炒股与做期货在持仓期间上的不同之处。因此，炒股有可能大规模地赚钱，但另一方面，由于持股的周期很长，注意力容易分散。因此，对于大的趋势来说，炒股可能比做期货更适于运用顺势操作的手法。在操作方法上看，也更能有效地利用对冲的手法。

1. 持股的优化法

之前讲到了某个有名的职业股票炒手说的"持股优化法"，这个职业炒手大约是准备面向市场新手讲解他的方法的，他直截了当地告诉大家众人没有留意到的问题，而且还告诉众人选股的重要性以及资金的运用方法，使大家了解到股票操作的技术，他介绍的方法是一种非常优秀的方法。

首先，先讲一下其方法和理由，接着再对这种方法进行研究。

在年末的最后一个交易日里把持股全部按市价平仓。接着，在接下来的休息期间好好地思考。想继续持有的股票在新年后开盘的第一个交易日里按市价重新买入，当然，不想继续持有的股票就不要重新购买了。

这样做的理由（含目的）是：

（1）持股的集中化。

在股票市场里股票的品种很多，因此，投资者很容易眼花缭乱。在行情表中自己买入的股票旁边的股票涨上来了；提前听到了内部的消息；发现了后涨的股票；由于诸如此类的原因，自然而然地购买的股票种类越来越多。通过集中持股就能够避免摊子铺得过开。

（2）持股的分散（分配）和平衡①。

尽管看起来这似乎与前面的目的相反，其实不然。前面所说的持股集中化，也并不是说要持股单一化。如果持有的品种过多的话，注意力就不能集中，其结果是把全部的股票都操作坏了，因此，把选择的股票限定在注意力能够兼顾得到的，而且能够较久地保持热情的范围之内，这就是前面所说的第一个理由。（重要的是，要长期这样做）

其次，对于自己的精力和热情所及的范围内的几个品种之间的资金的分配、各品种之间持股数量的比例应该有一个平衡。这就是第二个理由。这是因为，逐个地改变投资品种是很困难的。

---

① 注：所谓"分散"的意思，并不是指把投资的股票分散为钢铁股、纤维股、化学股、建筑股等等股票的意思，这一点已经讲过了，我认为读者对这一点是明白的。这里所说的持股的分散，相当于期货里的仓位的意思。

把投资品种分散在有限的几种之内并分配好资金的投入比例，这样做投资的效果比较好。

（3）资金的有效利用。

这个问题在本书中已经重复了好多次了。头脑中要有资金量的概念。

（4）决算（持股经过的日子）。

不是指上市公司的决算，而是指交易活动的决算。炒股的人总是很容易对经过的时间变得很钝感，把投资活动变成一种拖拖拉拉的行为。通过定期的决算，能够克服这个缺点。

而且，在后面的研究中还要叙述这一点，由于能够清楚地计算自己的盈利状态，变得能够自我鞭策，不断努力。

（5）计划性。

由于自己规定自己必须在年末至年初之间的期间内制定股票的交易计划，这样做使自己的技术得到提高。刚开始这样做的那一年并没有太大的提高。然而，过了一年，就变得能够做出令人刮目相看的漂亮的计划了。

如果这样做的话，就与大部分的股民的那种无计划地交易、重复低级错误的情况有着天壤之别。这样进行炒股而赚到钱，那也是理所当然的事情。

（6）情绪上的稳定。

买入了股票，最终却变得只要持股一天就一日不得安宁。虽然这种不安的感觉可以说是炒股的伴随物，但问题是到达了何种程度。如果终日提心吊胆的话，首先是不健康的，因此也无法提高交易成绩。

一个人在把持有的股票全部获利平仓，准备再次出发寻找下一个投资目标的时候，是多么的轻松愉快呀。

显而易见，情绪上的稳定尽管无法用数字来描述，但效果是很大的。

2. 整体的事项

以上列举的是某个股票的职业炒手所提供的一个看上去让人觉得没什么道理的（其实不仅不是没有道理，而且是一个相当完美且有效的方法）方法，当然，仅仅上面列举的这些方法并没有把炒股的方法的要点全部讲遍。

但是，至少这些方法把股民们容易忽略的问题、容易犯的过失的补救方法和操作方法都明明白白地讲了一遍。

第八章
交易基础练习法

接下去,我想把整体的、技术性的问题及其相关的问题再稍微详细地讲解一些。

交易记录的保存

这是很重要的事情。然而,似乎一般的人几乎都不做这件事情。而且这样做的人也都倾向于采用诸如收藏爱好或自我安慰似的做法。这是绝对不可以的。保存交易记录指的是保存下列两件事情:

一是价格波动的纪录;

二是交易的记录。

因此,关于价格变动的记录,采用下列的哪种记录都可以:

(1) 每天的经济报的行情栏目:

每天的普通报纸的行情栏目就是把报纸上的每周一次刊出的"一周的价格波动"的数据剪贴在活页本上。也可以采用其他的记录,总之要保存好数据的记录。如果觉得这样做麻烦的话,把每周发行的走势图装订起来。

如果这样做仍然觉得麻烦的话,那么,也可以只保存交易的记录。

(2) 关于交易记录:

在活页本中记录上以下内容:

买入价×× ××年××月××日

卖出价×× ××年××月××日

盈亏××

仅仅记录上述这些数据就可以了,一页纸面应该只记录一个品种。把这些数据汇总起来,即使在连休的日子里翻阅翻阅也大有帮助。

还有一个重要的事情就是:时常制作一下自己的持股的买入价、持股数量等数据的一览表。这也可以记录在活页本上。光是记下来时常看看,就会有惊人的参考作用。当然这些记录应该保存起来。

另外,还应该如前面所写的那个"总是拿着仓位卡片研究的职业炒手"那样,时常留意总的资金量与建仓品种的比例,以及买入的平均价格处理得如何等等问题,应该根据交易记录来评价自己交易内容的好坏,在还没有将有盈利的头寸获利平仓之前,光看着浮动盈利额而沾沾自喜是完全没有意义的。

如果打算炒股的话,在观察交易记录的时候,不应该总是计算浮动盈利光顾着高兴,而应该考虑如何把被套住的股票平仓止损,保留那些盈利的股票。

资金的问题

上述的"交易记录"与本节的"资金"是有联系的。炒股的人对资金的运用总是有漫无计划的倾向。

正如有些小的杂货店往往把生活支出与买卖混淆在一起一样,有很多人喜欢把炒股上的金钱的出入与生活上的金钱出入混在一起。

尽管有的人辩解说这真的是没有办法才如此做的,(不管什么理由)但还是分开之后比较清楚,效果肯定比较好。

查阅证券公司或交易所的账户也可以发现,钱款出纳杂乱无章的客户是不赚钱的。

举一个极端的例子。

不管是100万日元或者是500万日元,当决定以这么多钱炒股,就把这些钱存入证券公司,那么在一定的期间之内,比如说在一年之内,就必须在这个金额的范围内操作,既不能向里面添钱,也不能取出钱款。

买股票用的钱从存在证券公司的钱款中支取,卖掉股票以后的获利再存入那笔款项中去。当想买的股票由于资金不足、不另外添钱就买不了的话,就放弃购买计划。

不管多么难以忍耐,也在那笔资金的范围之内操作。等一年过后再看看那笔资金的余额是多少,那才是真正的利益。这样做的话,才会养成在一开始就制定计划的习惯,才能去掉漫无计划的操作习惯。

而且,对资金的运用方面的问题也开始动脑筋了。

股票交易只有在"根据自己的资金量来投资"和"有计划地投资"的前提下才有意义。

有关股票投资的计划性在以后还要叙述。

走势图制作的好坏

似乎有很多人都说,制作走势图是一件很麻烦的事情。然而,繁琐的数字不是那么容易记得住的。把股价的变化制作成为走势图的话,可以对走势的变化有一个概念,光是这一点就比较有利。

绘制一下自己买的股票的走势图,即使不是每日都画,只画每周的价格波动,而且只画成最简单的收盘价连接线图就可以了。试着画一画吧。为了赚钱,花费这些精力也是没办法的。

但是,片面地着迷于某些特定的看法也是不可取的(比如说拘泥于某些顶部的形态，或热衷于价格幅度测定法则等等）。我们决不能成为这种给人凄惨印象的投资者，也不能成为带有喜剧色彩的投资者。说到底，应该将线图单纯地看成只是对事实的一种记录。

某个品种的走势图画了一段时间之后，就会逐渐地对该股票的价格波动的特点、习惯、倾向逐渐地明了起来（尽管这些东西也许不是那么确凿）。这样做比依赖内部消息行动要好得多。

如果很重视题材的话，也可以把题材绘入走势图。这也是很有益的。由于这也是（行情）记录的方法之一，所以才这样做。应该引导这种习惯向好的方向发展。

通过制作走势图，还能够不被价格搞乱头脑，比较直观地观察走势的倾向，这一点是制作走势图的好处（尽管这么说，但由于投机客并不是上帝，在操作的时候总是会对盈亏患得患失的）。

在下一节将列举一个制作走势图的练习的例子。

曾经有一个定期发表投资报告、并指导别人取得了非常好的交易成绩的人。

这个人对于制作走势图的事情并不十分关心，但对自己的会员说，即使不想画自己的持股的走势图，但平和不动产这只股票的日线图不可不画。① 这是因为：①平和不动产是大盘的指标性的股票。②这只股票可以进行对冲交易。③很适合与自己的持股做比较。

（有关股票的比较的问题将在下一节讲解）

他的这种做法也可以说是走势图的有效利用的方法之一吧。

股票的比较和倾向是怎么回事

有一个从炒股新手起家，最后发财变成大资本家的人。当我把在前一节中介绍的在年末把持股全部抛掉的方法告诉他以后，他在之后的十几年之间，每年都这么实行：年初买入，年末抛掉。对自己买的股票，他每天都坚持绘制走势图。

由于我对他说"在期货的小豆行情中能够学到东西"，而让他做期货的小豆行情，但也许因为他这个人还是属于那种比较适合于做股票的人吧，在做了两年左右小豆期货之后就放弃了，开始专心致志地做股票。

但是对他来说，在做过小豆期货之后，得到的最大的收获就是：

---

① 译者注：这只股票类似于我们的沪深300大盘股，两者共同之处应可以影响大盘走势，不同之处是中国的股票不能卖空，而日本有部分股票可以用交付保证金的形式卖空。平和不动产就是这种股票。

(1) 处理（行情）的方法变得高明了。
(2) 资金的运用方法完全改变了。
(3) 学会了避险，进行对冲交易。更重要的是学会了如何利用走势图。

这个人画的走势图是收盘价连接线走势图。在一张方格纸上总是画两三个品种。比如说：

道琼斯指数与本田技研、东急不动产与松下电器等。

图中不标注价格。他除了观察趋势以外，还观察不同品种的共同的节奏，以及将不同品种的股票的趋势做一些比较。如果把不同品种的股票的走势分别画在不同的图纸上的话，就完全看不出上述的内容了，因此他才如此作图。

制定投资计划

有的人在公司里做的是制定计划的工作，但对自己的投资却没有计划。有很多人明知计划的重要性却不制定计划。

有各种各样的计划（需要制定），例如：

(1) 资金运用的计划。
(2) 对各个品种的股票的投入资金的分配的打算。
(3) 买入平均价的设定计划。
(4) 建立对冲头寸的计划。

不管是哪一种计划，都应该从自己会做的开始，或者自己有兴趣做的那种计划开始，尝试着做一做。

看来为了做投资笔记，无论如何都必须有一个活页笔记本。不管是什么计划请都把它记录在活页笔记本上，即使是简单的笔记也行。见下例：

"威—沙"股票

时间：1972年11月1日。

这一天"威—沙"股票的收盘价是250日元。

价格波动如下：

	最高价	最低价
5月	276	228
6月	275	246
7月	296	261
8月	288	227
9月	252	217
10月	254	211

制定如下的交易方针：

从219日元开始（这是最近三个月的最低价的平均值），每隔7日元向下摊平逢低买入，如果买不成的话就不勉强购买。建仓成功后再寻找加码买入的机会。

准备购入的股数：至5000股为止。

止损位：设定在跌破200日元的时候。或者根据最低价之后第十周的价格波动的情况来决定是否止损。

购买理由：

道琼斯平均指数从七月份开始就一直在下跌，但"威—沙"这个股票却并没有怎么下跌，且下跌的幅度越来越小。但是，一旦跌破了底部很可怕。

对冲头寸的建仓价位：当股价达到了300日元左右的新高价的前后要注意。如果要建立对冲头寸的话可以选同属医药类的"三共"股票。

这只股票波动的周期在15～20周之间。

成交量从七月份开始逐步萎缩。

对这只股票从一开始228日元市价买入1000股开始，一直买入了5000股，买入建仓进行得非常成功。

信用持仓余额[①]：信用买入的持仓余额比较多，这不需要太担心。

节奏的特点：并没有什么特别之处。

---

① 译者注：国内尚没有信用交易。关于信用交易，我问了林知之先生，他是这样解释的：信用交易不是在期货市场，而是在现货的股票市场举行的。通常在购买现货股票的时候只要支付现金就可以买得股票，平仓时交付股票而获得现金。

然而在信用交易中，股民从证券公司那里"借来买股票的现金"或"借来抛空的股票"，这两个行为分别称为信用买入和信用卖空。借来的现金或股票都是有期限的，一般来说必须在六个月内返还给证券公司。返还的方式有下列几种：

a. 在信用买入的时候：

（a1）卖掉（进行反方向的交易）；

（a2）承接现货（付现金接受现货）。

b. 在信用卖空的时候：

（b1）回补（进行反方向的交易）；

（b2）现货交割（交付股票接受放空的款项）。

为了通过信用交易来建仓，需要对借现金或股票的行为进行担保，这就是信用交易的保证金。

以上是对信用交易制度的讲解。对股民来说，信用交易余额这个指标又有什么作用呢？

信用交易余额，是信用交易的仓位总合。

信用交易的头寸必须在期限内冲销，因此，会影响到当前的行情。有些职业炒手也用信用头寸的数据来预测当前的行情。例如：

信用卖空的持仓很多→行情如果不下跌的话，这些头寸就会扛不住了，就不得不回补→导致大幅度上涨（这是预测上涨的依据），这也叫"轧空"。

信用买入的持仓很多→行情刚一上涨马上就会出现很多想获利的卖空单子，上方阻力很沉重。

一般来说，信用买入的数量比信用卖空的数量多一些，多出太多的话，就被认为上方比较沉重，稍微多一些的话，就被认为是"正常的状态"，因此，前面说的"不必太担心"就是这个意思。

价格波动的特点：似乎有 15 周至 20 周的周期，但并不确定。

成交量：从七月份开始有减小的倾向，成交量渐渐地减小下来了。

这个例子是从一个炒股新手的笔记中摘录出来的，只是稍微补充了一些缺失的价格数据。

笔记是从 11 月初开始记录的，实际操作是从 11 月底开始，一开始是按市价买入 1000 股，成交价是 228 元，随后用 212 日元以下的指定价买入了 5000 股（最低的成交价是 208 日元），做得非常成功[①]。

3. 技术方面的要点

持股的品种的数量

持股的集中和分散这两个方面都是必要的，但是，具体应该持有多少品种才合适呢？对这个疑问，光凭理论是很难解决的。

因为这是非常私人化的问题。而且这还与交易者的交易方法、个人爱好、资金实力等因素有关，不同的人，适合的品种的数量是不同的，其间的差别相当大。

但是也有人说，管理能力在人与人之间并没有太大的差别。特别是对炒股来说，操作的对象都是按一定的标准规格化的东西，每个人能够操作的数量的极限也许都差不多。至少，我从自己的经验出发，比较赞成这后一种观点。

关于持股数量的问题，我问过各种各样的人。比如说，有一次我去某个经济研究所，看到里面的人在频繁地打电报，我问他们，照看这么多品种的股票照顾得过来吗？没想到他们回答："一个人能够集中精力关注的股票数量仅为五个品种。"我愣在了那里。

有一个我认为比较有良心的职业炒手也对我说："一般尽量局限在 4 个品种之内的。"

大体上，从经验中得出的结论指出：购买的股票的品种数应该限制在

---

① 原作者注：在此我想请读者注意的是在这个笔记中提到的"题材"，由于采取的是买入方针，但是有关上涨的题材却一点也没有提到，尽管读者也许希望看到一些这类题材的报道，但是，没有必要。
因为如果写了题材，思路就会受到题材的局限，过后一看，这些题材能够起作用的时间是极为有限的。
我曾经收集过许多职业炒手的交易记录，留心他们在进行这些交易时候，在当时曾经出现过什么题材，有什么消息，这些职业炒手对当时的题材是如何解释的。是否应该把题材写入交易记录中去等等，最后的结论是，没有这个必要。
作用时间极为有限的消息或题材只能在大的走势洪流中掀起细小的波浪。

四五个品种之内。但这个结论是那些给散户开班授课的股票的指导教师们所讲的，并不是纯粹的职业炒手们所讲的。

我又问了职业炒手。职业炒手说："一心不能二用，最多2个品种。"

他在回答别人的时候是这样说的，自己做的时候却总是买很多品种的股票。有一次我正好因为有事情要到这个人开户的证券公司去办事，在与业务员谈其他事情的时候谈到了他，业务员说："赚钱的人，在买股票的时候都不会铺得太开的。那个人最近说'股票的种类稍微多了点，需要整理掉一些，我已把6个品种去掉了3个'。"

据业务员说，他还打算进一步减少持股的种类。

结论是买股票最多只能买5个品种，最好只买4个品种以下。

关于特定的品种

特殊的股票可以列举出下列一些特点：

（1）发行股票的公司是很优良的公司。
（2）是代表性的品种。
（3）是信用交易的品种。

这些特点，作为投资的条件是完美的。但是也有人说，因为这些股票不是爆冷门的股票，所以做起来不好玩。

然而也有人说，特殊股票是被庄家操控的股票，所以不爱做。看来股民们对特殊股票有很大的误解。有些人说，绝对不购买特殊股票。问其理由，他说，"我喜欢寻找那些不被别人注意的、价格低的、但是一旦上涨的话，涨幅非常大的爆冷门的股票来赚大钱。那种一看就一目了然的股票是市场新手做的"。

但具有讽刺意义的是，从来没有听说过这个人的赚大钱的消息。

这姑且不做讨论。特殊股票除了这些外在的特点之外，还有更多值得在交易中利用的地方。

例如：

（4）一般的题材比特殊的题材更容易使特殊股票的股价发生变动。
（5）没有突变的价格波动。

这两个特点导致了特殊股票的价格波动比较平稳，而且不同的特殊股票之间的价格波动一般来说都有一些相互的关联性。

本来，不同品种的走势还是应该不同的，但它们之间如果出现某种程度的关联性的话，比较容易看出走势的趋向，换句话说，这样的品种"比较容易操作"。

（6）成交量、持仓量比较大。交易的指令很容易成立。

这是因为，持仓量多的话起到了一个刹车的作用。比如说，当行情跌下来的话，有不少卖空头寸会回补；当行情涨上来的话，又会有不少买入头寸获利平仓，使波动变得平稳。由于这种波动特点，因而在任何时候参加都能够成交，如在想卖股票的时候，要等到 10 日元下方才会出现买家的二级市场那样的交易者稀少的情况在这里是没有的。

（7）（波动）有节奏。

由于只有少数人知道这回事，因此，一说到节奏，大部分的人都会露出奇怪的表情。特殊股票的节奏特别明显。

绘制一下特殊股票的走势图马上就可以明白了。这种节奏与操作者的涨跌看法无关，而且大部分都是一些短期的节奏（有些股票也有较长期的节奏），能够比较有效地利用摊平买入或摊平放空的逆势操作手法，正因为特殊股票的价格波动的节奏性，才使得这些期货技术的应用成为可能。

特殊股票的这种特点，从实践的角度来看，是属于"容易操作"的股票。我们做股票，就应该选择容易操作的股票，同是赚钱，就应该去赚取比较容易赚到的钱才好。

不言而喻，特殊股票也比较容易进行对冲头寸的建仓操作。

信用交易的利用

有很多人一说起信用交易就说"绝对不做"，事实上，从证券公司的信用交易的客户账户上看，也可以发现做信用交易赚钱的人很少。但是受到损失的人很多，究其原因是因为：

（1）那些受到损失的人都是采用马马虎虎的方法来做信用交易的，这是不行的。

（2）大部分人是由于忘记了时间上的限制而导致了信用交易的失败。

（3）由此推理，可以得出只要不要忘记时间上的限制，做信用交易就能够赚钱。

信用交易还有前一节所说的在任何时候都能够成交的有利之处。

更重要的是，信用交易的主要目的之一是让股票的头寸能够做对冲避险的操作。

似乎有很多人认为，信用交易由于能够用很少的资金购买很多的股票，因此就是"扩大了股票的投机性"，但实际上正相反，信用交易的目的是通过利用对冲的手段来"缩小交易的投机性"。

有关这一点证券公司完全不对顾客做任何解释。

证券公司为什么不对客户讲解对冲的知识呢？

这是因为要想讲清楚对冲的理论和对冲的方法，至少需要花费半个小时，要根据该客户的持股情况，研究出针对他持有的股票的品种的具体的对冲方法，还要花费更多的时间。

顾客看上去是被说服了，但却绝对不肯尝试着去做一做。

久而久之，证券公司就不再对客户讲解对冲的方法了。

股票的逆势逢低买入和顺势加码买入

逢低买入（或逢高卖空）是为了跟随行情而设计的一种逆势操作的交易技术。这种方法应用于有节奏地波动的特殊股票，应用于回挡或反弹行情，应用于对冲头寸等等，效果是如此之大，你可能被吓一大跳。

其具体做法与建仓技术的那一节中所介绍的方法完全相同，如果按1，2，3，4的比例逢低买入的话，举例如下：

做期货的场合		炒股票的场合（每次购买1000股）	
交易	未平仓头寸合计	交易	未平仓股票合计
−1	−1	−1000	−1000
−2	−3	−2000	−3000
−3	−6	−3000	−6000
−4	−10	−4000	−10000

在刚开始买股票的时候，用逢低买入摊平法的效果还不错，如果在加码买入的时候，还想用摊平法的话，必须从一开始就制定好资金计划（具体来说就是要留出宽裕资金），还要看一下周线走势图，不要着慌，这些都是非常重要的。

其次是加码的方法，在回挡的时候加码买入是逆势操作的手法，就是上面所讲的方法。

当行情创出新高价的时候，有很多人都会采用顺势操作的加码买入，但其实在这种时候先不要买，在随后的回挡的时候用逆势操作的手法效果更好。

当在徘徊行情中成交量很稀少的情况下，成交量突然地大幅度放大，价格开始上涨的时候，采用顺势操作的方法慢慢地加码买入，操作效果比较好。

在这种情况下，个股的涨跌与道琼斯指数的走势方向没什么关系，但当上涨行情完毕之后，个股与道琼斯指数同时下跌的时候，在卖空的对冲头寸之后用顺势操作的手法加码卖空效果比较好。

如果遇上如 1948 年、1961 年、1963 年那样的股市大暴跌的行情，尽管也可以急急忙忙地抛售股票，但一般来说，如下面那样的加码卖空的时候，不慌不忙地卖空比较好。

期货的加码卖空			股票的加码卖空		
理想的做法	实际的做法		理想的做法	实际的做法	
4 –	1 –	1 –	4 –	2 –	1 –
3 –	2 –	2 –	3 –	1 –	4 –
2 –	3 –	2 –	2 –	3 –	1 –
1 –	2 –	2 –	1 –	1 –	4 –
	2 –	2 –		2 –	
		1 –		1 –	

总之，为了不至于因缓慢操作而变得漫无计划，在大头寸之间夹杂一些小头寸。

加码放空的节奏应该放得多么慢呢？尽管不同的品种花费的时间是有所不同的，但如（2 –，1 –，3 –，1 –，2 –，1 –）或（1 –，4 –，1 –，4 –）这样的加码放空过程大约需要 2 至 3 周。

股票的对冲

这是 1968 年秋天的事情。

有一个人指导股民通过卖空本田股票来对哈乌斯股票的买入头寸进行对冲。这个策略获得了巨大的成功。为了获得主力头寸哈乌斯的 300 万日元的利益，即使在作为对冲头寸的本田股票上亏损 50 万日元也是值得的。

大量的股民却来信说："如果你不叫我们对本田股票进行对冲卖空的话就更好了。"

这个指导者直叹气。

这是跨越不同品种之间的对冲交易。在这个例子中可以看出，一般的股民对于对冲交易是多么不理解。

的确，对同一品种的股票用信用交易建立相反的头寸来进行对冲的做法更容易被人们理解。如果信用交易的做法也参照决算日交易的做法的话，就更容易理解了。①

比如说，假定有如下的行情：

松下电器

	A		或者	B
现货	450 日元			450 日元
信用交易	460 日元			440 日元

其中，A 的策略是现货股票做多，信用交易做空。

B 的策略正相反，现货股票放空，信用交易做多。

利用信用交易，还可以赚取利息。价差交易在理论上也是同样的做法。在具体操作的时候，把对冲交易的理论配合该品种稍加变化就可以了。

现货股票	信用交易		交易目的	
−10000	1000 −		避险	
	2000 −		确保利润	↓
	3000 −		确保利润	↓
	4000 −	合计 10000 −	锁仓	

但是对同一品种建立对冲头寸的有利之处是可以随着以后行情的发展，把对冲头寸改变成投机头寸。当然，非同一品种的对冲头寸也能改变为投机头寸，但是用异品种的股票进行对冲的时候，一般的做法是在主力头寸建仓的同时，做空其他的品种进行保险。②

最好对于对冲头寸的数量有所限制。

因此，建立异品种的对冲头寸的目的大部分都是在为了避险，向投机的目的发展是属于特殊情况。

4. 某个"斯巴达克式"的练习方法的条件

我给大家举一个股票专家的炒股技术的例子。他的方法的特点是充分地利用了信用交易的有利之处。

这是某个专门依赖炒股生活的职业炒手教他的大学毕业刚过了五年的

---

① 译者注：决算日交易是日本以前的股票的一种做法。

② 译者注：用同一品种对冲的时候，一般是先建立主力头寸，在根据价格在适当的时候用信用交易做空。用异品种对冲的时候，主力头寸与对冲头寸是同时建仓的。

儿子如何炒股的方法，这是像古希腊斯巴达克角斗士的训练那样的严格的方法。

刚听说这个方法的时候，我马上就感到这个方法也可以用在期货上。当然期货和股票在做法上还是略微有些不同的。但本质上是没有差别的，只是由于交易制度不同，造成在建仓的限制上有些不同，两者的根本的思考方法和基本交易方法是完全一致的。

长期炒股或做期货，社交的范围变得很有限，变得全部依赖自己的经验和研究。如果研究误入歧途的话就会从根本上崩溃的。因此当运用自己所学的办法在交易中不顺利的时候，我也会产生"是否还有更好的方法"或"研究的方向是否错了"等等疑问。

但是我除了自己所学的方法以外，其他方法一点也不知道，所以一直以来我始终是按照这个方法进行操作，因此当听说这个炒股方法的时候，我很高兴，甚至有些感激。

为什么？因为如果是父亲教儿子的话，就没有必要进行炫耀，一定是如同教授刚开始学习步行的婴儿一样，带着爱心教他儿子在股票行情中的"步行"方法的，因此这是真东西。

后来我托人找那个职业炒手的交易记录，但是没有得到。后来我想，我已经知道了炒股的基本的方法，这已经足够了。自那以后我就靠自己的力量专心研究股票。

正好在那前后，我开始收集别人的交易记录。有时收集到别人漂亮的对冲交易谱又惊又喜。

从那以来已经过去了十几年，一直到现在，每逢年末、年初，由于经过了一段时间的休息，手感变得有些迟钝的时候，我都会重复（-1，-2）这样的简单的交易。

每逢头寸出现浮动盈利，为了顺利地平仓，想稍做一些练习的时候，我也会重复（-1，-2）这样的简单的交易。

每逢做错了，怎么做也不顺，想稍微休息一下重新再做的时候，我也会重复（-1，-2）的简单的交易。

我在这样做的时候，毫不在乎交易公司里的业务员的奇怪的表情（因为他们不知道我的目的），我这样做，都是根据上述的练习法而进行的。

这个方法的具体内容如下：

在一年之中，看报纸只能看股票的价格栏目（包括成交量），其他地方都不可以看。

当然，绝对禁止看股评文章。

预备两个记录笔记本。

一个是活页笔记本，用于做行情和交易的记录。

一个是普通的笔记本——但凡学习或感想等，什么都可以往上面写的杂记本。

这个杂记本不可以用铅笔书写，也不可以搞破纸页。不管是多么羞耻的事情，只要是自己想到的事情都坦率地写上去（反正这些内容没有必要给老师看，这是自己用来反思的）。

每天早晨必须绘制走势图。绘制的种类有：道琼斯平均指数、特殊股票的全部的收盘价连接线走势图。

（一年以后才允许其改画蜡烛线日线图）

这两种走势图用收盘价的连接线画在同一张大的方格纸上。上面不标注股价。

在这张方格纸上，还可以画上两三个波动特别厉害的、自己平时关注的品种，除此之外，不可以多画其他的品种。

成交量用棒状图的形式添画在走势图的下方。

操作资金是 200 万日元。

交易股数：每次交易为 1000 股，或者是两个品种共 2000 股。因此，不可以一次性地买入 3000 股。

一个品种的最高持股数为 3000 股，加上信用交易的股票或对冲的股票共计可持有 5000 股。但是，如果信用股票和持股是同一品种的话，不可以用信用交易的方式买股票。

当对冲头寸与主力头寸不是同一品种的话，对冲头寸最多只能建 2000 股。

同时持有的品种数最多只能达到四个。

信用交易的头寸即使与主力头寸是同一品种，也当作异品种来看待。

练习期间暂定为两年。

……

我觉得这真是很严格的条件。每一项都有各自的理由。好多地方都令人深受启发。

但在有些地方对此方法还有些不同的看法。

①禁止买入的买入（在买入股票之后，再对同种股票用信用交易的方式买入），是为了防止过度投机，这一点我是理解的，但把信用交易的对冲头寸也看成为两个品种，是有些过于极端了。

②每次交易最多只能买入 1000 股或 2000 股。用信用交易最多只能买

入5000股,因此,这种方法不允许分三次买入5000股,即不允许第一次买1000股、第二次买3000股、第三次买1000股的买入方法,而是要分四次买入：1000股、2000股、1000股、1000股,这是为了防止单次交易的购买量过大,但我觉得这样规定操作起来有些不方便。①

总体来说,我觉得如果用这种方法进行练习技术还不能提高的话,就有些不可思议了。

此方法设置了这么多的限制条件,一定是想达到下列的目的和效果吧？我简单地罗列如下：

（1）在一年以后,当练习者被允许阅读报纸的时候,已经变得完全不把股评文章当作价格变动的题材了。

（2）一年以后,练习者被允许开始画蜡烛日线图的时候,已经不拘泥于蜡烛图的形态了。

（3）数个品种对比着观察,注意力由观察价格转变为观察走势的倾向。

（4）对资金的控制能力变强了。

（5）练习者也逐步理解了对交易股数的限制的必要性。

（6）对一个品种的股票的最高持股数量的限制,是为了防止亏损的金额变得过大,数量较少的买入或卖空头寸就比较容易平仓止损。

由于每次的交易量不大,使交易者有足够的精力关注整体市场的动向,同时也理解了留出建立对冲头寸的富余资金的重要性。

5. "斯巴达克式"的交易方法

这个方法规定：在摊平买入的时候,每次各买1000股,最多只能买3000股；或者第一次1000股,第二次2000股,共计3000股。加码买入的股数限制也是如此,最多合计3000股为止。但是,利用信用交易的话,最多合计可以购买5000股。把各种购买方法都设想一下,单方向的头寸共有11种建仓方法：

最多购买3000股的场合

```
a  -1           b  -1           c  -2
   -1              -2              -1
   -1
```

---

① 译者注：日本的股票在购买时最少的数量是1000股起购。

最多购买 5000 股的场合

d	−1	e	−2	f	−1
	−1		−1		−2
	−1		−1		−1
	−1		−1		−1
	−1				
g	−1	h	−1	i	−2
	−1		−1		−2
	−2		−1		−1
	−1		−2		
j	−2	k	−1		
	−1		−2		
	−2		−2		

包含对冲头寸的仓位是最复杂的了，那是在买入现货股票之后，通过信用交易卖空同类股票来作为对冲头寸，这种仓位只有一种组合方式：就是买入 3000 股现货股票，通过信用交易卖空 5000 股同类股票。

止损位设在距离买入、卖空价的 5%～10% 的地方。锁仓也是在这个价位进行。但是，在锁仓的时候，必须通过信用交易建立反方向头寸来进行锁仓。在建立对冲头寸的时候，既可以用异品种的股票的反方向的头寸来作为对冲头寸，也可以用同一品种的信用交易的反方向的头寸来作为对冲头寸。而且，通过信用交易进行卖空的时候，最多可以卖空 5000 股，因此，也便于操作者把这些卖空头寸由以对冲为目的的卖空头寸发展为以投机为目的的卖空头寸。

（1）观察走势图的倾向，感受波动的节奏，然后进行交易（只做自己绘制了走势图的那几个品种，其他的股票不做）。

（2）锁仓的时候，后面的操作方法与第 13 表、第 14 表中的方法完全相同。

（3）用信用交易建立的卖空的对冲头寸最多可以增加到 5000 股（包括锁仓的卖空头寸），因此，全部未平仓的头寸的组合，必是下面的右列中的某个头寸与下面的左列中的某个头寸构成的一个组合。

现货股票	信用交易的股票
0	0
	1 -
-1	
	2 -
	3 -
-2	
	4 -
-3	5 -

（4）一些简单的理想的仓位的变化过程迄今为止已经几乎都展示给读者了，由对冲卖空发展为投机卖空的仓位变化过程如第18表所示，这是最复杂的仓位组合。

也许还有其他仓位的变化方法，但在这里所列的是最基本的方法。

而且，在一开始做的时候，不要太在意能赚多少价格幅度的问题，比如说，买入之后，稍微涨上来一点马上就对冲卖空，主要目的是学会如何调整仓位，使之向有利的方向发展。

在多年以后，我体会到这个方法与我所学的方法之间有某种共同点。因此，我感到在"新东时代"[①] 的人的做法中有某种共同的思路在这个交易法当中也体现了出来。

（5）在18表的第4行，建立在异品种中的对冲的股票有2000股。但因为是异品种，表中的未平仓股票用（2-3）来表示的表示法，其实是不恰当的。

在第18表的第9行以后，作为主力头寸的买入股票获利平仓以后，单单剩下对冲的卖空的股票，继续赚取一些下跌行情，这种做法也是完全可以的。

上述股票的练习在细节的地方尽管有与期货的练习有不同之处，但本质是一样的。

[①] 译者注：早年，日本的股票交易制度中也有类似于期货的做法的年代。

第八章 交易基础练习法

第 18 表 现货股票和信用交易对冲的股票仓位的演变过程

	信用交易的股票 交易	信用交易的股票 未平仓头寸	现货股票 交易	现货股票 未平仓头寸	合计 未平仓头寸
a			−1	−1	−1
b			−2	−3	−3
c	1 −	1 −		−3	1 − 3
d	1 −	2 −		−3	2 − 3
e	1 −	3 −		−3	3 − 3
f	1 −	4 −		−3	4 − 3
g	1 −	5 −		−3	5 − 3
h	−2	3 −		−3	3 − 3
i		3 −	3 −	0	3 −
j	−1	2 −			2 −
k	−2	0			0

练习与正式交易

在本章一开始的时候，我曾写到在练习的时候赚了钱的事情。有关这件事情我得出了某些经验，在此一并写出。在我做学徒的时候也遇到过差不多的事情，那是一个炒股新手的拜师学艺的事情。

他来到我的住处，请求我教他做期货的方法。那是1966年春天，我也从一月份的期货失败中刚刚恢复过来，交易渐渐地变得顺手了，因此很愉快地接受了他的请求。

练习的方法与第六章所写的方法完全相同讲解的顺序和内容也几乎与第六章相同（因此读完了第六章的读者也可以开始练习做期货了！）。

练习的期间为 4 个月。

练习的资金的金额总共可以建 20 手头寸。

于是，经过了 4 月、5 月、6 月、7 月。

这个人很努力。我也一边做笔记，一边指导他如何做。正好本书（《期货市场的技术》）中的片断在某个月刊杂志上连载刊出，内容刚好从建仓规则连载到顶部行情的地方，我也打算把他的情况作为资料写进本书。

从一手头寸开始，买入、平仓止损、卖空、平仓止损，这样反复了好多次，有时候还进行锁仓，尽管不是很顺利，但 3 个月以后，他从开始做

· 195 ·

期货时的20手资金增加到了30手。

他毕业了吗？是的。他非常感激，送给我两瓶高级的威士忌酒作为纪念。

终于将要开始正式操作了。他在他家附近的某个交易所的分店里存入了相当可观的一笔资金，开始正式做期货。每次交易，他把所做的期货的期月、头寸数、价格等打电报报告我，我把这些数据写在小纸片上帮着照看他的交易。

行情在8月份到达顶部，请看第29图。

在第一个顶部的回挡处以10月份期货为中心向下摊平、逢低买入了30手（在第29图中所绘的是1月份期货）。此时由于高位震荡、波动剧烈，保证金已经涨得很高了。

这次逢低买入的摊平购买做得很漂亮。

然后，他逐步在2月份期货中建立对冲头寸。但是，在价格跌破12000日元的时候，他把这些对冲头寸都获利平仓了。我接到他打来的电报之后，马上回电报告诉他："把对冲头寸平仓是危险的，马上再重新建立对冲头寸！"

在那之后，价格发生暴跌。"还好，我及时提醒了他。"我这样寻思。

然而，他没有听从我的劝告重新建立对冲头寸。过去他是一个那么听话的人，当我告诉他"把买入头寸平仓止损比较好"的时候，他马上就会执行，也许因为那时是练习，他认为"反正是练习，损失了也没关系"，总之，他原来是一个不怕损失、知道可以通过其他头寸里的更大的利益来弥补亏损的人，然而这一次却连再重新建立对冲头寸这样简单的事情也没有做。从那以后，他就再也没有打电报过来。

几个月过后，他写了一封信过来。信中写道："当时，你如果更加强烈地告诉我必须再重新建立对冲头寸的话，我就不会遭到如此惨败了！"

……

诸位读者，期货的练习，也只有在真正的期货市场里实际操作才能进行的，这种练习与正式交易没什么两样。在此我想再重申一下：不应该忘记在初学阶段、立志做期货的时候意气风发而且谦虚的精神状态。

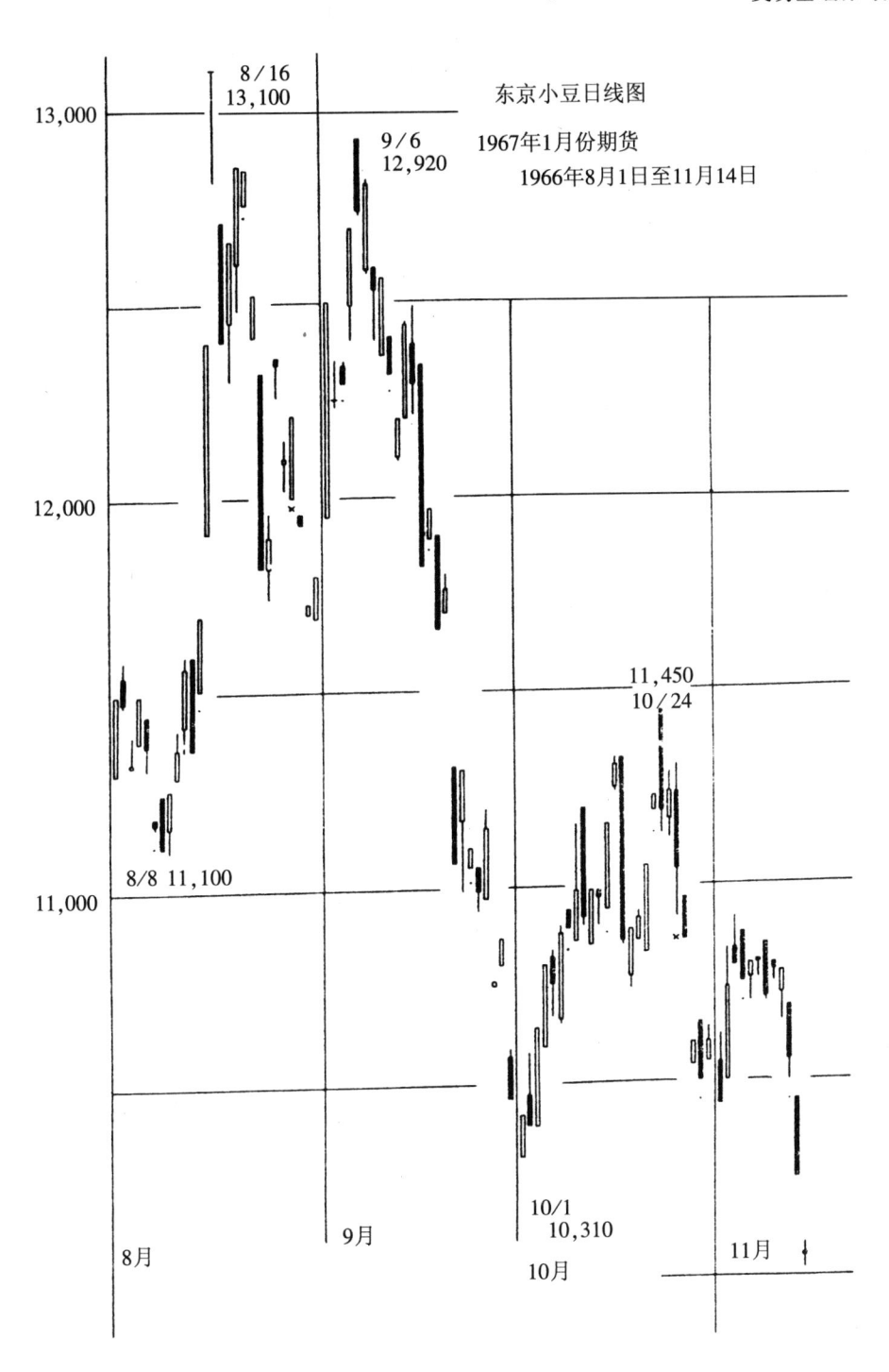

第 29 图　1966 年 8 月东京小豆的顶部行情

第九章

头寸操作与平衡

［第一部分　升水价差］
一、买入头寸的变化
二、头寸的整理
三、顶部的判断

［第二部分　贴水价差］
四、贴水价差的仓位
五、过早的平仓
六、探究失败的原因
七、成功确保利益的对冲

第 30 图	1965 年 8 月到 1966 年 9 月小豆价格变动曲线（一）	203
第 31 图	1965 年 8 月到 1966 年 9 月小豆价格变动曲线（二）	204
	东京小豆的当期期货和远期期货的收盘价的走势图　1965 年 8 月 1 日至 1966 年 9 月 30 日	
第 32 图	价差变化的过程	218
	东京小豆日线图　1965 年 11 月至 1966 年 2 月、1966 年 5 月至 8 月	
第 33 图	失败的交易谱（一）	230
第 34 图	失败的交易谱（二）	231
	东京小豆收盘价走势图　1965 年 10 月 1 日至 11 月 30 日	
第 35 图	失败的交易谱（三）	232
第 36 图	失败的交易谱（四）	233
	东京小豆收盘价走势图　1965 年 12 月 1 日至 1966 年 1 月 31 日	
第 37 图	成功地进行了对冲的交易谱（一）	235
第 38 图	成功地进行了对冲的交易谱（二）	236
	东京白扁豆日线图　1965 年 11 月至 1966 年 3 月	
第 19 表	各期合约全部都建 1 手试验头寸	207
第 20 表	头寸记录卡片（1966 年 8 月 13 日）	208
第 21 表	根据资金量的不同而采取的不同的策略	211
第 22 表	变化了的价格纪录卡片（1966 年 8 月 16 日）	213
第 23 表	价格的比较和仓位的变化	214
第 24 表	贴水价差的仓位一览表	216
第 25 表	贴水价差行情的仓位变化实例	219
第 26 表	从买入建仓失败到重新买入建仓的仓位演变过程	221

第九章 头寸操作与平衡

[第一部分　升水价差]

一、买入头寸的变化

　　头寸应该如何操作下去？到现在为止，我已经给大家介绍了对冲、头寸转移、看涨预先头寸换月、平仓等操作手法原则方面的问题。[①]

　　接下来，我想再讲一讲在实际操作中，仓位是如何展开的，是根据什么意图而展开的，头寸是如何动作的，实际的操作过程与理论上有多大差别，其结果如何，等等。

　　因此下面的例子中的资金量与前面的例子中的 50 手或 20 手完全不同，那些例子可以看作是实际操作中的缩影。

　　但是，在这里想让读者学会的是，如何展开仓位，如何平衡头寸的多空比例等技术。

　　如何操作才能使自己处于有利地位，逃离不利地位。要想让自己的期货生涯长期持续下去，除了现在已经学过的短期波动的操作技术之外，还要学习长期波动的操作技术。

　　所举的例子是有着详细记录的 1965 年到 1966 年的行情（因为当时这部分内容连载在一个月刊杂志上，所以数据很完整）。

　　当时的行情几乎没有出现过升水价差，一直处于贴水价差状态，由于升水价差至此为止已经讲了很多了，就没有必要再详细讲解了，接下来要讲的是一般人不太习惯的贴水价差，因此抽出了这一期间的例子来讲。

　　这一期间的价格波动请看第 30 图和第 31 图。这翻开的两页的两张图是连续的，虚线表示的是现货月份的期货的走势曲线。

[①] 译者注：一般的头寸转移指的是当现货月份中的头寸随着交割平仓之后，在其他月份的期货中重新买入建仓，但在行情的上涨趋势比较明朗的情况下，预先在其他月份中买入建仓，这就叫看涨预先头寸转移。

1. 实践性的升水价差的理解

到前一章为止我已经详细地讲解了升水价差的概念和月份的选择，以及在升水价差行情中的建仓的基本方法等等问题，在这里，再复习一下这些内容并研究一下综合了这些内容的基本的操作方法。

首先，想理解"升水价差是怎么回事"重要的是要知道：升水价差的远期合约不管在什么情况下都处于超买状态。

换句话说，近期合约由于供应过剩而价格偏低，远期期货由于看涨的购买气氛而价格偏高，这样的价差状态就是升水价差。期货格言中，有一句话叫"逢低买入，逢高卖空"，从实际操作的角度来看，远期合约就相当于这个高价物。

再看升水价差近期合约。从升水价差的定义来看，近期合约的价格由于现货的压力而偏低，由于将来价高的预期使远期合约的价格偏高。从理论上说，近期合约价格偏低，中期合约价格适中，远期合约价格偏高。由此能够得出"近期合约适合买入"的结论。当然"近期合约适合买入"的判断在有的情况下是合适的，但作为实际操作的人来说，还要考虑更加极端的情况。"在升水价差行情中，当期合约价格接近市面价格，其他所有月份的价格都偏高。"

当交易者预测行情是上涨行情准备买入的时候，应该怎么办？基本上"应该买入当期合约"，假如认为"上涨行情将持续到下月底"，就应该买入②、③合约，这是"明知价格偏高也照样买入"。虽然在实际操作者的眼里价格偏高，但因为他预测行情是上涨行情，所以没有办法，依然要买入，这就是实际操作者的思路。

2. 实践性的试验头寸

如前一节所述，交易者在认为后市是一个上涨行情的时候，即使明知价格偏高也要买入。

当然，买入建仓要先从试验头寸开始。当月合约和第 2 个月的合约各买入 1 手。如果市场是大的升水价差的话，也可以在建立买入试验头寸的同时卖空 1 手远期合约。仓位如下：

第九章
头寸操作与平衡

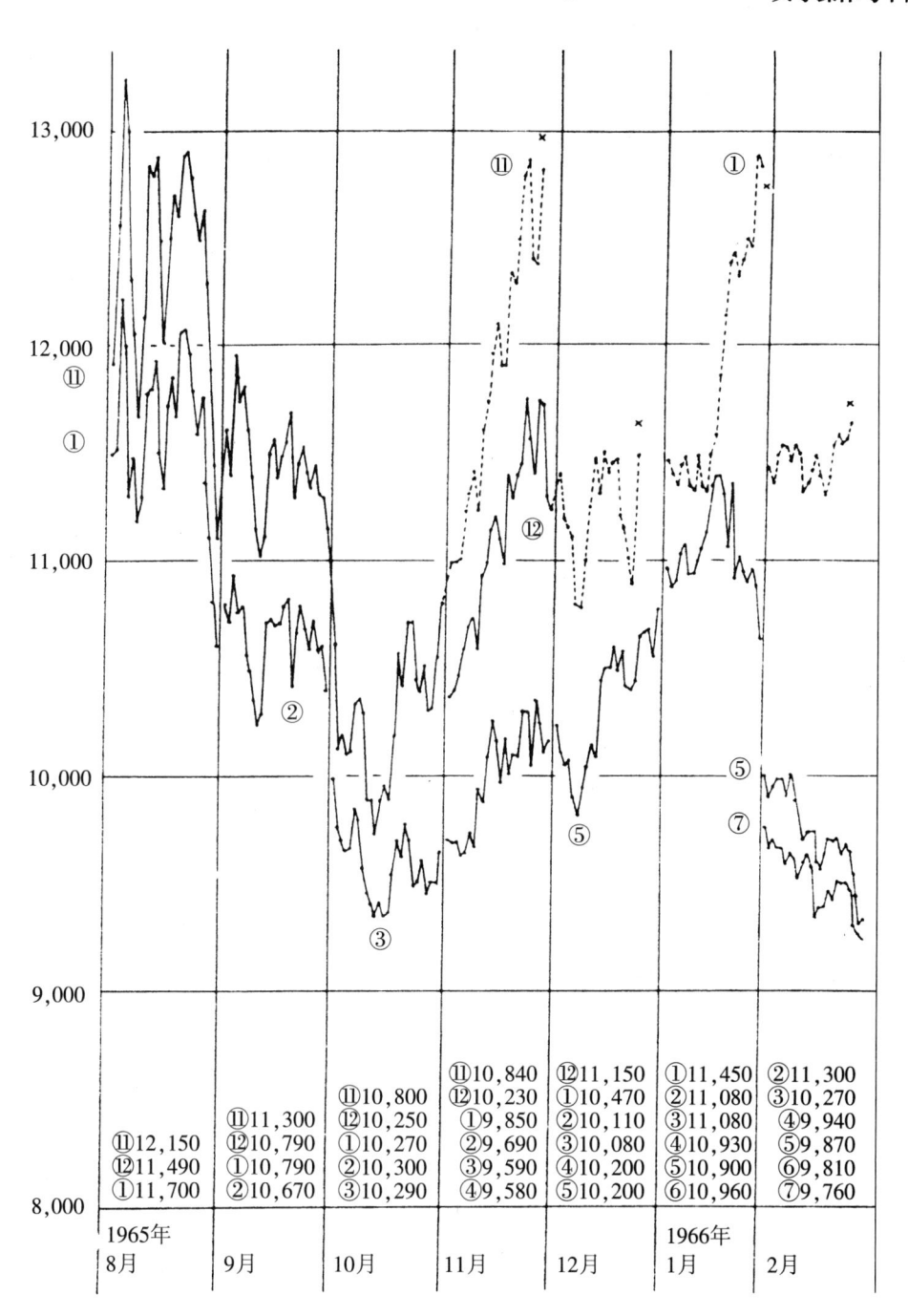

			⑪10,840	⑫11,150	①11,450	②11,300
		⑪10,800	⑫10,230	①10,470	②11,080	③10,270
	⑪11,300	⑫10,250	①9,850	②10,110	③11,080	④9,940
⑪12,150	⑫10,790	①10,270	②9,690	③10,080	④10,930	⑤9,870
⑫11,490	①10,790	②10,300	③9,590	④10,200	⑤10,900	⑥9,810
①11,700	②10,670	③10,290	④9,580	⑤10,200	⑥10,960	⑦9,760
1965年 8月	9月	10月	11月	12月	1966年 1月	2月

第 30 图　1965 年 8 月到 1966 年 9 月小豆价格变动曲线（一）

①	②	③	④	⑤	⑥
−1	−1			1 −	

但远期合约的卖空头寸不是一定非建不可的，也可以只建买入头寸。

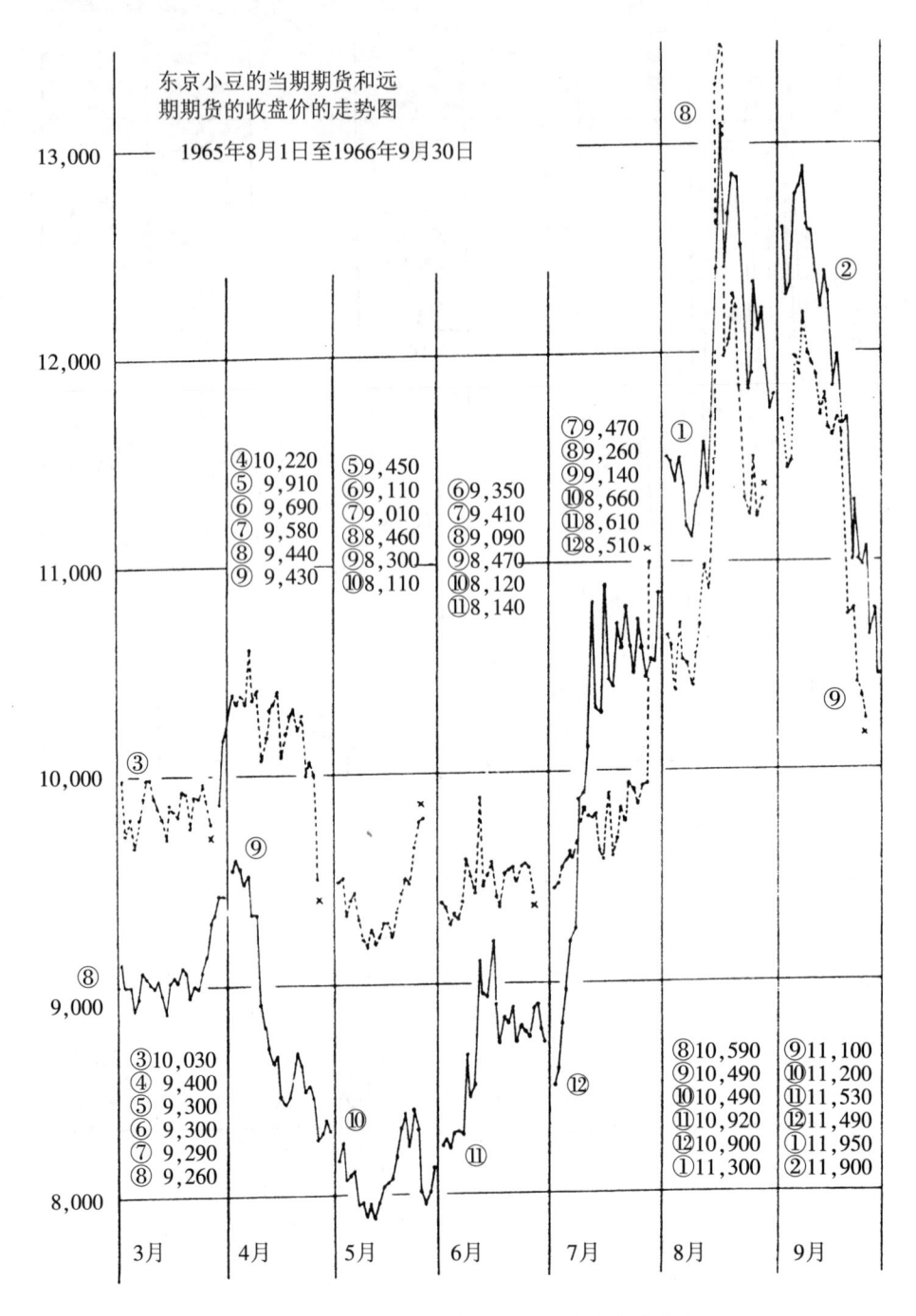

东京小豆的当期期货和远
期期货的收盘价的走势图
1965年8月1日至1966年9月30日

④10,220　⑤9,450　⑥9,350　⑦9,470
⑤ 9,910　⑥9,110　⑦9,410　⑧9,260
⑥ 9,690　⑦9,010　⑧9,090　⑨9,140
⑦ 9,580　⑧8,460　⑨8,470　⑩8,660
⑧ 9,440　⑨8,300　⑩8,120　⑪8,610
⑨ 9,430　⑩8,110　⑪8,140　⑫8,510

③10,030　　　　　　　　　⑧10,590　⑨11,100
④ 9,400　　　　　　　　　⑨10,490　⑩11,200
⑤ 9,300　　　　　　　　　⑩10,490　⑪11,530
⑥ 9,300　　　　　　　　　⑪10,920　⑫11,490
⑦ 9,290　　　　　　　　　⑫10,900　①11,950
⑧ 9,260　　　　　　　　　①11,300　②11,900

3月　4月　5月　6月　7月　8月　9月

第31图　1965年8月到1966年9月小豆价格变动曲线（二）

试验头寸也不是必须一定要建在当月合约之中的。但另一方面，即使在临近交割的时候，买入当月合约也没关系。

认为试验头寸的数量越少越好的人，有时候也会从当月合约到第4期合约都建立试验头寸，这是为了观察价差，或从多个月份合约的价格波动来观察行情的动向。有的人喜欢在包括远期合约在内的各期合约中都建立1手试验头寸，这也是一种做法，但至少远期合约应该卖空——远期合约绝对不可以买入。

也许有的人会认为：为了建成一个做多的仓位而建立试验头寸，只要买入就行了，不必卖空远期合约。

但是，在远期合约中建立卖空头寸以后更容易感受价格波动。远期合约如果没有建立卖空头寸的话，过后再想了解在建立买入试验头寸的时候的远期合约的价格会很麻烦。远期合约如果建立了卖空的试验头寸的话，那么卖空的成交价就成为一个很宝贵的判断材料。

为了保险起见我再讲一遍，由于试验头寸是为了建成做多的仓位而建的，原则上应该购入近期合约。但在远期合约中也建立一个试验头寸是有用的，即使主力头寸为做多，远期合约的试验头寸也应该卖空。这个卖空头寸的意义不是看跌，而是为了遵循"升水价差的远期合约应该卖空"的原则。如果当时的价差很大的话，从心理上也会觉得卖空远期合约很容易做到。

3. 避免进行期待性的预测

当试验头寸建成以后，要一边注意行情的动向一边建立主力头寸。就是说，在确认了预测的正确性以后逐步增加头寸的数量。在这里我们再研究一下加码的速度和试验头寸的数量。

首先建立试验头寸，然后分批地逐步增加头寸。由于还不知道自己的预测是否正确，所以要在留意行情变化的同时逐步建仓。有的人以为"只要在总资金的1/2限度以内就没关系，可以一举加码建仓"，这种想法是错误的，要避免这种做法。

在建立试验头寸以后逐步建立主力头寸，有许多职业炒手把"三分之一"作为第一阶段。比如说总资金是100手，根据单方向头寸的限度是二分之一的原则，头寸的限额是50手，50手的三分之一是16.6手，因此加码到15～20手的时候是建仓的第一阶段。从建立试验头寸开始到建立主力头寸为止，即使一切顺利，到了用掉1/3资金的时候也应该休息一下。这样做非常重要。不可以一口气增加到资金的限度：总资金的1/2（100手的一半50手）。

即使目前实际的价格波动正如预测的一样，并不能保证将来的价格波动也如预期一样。如果过早地加码满仓买入的话，就很容易被套，被套的人就会侥幸地想：再忍耐一段时间就会柳暗花明又一村，到时候就会赚钱了。期待性的预测就会起支配作用。这样一来，一旦价格不按照自己的设想变化的话就会束手无措，不知道如何应对，或应对措施过迟。为了在市场中赚到钱，虽然有必要在上涨前买入、在下跌前卖空，但急急忙忙地加码满仓的话，就会变得无法应对价格的变化。

为了保持精神上的轻松，让1/6左右的资金闲置起来，必要的时候可以作为最后加码的筹码。我们的想法不是要在预测命中行情时把利润最大化，而是想通过资金管理使仓位变得灵动，能够随机应变。

有的人认为资金量大的时候试验头寸也需要多一些，比如5手或10手，这种想法是错误的，因为试验头寸的目的是在建立主力头寸以前探明行情变化的方向，不是为了赚钱，所以数量不必太多，只要1手就够了。如果发现试验头寸的方向与价格变化的方向相反，是必须随时平仓止损的。

4. 试验头寸的重复建仓

请读者回想一下前面提到的在几个月份的合约中各建立1手买入头寸。这就是试验头寸。

于是，随时变动的价格，由于试验头寸的存在使我们知道了它是如何变化的。

然后，又建立了最初的正式头寸。那么，试验头寸的使命就结束了吗？没有。

试验头寸还将继续存在很长的时间。我说的很长时间，并不是说还要存在半年，当主力头寸平仓获利以后，或者一段行情结束以后，试验头寸作为指标的必要性消失之时，它的使命也就结束了。

因此，如果过了一个月，产生了新的合约的时候，再重新各建1手试验头寸也完全没有关系。

在第19表中：

A 过了一个月以后，第2次的试验头寸模仿第1次的试验头寸的布局。

B 留下Aa的试验头寸与Ab的试验头寸合并，就形成这样的仓位。

Cb的试验头寸如果稍微看跌的话，也可以用这样的布局。既可以用Ca的布局也可以用Cb的布局。

第 19 表　各期合约全部都建 1 手试验头寸

		①	②	③	④	⑤	⑥	⑦
A	a	-1	-1	-1			1-	
	b		② -1	③ -1	④ -1	⑤	⑥	⑦ 1-
B	留下 Aa 的试验头寸 与 Ab 的合并		② -2	③ -2	④ -1	⑤ 1-	⑥ 1-	⑦
C	a		② -1	③ -1	④	⑤ 1-	⑥ 1-	⑦
	b		② -1	③ -1	④ 1-	⑤ 1-	⑥ 1-	⑦
D	a	① -1	② -1	③ -1	④ 1-	⑤ 1-	⑥ 1-	
	b	① -1	② -1	③ -1	④ -1	⑤ 1-	⑥	
	c	① -1	② -1	③ -1	④ -1	⑤ -1	⑥ 1-	
	d	① -1	② 1-	③ 1-	④ 1-	⑤ 1-	⑥ 1-	

D　对全部月份的合约都建立试验头寸。其中：

Dc 是只有一手卖空头寸的强烈做多的仓位，只在远期合约中建立了 1 手卖空头寸。绝对不可以在各期合约中全部都建立买入的试验头寸。

Dd 中只有 1 手买入头寸，其他都是卖空头寸。各个月份全部都建立卖空头寸也完全没有关系，但有一个是买入头寸，仓位就不是太极端，这样做比较好。

当然，这 1 手买入头寸绝不可以建立在远期合约之中。

二、头寸的整理

1. 头寸记录卡片

头寸记录卡片与价格记录本不同，这是一张随身携带的卡片，上面记录着自己的仓位。其内容有未平仓的头寸的成交价格和头寸数量。不必记录成交日期。在头寸记录卡片上，头寸的状态一目了然。所有的头寸都用铅笔书写，当头寸平仓以后就用橡皮擦掉。例如，10手头寸平仓了5手的话，就把头寸数量"10"改写成"5"。

下面我用一个真实的头寸记录卡片来进行详细说明。请看第20表。这是1966年8月13日收盘以后记录的我的头寸卡片。

第20表　头寸记录卡片（1966年8月13日）

8	9	10	11	12	1
5　10540					
5　9910					
5　9900	5　9940				
5　9280				10810　5	
	5　8900	5　10060		10500　5	11370　10
5　8600	5　8490	5　8300	5　10890	10380　5	11300　10
5　8450	5　8360	10　8160	5　8290	10300　5	
		10　8010			
		10　7960			
8月13日收盘 1　11490	1　11190	1　11150	1　11250	11210　1	11700　1
8月1日收盘 1　10650	1　10500	1　10650	1　11090	11140　1	11500　1
30	20	40	10	20	20

首先请看最左边的纵线。纵线上方的"8"代表"8月份合约"的意思。纵线右侧的数字表示的是买入头寸的成交价格和数量。最上面一栏是"5　10540"，这表示以10540日元的价格买入5手。8月份合约的买入头寸合计共有30手，记录在表格的最下面的一行中，但请注意8月1日和8月13日买入的试验头寸不计算在这30手买入头寸之内。

9月份、10月份、11月份合约同样也有买入头寸，合计分别是20手、40手、10手（8月1日和13日的试验头寸也不包括在内）。

请看12月份和1月份合约。表示这两个月份合约的头寸都写在纵线的左侧，头寸记录卡片的月份线（纵线）左侧的数字代表卖空头寸，因此这两个月份里的头寸都是卖空头寸。但综观头寸记录卡片的仓位，是一个以10月份合约为主力头寸的做多的仓位。12和1月份合约的卖空头寸是对冲头寸。

第九章
头寸操作与平衡

下面我说一说试验头寸。如前所述，这个仓位的试验头寸是分2次建立的。一次是在主力头寸建立以前（8月1日），一次是现在（8月13日），在每个月份中各建立了1手。8月1日的试验头寸为思考如何建立主力头寸提供了方便，8月13日的试验头寸，为考虑以后的交易提供了方便。

下面我再稍微详细地讲解一下这个头寸记录卡片的仓位。

8月1日的试验头寸不计算在内的话，8月份合约最早的头寸是5手8600日元的买入头寸。头寸是按照价格大小的顺序排列的，最早的头寸写在下起第2行。由8600日元至跌破8000日元是逢低买入，建立在10月份合约中的是主力头寸，所以10月份合约的头寸数量最多。8月份合约的买入头寸的成交价格最低的是8450日元，这是在探底以后刚开始上涨的时候买入的。

由于自11月份合约开市起，市场变成了升水价差市场，结果11月份合约的买入头寸的数量最少。

在12月份合约开盘上市过了一段时间以后，我分数次卖空，但都马上平仓止损。因此留下了价格较高的卖空头寸。但尽管如此，价格低的卖空头寸（10300日元）的浮动亏损幅度达到了将近1000日元，光是12月份合约的对冲头寸的浮动亏损就达到了大约60万日元。但仅仅8月份合约的30手买入头寸合计就有230万日元的浮动盈利。

总体是100手买入头寸（8，9，10，11月份合约）对40手卖空对冲头寸（12，1月份合约）。

建成这个仓位费了不少周折，这是一个比较理想的仓位。

⑧	⑨	⑩	⑪	⑫	①	合计①
-30	-20	-40	-10	20-	20-	40-100

在买入头寸当中，有一些做得不漂亮的头寸（例如8月份合约的买入于10540日元，11月份合约的买入于10890日元的头寸等等，都买入于高价位），这些都是在建立12月份或1月份合约的卖空对冲头寸的时候买入的。后来，把对冲头寸平仓了，却把这些高价位的买入头寸剩了下来。

---

① 译者注：首先重复一下前面说过的头寸表示法："—"号在头寸数量的左边，表示买入头寸，或将卖空头寸平仓的意思；"—"号在头寸的右边，表示卖空头寸，或将买入头寸平仓的意思。

2. 卖空头寸的增加

请再看一下价格记录卡片（第 20 表）。我对这个仓位再做一些补充说明。

虽然在价格记录卡片上记载有 8 月 1 日的试验头寸，实际上在此之前也建有试验头寸。由于价格的波动变得激烈起来，所以把那些试验头寸都平仓了，在 8 月 1 日又重新建立了试验头寸。另外在 12 月份合约中，还有早在 7 月份建立的卖空头寸，因为当时我看空行情。像这样根据行情调整仓位是非常重要的事情。

如前所述，我在 8 月 13 日建立了第 2 次试验头寸。让我们把 8 月 1 日和 8 月 13 日的试验头寸的价格进行一下对比：8 月 13 日的 8 月份合约的价格比 8 月 1 日的上升了 840 日元，但 1 月份合约只上升了 200 日元。就是说，远期合约的涨势比近期合约慢，1 月份合约的 200 日元的涨幅虽然比 12 月份合约的 70 日元的涨幅大（12 月份合约 8 月 1 日为 11140 日元，8 月 13 日为 11210 日元，涨幅为 70 日元），但这已是上涨行情的后期，从 K 线的形态看属于到达顶点的征兆。

实际上，我在 8 月 13 日建立试验头寸的时刻，在思想上已经对下跌行情的出现有所准备了。8 月 15 日是涨停板，我在远期合约中加码卖空 10 手，同时将当期合约的 20 手买入头寸平仓获利。8 月 16 日又是涨停板。这天我建立了第 3 次试验头寸，同时，对仓位进行了大规模的调整。

3. 根据不同的资金量而采取不同的策略

从结果来看，价格记录卡片上介绍的那个仓位（100 手买入头寸对 40 手卖空对冲头寸）虽然很成功，但在资金方面进行得相当勉强。中途由于保证金金额上涨造成保证金不足，差一点被交易公司要求追加保证金，因此不得不进行减仓。在之前介绍的 15 日和 16 日的头寸变化（平仓）就是在保证金不够的情况下进行的。

在保证金的金额上涨以前，8 月份合约的保证金是 54000 日元，其他月份的合约保证金是 45000 日元，但从 8 月 15 日起，发生大幅度上涨，分别上涨至 118000 日元和 75000 日元，因此就陷入了保证金不够的状态。

请看第 21 表。

我在第 21 表中展示了各种各样的仓位。下面我将逐一讲解这些仓位，大家一起考虑一下不同的资金量所合适的投入金额是多少。

A 是价格记录卡片（第 20 表）上介绍的仓位。

B 是经过 8 月 15 日的操作以后的仓位。15 日的操作内容是将 8 月份合约中的 20 手买入头寸平仓获利，加码卖空 10 手远期合约（1 月份合约）。

第 21 表　根据资金量的不同而采取的不同的策略

	⑧	⑨	⑩	⑪	⑫	①	合计
A	−30	−20	−40	−10	20 −	20 −	40 − 100
B	−10	−20	−40	−10	20 −	30 −	50 − 80
C	−10	−10	−20		10 −	30 −	40 − 40
D	−10	−10	−20	−10		10 −	10 − 50
E	−10		−40	−10		10 −	10 − 60
F	−10	−10	−20	−10		20 −	20 − 50
G	−10	−20	−20		10 −	10 −	20 − 50
H	−10	−10			20 −	30 −	50 − 20
I	−2	−6	−2		2 −	2 −	4 − 10
J	−2		−8			2 −	2 − 10

C 是由于保证金不足、经过 16 日减仓操作以后的仓位。由于这个仓位的买入头寸和卖空头寸都是 40 手，卖空头寸由对冲的性质变成了锁仓的性质。虽然由于保证金不足被强制平仓，但这样一来结果非常好。

那么，对于 100 手金额的资金而言，投入多少建仓才是合适的数量？我认为如果交易者相当看多的话，就会采用 D 或 E 这样的仓位。虽然看涨，但远期合约的对冲卖空是不可欠缺的，同属看多，但比 D 或 E 更加慎重的话就采用 F 或 G 这样的仓位。

交易者如果后市看跌的话会如何建仓呢？多半会采用 H 这样的仓位。上升行情已经涨到了头，预测后市会下跌，所以卖空远期的 12 月份和 1 月份合约。作为对冲，在 8 月份合约和 9 月份合约中各建立了 10 手买入头寸。

其次，让我们再考虑一下拥有 20 手金额的资金的时候合适的建仓量。那就是第 21 表的最后的 2 个仓位，I 和 J。仓位 I 针对 10 手买入头寸建立了 4 手卖空的对冲头寸。多单的数量超过空单 6 手，比较中立。与其相比，仓位 J 是一个明显看涨的仓位。但仓位 J 的买入头寸都集中在 10 月份合约，当月的 8 月份合约的 2 手买入头寸交割以后，只剩下 10 月份合约的 8 手买入头寸，因此，必须认识到仓位 J 存在着一定的危险性。

本节在考虑到合适的建仓量的前提下，向读者介绍了各种各样的仓位形态，但"时常调整头寸，让仓位随行情而变化"是做期货的大前提。请读者牢记这一点。

三、顶部的判断

1. 第三次试验头寸

在前面我曾经讲到，8 月 16 日在建立第 3 次试验头寸的同时，对仓位进行了大规模的调整。在这里我想再稍为详细地说明一下 16 日的操作过程。

这第 3 次的试验头寸是在把 8 月 1 日的试验头寸平仓以后重新建立的。如果直接建立第 3 次试验头寸仓位会变得太复杂，所以在把 8 月 1 日的试验头寸平仓以后再重新建立新的试验头寸。前面也讲过，16 日的收盘是涨停板。由于交易所规定当月合约在 15 日以后取消涨停板限制，所以除了当月合约以外，其他月份全部都是涨停板。由于在涨停板时客户的交易指令几乎都是买单，几乎没有卖单，在动盘交易的涨停板时有可能只有卖空指令获得成交，而买入指令无法成交。但在定盘交易（场节交易）的涨停板时，如果同时报出买入和卖空的交易指令，交易公司会优先让这样的指令成交。由于在 16 日我把 8 月 1 日的头寸的平仓的交易指令与新建头寸的交易指令是同时报出的，所以 16 日涨停板时的新建头寸的指令得以成交。

我在 16 日重建试验头寸的同时，大规模地调整了仓位。调整以后变成了第 22 表所示的仓位，这个仓位与 21 表的 C 相同。请读者将 22 表与 20 表比较一下，确认一下我把哪些头寸平仓了。

顺便说一下，16 日的收盘价是全年的最高价。

第 22 表　变化了的价格纪录卡片（1966 年 8 月 16 日）

8		9		10		11		12		1	
5	8600	5	8490	10	8010			10810	5	12400	10
								10500	5	11370	10
5	8450	5	8360	10	7960						
										11300	10
8月16日收盘 1	13480	1	12590	1	12550	1	12650	12610	1	13100	1
8月13日收盘 1	11490	1	11190	1	11150	1	11250	11210	1	11700	1
	10		10		20				10		30

2. 价差久久地停留在缩小的状态

在 8 月 16 日，我用新建的第 3 次试验头寸换掉了 8 月 1 日的试验头寸。而且大量减少买入头寸，使仓位变成 40 手卖空头寸对 40 手买入头寸。我们把 8 月 22 日的价格与第 1 次、第 2 次、第 3 次试验头寸的成交价格进行一下比较。

请看第 23 表。

第 23 表　价格的比较和仓位的变化

		⑧	⑨	⑩	⑪	⑫	①
A	8月22日的收盘价	11840	11890	11970	12340	12380	12520
B	第三次试验头寸 （8月16日的收盘价）	13480	12590	12500	12650	12610	13100
1	8月16日至8月22日的跌幅	-1640	-700	-530	-310	-230	-580
2	第2次比第1次试验头寸的价格涨幅	+840	+690	+500	+160	+70	+200
3	第3次比第2次试验头寸的涨幅	+1990	+1400	+1350	+1400	+1400	+1400

C		⑧	⑨	⑩	⑪	⑫	①	②	合计
8月13日		-30	-20	-40	-10	20 -	20 -		40 - 100
8月15日		-10	-20	-40	-10	20 -	30 -		50 - 80
8月16日		-10	-10	-20		10 -	30 -		40 - 40
8月27日			-10	-20		10 -	30 -		40 - 30
9月5日			-10	-10		20 -	40 -	10 -	70 - 20
9月14日				-10	10 -	30 -	40 -	20 -	100 - 10

在第 23 表中：

A 行的数据是 8 月 22 日的收盘价。

B 行的数据是建立第 3 次试验头寸的 8 月 16 日的收盘价。

"1"行的数据表示的是从 8 月 16 日至 8 月 22 日这 6 天的价格的下跌幅度。

"2"行的数据表示的是第 2 次试验头寸（8 月 13 日）的价格高于第 1 次试验头寸（8 月 1 日）的价格涨幅。由这一组数据可以看出，远期合约的涨幅小于近期合约，表明涨势将要到头。

"3"行的数据表示的是第 3 次试验头寸（8 月 16 日）的价格高于第 2 次试验头寸（8 月 13 日）的价格涨幅。

看一下 8 月 22 日的价格，可知行情已经开始下跌，已经低于 8 月 16 日的价格。各个月份之间的价差有大有小，但依然是升水价差，处于"卖空远期合约有利"的原则。

各个月份都处于下跌的状态，当期合约曾经被炒家炒高，由于反作用而大幅度下跌。与其相比，远期合约在上升的中途涨势就缓慢了下来，进入了下跌趋势以后，靠近远期的 2 个月份的价差更是久久地停留在缩小的状态，由此我判断行情整体已经进入了下跌的趋势，因此开始反手做空。

请看第 23 表的横线以下的 C。C 表示的是从建立第 2 次试验头寸的 8 月 13 日至 9 月 14 日这一段时间内的仓位变化。由于 9 月初新上市的远期合约（2 月份合约）依然没什么价差，所以我在加码卖空 12 月份和 1 月份合约的同时，又卖空了 11 月份和 2 月份合约。同时将近期的买入头寸平仓获利，反手做空。

读者在交易时，也可以把自己的仓位变化写在纸上，这样做非常有益。

［第二部分　贴水价差］

四、贴水价差的仓位

1. 对贴水价差的理解

贴水价差是远期合约比近期合约价格低的价差状态。

期货市场一般是处于升水价差状态，但除了由陈谷变向新谷的时期以外，货品会变旧的远期合约按道理价格会比较便宜，因此从理论上说，远期合约价格低的贴水价差状态才是正常的状态。从这个思路出发，就产生了前面所述的"升水价差的远期合约总是处于超买状态"的实践性的想法。就是说，本来应该比当月合约价格低的远期合约变成升水价差，是由于人为的炒作造成了价格偏高。因此对贴水价差的比较实用的认识是这样的：贴水价差反映了各个月份合约的妥当的价格。

但在贴水价差当中，还有"近期超买"和"远期超卖"的情形，那么在实际操作中我们应该如何建仓呢？

当判断贴水价差的行情处于"近期超买"的状态时，就采用"卖空近期合约，买入远期合约或中期合约"的仓位；当判断行情处于"远期超卖"的状态时，就采用"买入远期合约，卖空近期合约或中期合约"的仓位。除了这两种情况以外，在贴水价差的行情中不容易明确地判断出哪个是应该买入的月份，哪个是应该卖空的月份。

在升水价差的时候，远期合约因为价格偏高应该卖空，这一点是很明确的，问题只是要看升水价差的幅度大不大。但对于贴水价差需要具体情况具体分析。比如说，在长期贴水价差的行情中由于远期合约随着向近期推移，价格逐步升高，只要买入远期合约就可以了，但在由升水价差向贴水价差转变的时候应该"买入近期合约，卖空远期合约"。

当月合约在临近交割的时候价格会激烈波动，在贴水价差的时候这种情况尤为突出，建仓时不要被当月合约的异常波动所迷惑。在实际交易中要做到这一点是很困难的。

2. 贴水价差的分类

如前所述，贴水价差很特殊，因此必须有与升水价差不同的应对措施。下面我们设想一下在各种各样贴水价差行情中理想的仓位是怎样的。

请看第24表。这个表展现了在不同的贴水价差行情下的理想的仓位。每个例子的前提都是不会马上变为升水价差。虽然这是我在1950年后期得出的研究成果，但行情在任何时代的都有相似之处，我认为这些判断基准也完全适用于现在的行情。

第24表　贴水价差的仓位一览表

事例	价　差	头　寸 近期　中期　远期	强弱	其　他
A	靠近近期价幅较大的贴水价差（缺货的贴水价差行情）	←　　买 ←　　△卖	强	当月缺货的贴水价差状态，每逢第2月合约变成当月合约的时候价格会上涨。是连续的贴水价差状态。 当对冲头寸所在的合约成为近期合约的时候，仓位由多变空（空←多）
B	同上	卖　　卖 　　△买	弱	每逢第2个月份合约变成当月合约的时候价格下跌。因此这种情况做空的仓位有效。 在第二个顶部有效

续　表

事例	价　差	头　寸 近期　中期　远期	强弱	其　他
C	远期期货略微价高其他同上	卖　△买　△卖	弱	龟背型价差以买入为主，由于慢性的龟背型价差属于人气出尽，因此应该卖空
D	←	买　△卖	弱←强	从底部刚开始上涨（强←弱）
E	近期期货价差为零、远期价低（前途悲观的贴水价差）	←　△卖　←买	强	在底部这个仓位有效
F	价差固定在同上面一样的状态	卖　卖　△买	弱	顶部、二次顶部等等

下面解释一下表中词语或记号的含义。

在 6 月份制的期货行情中，头寸一栏中的"近期"表示当月合约和第 2 个月份的合约，"中期"表示第 3 和第 4 个月份的合约，"远期"表示第 5 和第 6 个月份的合约。

"△"表示对冲头寸。

"←"表示随着时间的推移该头寸在临近交割时被平仓。

"卖←买"表示多翻空。

"买←卖"表示空翻多。

"多空"一栏表示的是仓位是做多还是做空。

升水价差的操作策略是卖空远期合约，贴水价差的操作策略要视情况而定。但看一下第 24 表可知，即使在贴水价差行情中，也不在近期合约中新建买入头寸。买入头寸必然建立在远期或中期合约之中，即使有把买入头寸一直持有到当期合约的情况，但这也是以在交割前平仓为前提的。请读者不要忘记这一点。虽然第 24 表属于理论上的研究，但毫无疑问对读者的理解是有帮助的。

3. 成功的例子与失败的例子

在"头寸记录卡片"那一节里，我介绍了 1966 年 8 月 13 日的仓位，并用第 23 表的 C 来表示之后的变化过程。在这一连串的变化以前行情处于贴水价差状态。由贴水价差状态开始变化所对应的建仓过程在本章当中是作为一个成功的例子来讲解的，第 32 图是表示这段时期的走势图。从 4 月底开始逢低买入，行情的发展正如我所预测的那样，在 5 月末价格下跌到了底部。第 32 图左侧的走势图直观地表示出这段时间的价差变化。

由于画出了近期合约和远期合约，看一看第 32 图的左侧，就可以一目了然地了解到，随着价格的上升价差是如何由贴水价差变成升水价差的。这个图上的 2 根纵线分别表示的是 5 月 25 日和 8 月 13 日。

第 25 表的 A 分别表示了在这 2 个日子里的价格和仓位。

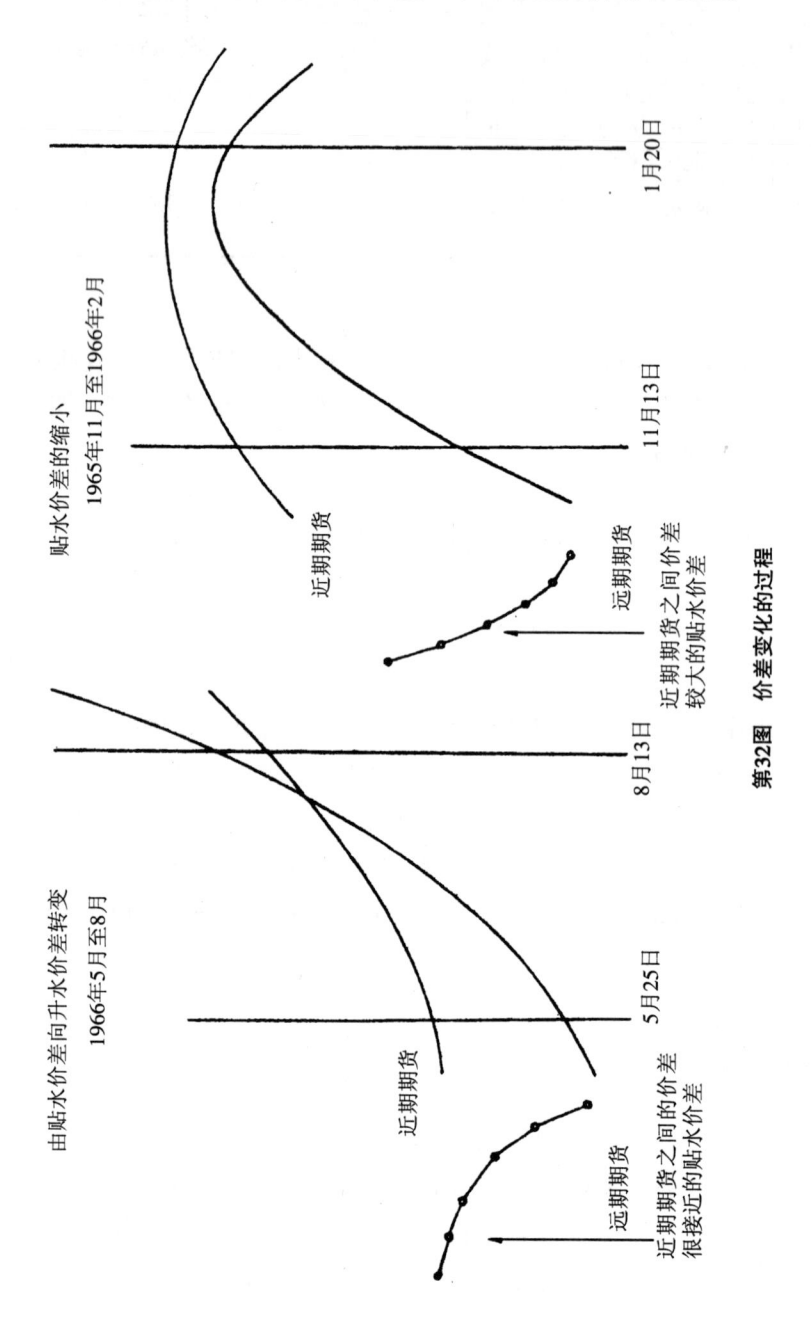

第32图　价差变化的过程

第九章 头寸操作与平衡

第 25 表　贴水价差行情的仓位变化实例

A　成功的例子：

（从贴水价差转变为升水价差）

　　　　　　　　　　　　　⑤　　⑥　　⑦　　⑧　　⑨　　⑩　　⑪　　⑫　　①

（1966，8，13）

升水价差：

　　　　　　　　　　　　　　　　　　11490　11190　11150　11250　11210　11700
　　　　　　　　　　　　　　　　　　－30　 －20　 －40　 －10　 20－　 20－
　　　　　　　　　　　　　　　　　　　↑　　 ↑　　 ↑

（1966，5，25）

近期价格接近的贴水价差：

　　　　　　　　　　　9650　9440　9380　9230　8790　8400
　　　　　　　　　　　 5－　 10－　　　 －10　－15　 －20

B　失败的例子：

（贴水价差的鼎盛期）

　　　　　　　　　　　⑪　　⑫　　①　　②　　③　　④　　⑤　　⑥

（1966，1，20）

变小了的贴水价差：

　　　　　　　　　　　　　　12330　11940　11890　11590　11260　11310
　　　　　　　　　　　　　　 10－　 5－　　　　 －20　 －30　 －30
　　　　　　　　　　　　　　 ↑　　 ↑　　 ↑

（1965，11，13）

大的贴水价差：

　　　　　　　　12100　11200　10590　10300　10290　10260
　　　　　　　　 5－　 15－　 －20　 －20

那么，让我们来看一下第 25 表的 A。5 月 25 日的价差状态相当于第 24 表的 E。在近期合约中起对冲作用的卖空头寸随着交割都逐一平仓。同时逐步增加在远期合约中的买入头寸。这些买入头寸随着合约向近期靠近也都逐步地被平仓。像这个例子这样，在这种价差状态下采用这样的仓位是成功的。

下面再介绍一个失败的例子。在上述这个成功例子之前的时期，从

1965年11月~1966年1月、贴水价差的鼎盛期，我做了一个失败的交易。这个时期的价差变化如第32图的右侧所示。仓位的变化如第25表的B所示。

价差从11月起开始缩小，到1月20日的顶部稍前变得最小。第25表的B展示了11月13日的仓位和满仓建仓的1月20日的仓位。11月13日的价差状态相当于第24表的A。

11月13日，建成的仓位如第25表中所示：(5 - ，15 - ，-20，-20)，在当时这是一个合适的仓位，但到了1月20日，价差变成了龟背形价差，行情是贴水价差的顶部，仓位必须如第24表C或F那样建成一个由强变弱的仓位。但我却把仓位建成一个做多的仓位（10 - ，5 - ，-20，-30，-30），这个仓位相当于第24表的E，是一个适用于底部的仓位。在顶部行情中采用了适用于底部的仓位，那当然会遭到失败了。

五、过早的平仓

1. 错失了龟背形价差行情的远期卖空头寸

我再稍微详细地分析一下上一节的成功例子和失败例子。

在上一节我讲的是1966年5月25日以后的交易，但实际上在此之前我也进行了建仓。在第31图上显示的5月份行情筑底以前的3月份的徘徊行情中，我认为"继续下跌的空间很小"就开始买入建仓，但这一判断是错误的，在3月份建立的买入头寸都失败了。五月份的买入头寸是在三月份的被套头寸平仓止损后重新建仓的。

我在第26表中展示了从3月至8月13日的主要时刻的头寸变化过程。请把第26表与第31图联系起来，来阅读我的讲解。

请看第1行、3月14日的仓位。这一天正好是低价收盘，我买入了5手7月份合约，分2次买入了10手8月份合约，共计买入了15手头寸。这是最初的仓位。

第九章 头寸操作与平衡

第 26 表　从买入建仓失败到重新买入建仓的仓位演变过程

	③	④	⑤	⑥	⑦	⑧	⑨	⑩	⑪	⑫	①	合计
3月14日	9700	9020	8930	8940	8940	8870						
					−5	−10						(−15)
3月22日	9750	9170	9060	9060	9060	8940						
					−15	−20						(−35)
3月25日	9970	9390	9270	9190	9150	9060						
			5 −	5 −	−20	−30						(10 − 50)
3月31日		10180	9900	9690	9570	9430						
		10 −	10 −	−20	−30							(20 − 50)
4月2日		10340	10000	9850	9750	9610	9600					
		10 −	10 −	−20	−30	5 −						(25 − 50)
4月7日		10350	10040	9700	9530	9310	9340					
		20 −	10 −	−20	−40	5 −						(35 − 60)
4月14日		10400	9790	9370	9200	8830	8600					
			30 −		−10	−20						(30 − 30)
5月6日			9330	9090	8950	8420	8220	8070				
			5 −				−5	−10				(5 − 15)
5月14日			9190	8800	8600	8290	8160	7880				
			5 −	5 −		−10	−10	−10				(10 − 30)
5月25日			9650	9440	9380	9230	8790	8400				
			5 −	10 −		−10	−15	−20				(15 − 45)
6月17日			9360	9350	9260	9250	8860	8710				
			10 −	10 −	−10	−15	−35	−5				(20 − 65)
7月9日					9790	9630	9650	9640	9930	9900		
					−20	−15	−35	−10				(−80)
					⋮	⋮	⋮	⋮				
8月13日					11490	11190	11150	11250	11210	11700		
					−30	−20	−40	−10	20 −	20 −		(40 − 100)

之后，逐步少量地加码买入，至 3 月 31 日，仓位是 50 手买入头寸，20 手对冲的卖空头寸。如前所述，在这一刻，我持看涨的预期。这时，当月的 3 月份合约的价格平稳，只有远期合约开始上涨，看到这种情形，我认为"贴水价差将要结束或将要缩小，总之将要变成上涨行情了"。到了 4 月份，我才知道这个预测错了（这是后话），我估计即使变成上涨行情，近期合约依然会很疲软，因此在第 2 天的上午第 1 节建立了试验头寸。（在第

26 表中没有表示出这些试验头寸）卖空交易是挑选 3 月 25 日和 3 月 30 日这两个价高的日子进行的。

在 4 月份的远期合约开盘上市的时候，各个月份的合约的价格如下：

4 月份合约　　10220 日元

5 月份合约　　9910 日元

6 月份合约　　9690 日元

7 月份合约　　9580 日元

8 月份合约　　9440 日元

9 月份合约　　9430 日元

新上市的 9 月份合约在开盘的时候与 8 月份合约的价差为零，在第 3 节的时候变成了 40 日元的升水价差，看到这种情况我确信我的看多的预测没错，在第 2 天（4 月 2 日）的第 1 节我在 9 月份合约中建立了 5 手试验头寸（卖空了 5 手 9 月份合约）。

请看 4 月 2 日的价格波动。

4 月 2 日（星期六）

	④	⑤	⑥	⑦	⑧	⑨
4 月 1 日收盘价	10390	10010	9790	9700	9560	9550
4 月 2 日开盘价	10330	9990	9760	9650	9530	9500
第 2 节	10300	9960	9770	9660	9550	9510
收盘价	10340	10000	9850	9750	9610	9600

当月的 4 月份合约的收盘价是 10340 日元，这个价格比开盘价高 10 日元，比前一天低 50 日元。远期合约的收盘价是 9600 日元，比开盘价高 100 日元，比前一天的收盘价高 50 日元。

直到 4 月 2 日我觉得行情与我的预测还是相符的，交易还是顺利的。

在 4 月 5 日的低价位处加码买入了 8 月份合约。因为这已经是第二根阴线回挡了，所以在这个价位加码买入也是理所当然的。到了 4 月 7 日，未平仓的头寸的状况是（−60，35 −）。这时候，之所以在当期合约中增加卖空的对冲头寸，是因为如下的两个原因：

(1) 因为买入头寸的数量增加了。

(2) 因为考虑到近期合约的疲软状态。

也就是说，我认为接下来行情将要上涨，所以增加了买入头寸，那些与这些买入头寸的对冲的卖空头寸，是为了更进一步赚取当期合约的疲软状态而建立的，在4、5月份合约中建立卖空头寸，并且逐步加码，这是万无一失的交易策略。

4月8日是多空相持的震荡行情。

4月9日，当月合约下跌330日元，远期合约下跌430日元。但我认为这只是短期的小幅回挡，就把建立在远期合约中的5手卖空的对冲头寸平仓了结，观望行情的变化。

但后面行情的发展证明了这些远期合约的卖空头寸是有用的。

2. 耐心不够，没有抱牢头寸

行情不仅不上涨，而且与我预料的相反，贴水价差越来越大。4月11日，当期合约上涨了120日元，远期合约却下跌了110日元，以当月合约为中心的近期合约走势坚挺，与此形成对比的是远期合约越来越疲软。我的仓位的状况愈来愈糟糕。

4月2日我在第1节在各期合约中建立了1个试验头寸（在第26表中没有表示出这些试验头寸），把这一节的价格与4月12日的收盘价进行一下对比，对比的数据如下：

	④	⑤	⑥	⑦	⑧	⑨
4月2日开盘价（试验头寸）	10330	9990	9760	9650	9530	9500
4月12日收盘价	10320	9660	9240	9110	8830	8710
两组数据的比较	-10	-330	-520	-540	-700	-790

由这些数据可以判断出，卖空当期合约作为对冲头寸的做法是一个错误。另外，买入疲软的8月份合约，以8月份合约作为主力头寸也是致命性的败招，需要对这个仓位动一下大手术。

我在4月13日和4月14日，把当期合约中的卖空对冲头寸平仓，把一部分7、8月份合约的买入头寸平仓止损，使买入和卖空的头寸数量相等，暂时锁仓。但卖空头寸被平仓以后，当月的4月份合约却暴跌交割，而留下卖空头寸的5月份合约却没怎么下跌。

结果，我在4月27日把所有的头寸全部平仓。正如本节的标题"耐心不够，没有抱牢头寸"，如果把8月份合约的买入头寸一直抱住到5月底就对了！但这种说法只是"事后诸葛亮"，我依然认为在4月27日把所有头寸都平仓的措施是妥当的。

3. 通过正确的对冲操作而使交易获得成功

我把空仓的状态保持到了5月份，在5月1日收盘时建立了试验头寸（这些试验头寸没有表示在第26表中）。

我从5月4日开始少量地建立一些买入头寸（这些买入头寸也没有表示在第26表中）。请看第26表——看5月6日、14日、25日买入头寸的加码方法和对冲头寸的加码方法：头寸有条不紊地增加着。再看5月25日的仓位：与买入头寸的增加相比，近期合约中的对冲头寸几乎没有增加，这是因为我对做多的仓位开始抱有自信了。同时，这也是我开始以10月份的买入头寸为中心头寸的时候。6月17日的仓位是我开始恢复自信和开始采取做多态势的决定性的一步，完成了为赚取这波大行情而进行的布阵。在5月份和6月份合约中各有10手对冲头寸，合计一共有20手对冲头寸，但买入头寸增加得更多。近期的对冲头寸过渡到了当月，在交割的时候都被平仓了。

到了7月份以后，我明知危险也把仓位变成了只有单方向头寸的仓位——我把6月份的对冲头寸全部平仓。7月9日，我又加码买入了10手变成升水价差的7月份合约，然后，在上涨行情中大赚了一笔。

这波行情我之所以获得巨大的成功，原因不仅仅在于行情的规模很大，当明白3月份开始的买入建仓是一个错误的时候，能够立刻把所有的头寸全部平仓，这样才调整了情绪，才能够有条不紊地进行建仓，完全赚到了这波大行情。

六、探究失败的原因

1. 失败交易的交易谱

让我们分析一下1965年10月至1966年1月的1个失败的交易谱。交易的品种是小豆期货。当时我非常冷静地分析了行情，但交易的结果却完全失败了。让我们通过交易谱上的交易和未平仓头寸的演变过程来探究一下失败的原因。由1965年10月—1966年1月是贴水价差缩小的上涨行情，

第九章
头寸操作与平衡

在这个期间行情上涨到顶，其间的价格波动如第 30 图所示。

首先我说明一下 1965 年时在这之前的行情。5 月份，由于价格暴涨时多头和空头的矛盾激化，被交易所命令停止交易。5、6 月份合约被交易所停止交易时的价格为 12550 日元。7、8、9、10 月份合约一直被停止交易。直到 6 月 1 日，11 月份合约才被允许开始开盘交易（开盘价为 10990 日元）。11 月份合约从开盘后一路下跌，在 6 月 30 日的 8190 日元的低价处跌势反转，开始上涨。

12 月份合约在 7 月 1 日创出 8050 日元的最低价后开始上涨，至 8 月份到达顶部后再次下跌（10 月份是谷底）。

第 1 个顶部　　8 月 5 日
11 月份合约　　13300 日元
12 月份合约　　12380 日元
1 月份合约　　12260 日元

第 2 个顶部　　8 月 21 日
11 月份合约　　12980 日元
12 月份合约　　12110 日元
1 月份合约　　12190 日元

由第 2 个顶部开始下跌，贴水价差的逐步扩大，9 月份是震荡行情。9 月 1 日的价格如下：

11 月份合约　　11300 日元
12 月份合约　　10790 日元
1 月份合约　　10790 日元
2 月份合约　　10670 日元

9 月底再次开始下跌，但这次贴水价差开始缩小。

面对这样的行情，我从 6 月底开始买入，看到 8 月初的崩盘我马上多翻空，在形成 2 次顶部的过程中逢高卖空以后，在 9 月份的震荡行情中把这些卖空头寸几乎都平仓了，在之后的下跌过程中把 1 月份合约的卖空头寸全部平仓获利。10 月 1 日的仓位如下：

11 月份合约　　卖空头寸　　5 手
12 月份合约　　卖空头寸　　10 手

到这里为止，我的头寸数量较少，最多的时候只有 20 手，对冲头寸虽然也有失败，但总的来说很顺利。

10 月 1 日是新的远期合约、3 月份合约诞生的日子。10 月 1 日的上午第 1 节，各月份合约的价格如下：

225

11 月份合约　　10800 日元

12 月份合约　　10250 日元

1 月份合约　　 10270 日元

2 月份合约　　 10300 日元

3 月份合约　　 10290 日元

这波下跌行情直到 10 月份才跌到谷底，但在 10 月 1 日这天一天内就下跌了很多。10 月 1 日收盘的时候，11 月份合约 10610 日元，3 月份合约 9990 日元。

1965 年 10 月到 1966 年 1 月的价格走势图和交易谱见第 33 图至第 36 图，在讲解交易谱之前我想先说明一下走势图和交易谱的读法。

走势图采用的是收盘价的连接线图，几乎登载了全部各个月份的走势图，但略去了与其他月份相重叠、看不清楚的月份的走势图。例如在表示 10 至 11 月份价格波动的第 34 图上，略去了 2 月份合约的走势图；3 月份合约的图线在 11 月中旬的部分由于与 4 月份合约的图线相重叠，所以也被略去。在第 36 图中，4 月份合约只看得见 12 月初的那一段图线，后面的就被略去了。

这段时间一直处于大幅度的贴水价差状态，但靠近远期的月份之间的价差并不大。

交易谱表示出各个月份合约的每日的交易和未平仓的头寸。在"合计"一栏里，记录的是各个月份合约的合计的交易和总的未平仓的头寸的数量。

我先讲解一下交易谱（第 33 图）的起始部分吧。10 月 1 日没有交易。11 月份和 12 月份合约中的未平仓的头寸是 9 月份的交易遗留下来的。10 月 4 日，买入 5 手 3 月份合约，由于 3 月份合约之前没有头寸，所以这个数字（5 手）也是其未平仓的头寸的数字。在合计栏下面的交易一栏的数字是（－5），未平仓一栏的数字是（15－5）。

在交易谱的日期旁边的黑点记号（·）表示星期六（半个交易日），叉号（×）表示交割日。另外，在月末最后一天的各个月份的期货栏里，即使当日没有交易，也照样表示出未平仓头寸的数量。请不要看错。

另外还要注意以下两点。还是举一个具体的例子来解释：

第一点，请看第 33 图的 10 月 8 日，3 月份合约交易栏的（5－）不是"新卖"，而是"将买入头寸平仓 5 手"的意思，因为 3 月份期货前一天的未平仓的头寸的数量数 10 手买入头寸（－10），所以当天的未平仓头寸数由前一天的（－10）变为（－5）。

而 11 月份合约交易栏的（5－）是"新卖"的意思，因为前一天的未平仓的头寸是5手卖空头寸（5－），所以当天的未平仓头寸数由（5－）变为（10－）。

再看10月8日的合计交易数是（10－），也就是说："新卖"5手＋"买入头寸卖掉（平仓）"5手，即卖空10手。

在交易谱中，"新卖"与"买入头寸平仓"的表示方法是一样的（假如5手，都表示为5－）。同样，"新买"与"卖空头寸平仓"的表示方法也是一样的（假如5手，都表示为－5）。这一点读者需要注意。

第二点，在这种情况下，合计栏的当日未平仓头寸数，不能简单地由合计栏的前一天未平仓头寸数加合计栏当日的交易数来得出，因为要确定这个数字是"新买"还是"卖空头寸平仓"，是"新卖"还是"买入头寸平仓"，才能加在正确的地方。

例如：10月11日，当日的未平仓头寸数为15－10，前一天的未平仓头寸数为20－10，合计栏当日交易数为－5，如果错认为这个数字是"新买"，那么（20－10）＋（－5），即20－15，显然与当日的未平仓头寸数15－10的数字不一致。查看了11月份合约的交易栏，可知这个（－5）是"将5手卖空头寸平仓"的意思，所以应该是（20－5）＋（－10），即15－10。

所以在计算当日未平仓头寸数的时候要查看各个合约栏的交易明细，将它们正确地与前一天的未平仓头寸相加。

2. 对冲头寸操作得过于频繁

读者已经读过了第33~36图的走势图和交易谱呢？我将对此先做一个概括性的讲解。

我的小豆的买入头寸漂亮地捕捉到了1965年10月中旬的谷底。为了赶上11月初的上涨行情，我的仓位的准备工作也做得不错。虽然头寸的变动过于频繁，但没有什么大的失败。

但从12月开始，我的买入稍微有点"追高"的倾向，同时，对起对冲作用的12月份期货的卖空头寸操作得过于频繁。①

从1月份开始，我对5月份合约、6月份合约的加码买入是完全失败的

---

① 译者注：一般来说在行情的顶部或底部才是对冲头寸的开仓时机。12月份合约在12月份既不是顶部，也不是底部，却进行了3次开仓1次平仓，所以作者说操作得过于频繁，无理由的交易的结果往往是不利的，会使整体仓位失去平衡。

交易。5月份合约不仅不应该买入，反而应该作为对冲卖空的月份。而我呢，也许是因为对自己做多的看法过于自信，在12月中旬进行的把3月份合约中的头寸向5月份合约转移的换月操作，看上去跟上了行情的走势，但实际上却是失败的交易。总之，正是5、6月份合约的加码买入使整体仓位的平衡都崩溃了。由于当时是由贴水价差的缩小期向扩大期变化，即使做多，买入头寸也应该集中在2、3月份合约。①

加码买入5月份合约更是特别错误的。现在回过头来看，1月12日的仓位的多空头寸的比例最糟糕了。11月26日的交易做得也不好，这天包括开仓、平仓在内一共做了20手空单，15手多单，这种被冲动支配的交易是毫无意义的，过于频繁地改变对冲头寸以及其他头寸使整体仓位的平衡发生了崩溃。

3. 无主见的加码买入

下面让我按顺序稍微详细地讲解一下交易谱。

10月份的交易谱是从9月份剩下的15手卖空头寸开始的。对2、3月份合约，我逢低购入，逢高抛出；对11月份合约，我在其价格走高的时候加码卖空，在其价格走低的时候回补获利，像运动员做赛前的热身运动一样地试验着自己的手感。一切进行得都很顺利。10月13日，价格创出了本波行情的谷底最低价。在这一天，虽然买到的数量不是很多，我恰巧买到了2、3月份合约各5手。从这里开始加码买入是我的这一段时间的做得最妙的交易。10月21日，小豆整体价格走高，我逢高卖空35手，10月26、27日，小豆价格走低，我又回补获利。这一笔交易也堪称绝妙。10月30日，我加码卖空近期合约，之后行情大幅度上涨，虽然从结果来看，加码卖空当期合约是一个失败的交易，但在贴水价差行情中，如果丰收可期，按照常识，由于丰收导致的供应增加，原来价高的当月合约在交割的时候会发生暴跌，所以在当时我对加码卖空当期合约是满怀信心的。②

然而，也许是由于过于顺利，我开始变得过分自信。11月1日，我把

---

① 译者注：贴水价差扩大时，近期合约在未来的涨幅大于远期合约，或者远期合约在未来干脆暴跌，因此如果做多的话，应该购入近期合约，也就是2、3月份合约。
作者的这种根据价差的变化趋势来考虑价格变化趋势的思路是本书的一个特点。

② 译者注：按照常识，贴水价差的丰收年，在交割时会暴跌，但多头和空头方的矛盾太大，导致交易所一时间强制停止交易。书中虽然没有说出为什么在必然会暴跌的情况下行情依然上涨，可能还是多头占据了上风。行情发展的方向可能与自己预期的完全相反！这就是期货交易中的风险所在。所谓"人算不如天算"，很可能就算漏一着。即使自己有100%的把握，也不能满仓投入，因为全军投入的话，只要算错1步，就会全军覆没，所以说任何时候都不能满仓投入。

第九章
头寸操作与平衡

对冲头寸全部平仓，使仓位变成了只有单方向头寸的仓位（只有70手买入头寸）。之后，价格继续上涨，从结果来看，把对冲头寸平仓是成功的一步棋，但也由于这次成功，养成了频繁操作对冲头寸的习惯，在后面的某一次交易中，就是因为频繁操作对冲头寸而破坏了整体仓位的平衡，造成了全线的溃败。这是后话。

11月6日，我的买入头寸达到85手，几乎满仓（几乎用尽了全部保证金）。这样，我在资金的运用上已经没有什么变招的余地了。

但11月13日我的仓位是一个近期合约卖空，中期合约做多的仓位，这样的仓位对于大幅度的贴水价差行情正好是一个理想的仓位。如果一直抱牢这个仓位就好了，但我在11月16、17日买入许多2、3月份合约，从这个地方起我开始陷入被动。而在12月2日，我把仓位变成一个强烈做多的仓位，可以说这是一个非常冒险的仓位。特别是不应该买入5月份合约。不仅应该空出5月份合约，甚至应该卖空5月份合约对那些多单进行对冲。

12月份合约的交割日到来了，我把12月份合约对冲卖空头寸都换月到了1月份合约，这样做没什么问题，但另外再卖空2月份合约看来是多余了。

我在12月23日和27日加码买入5月份合约，过后看来这是做得最糟糕的一步棋，也是导致本次行情的整个交易最终失败的最直接的原因。在稍微早些时候（12月18—22日），我的仓位还是一个做空的仓位，然而，在12月23—27日这几天内，我让仓位又再次变成了一个做多的仓位。正如前一节所述的：12月23日买入的30手头寸（4月份合约10手，5月份合约20手）是最直接的失败原因，但造成这个结果的导火索是区区的5手买入（5月份合约的5手买入。正所谓"星星之火，可以燎原"，期货的交易也与战争有些相似，往往小小的一个错误，就会导致整个交易全线溃败。由于我重新买入了5手曾经是空仓的5月份合约，使整体交易开始变得不正常。

虽然我进行着这种无主见的交易，但由于从1月份开始我的仓位出现了浮动盈利，因此我追高买入，在1月12日继续加码买入。我认为如果在12月份少量地卖空5月份合约进行对冲，甚至哪怕只要把5月份合约空出来，没有了做多的先入为主的观念的干扰，在1月份的上涨行情中就能够凭直觉做到逢高加码卖空。

读者看一看交易谱就可以知道，我抱着大量的买入头寸经历了1月22日的跌停板，周一（1月24日），我慌慌张张地进行锁仓，但在这种场合下，与其进行锁仓，不如进行减仓。

1月26日，随着1月份合约的交割而止损平仓的1月份头寸导致了我的账面数据亏上加亏，当天对其他合约的头寸所进行的止损平仓更是导致了我亏上加亏。

坚持了又坚持，我试尽了各种办法还是束手无策，于是在2月4日把所有的头寸全部平仓，又回复到了原来的空仓状态。

11月份期货		12月份期货		1月份期货		2月份期货		3月份期货		4月份期货		合　　计		
交易	未平仓	交易	未平仓	交易	未平仓	交易	未平仓	交易	未平仓	交易	未平仓	交易	未平仓	
	5 －		10 －										15 －	10/1
								－5	－5			－5	15－5	2・4
						－5	－5					－5	15－10	5
						－5	－10					－5	15－15	6
														7
	5 －		10 －					5 －	－5			10 －	20－10	8
														9・11
－5	5 －											－5	15－10	12
						－5	－10	－5	－10			－10	15－20	13
				－5	－5	－10	－20	－5	－15			－20	15－40	14
				－5	－10	－10	－30	－10	－25			－25	15－65	15
														16・18
	5 －		10 －					－5	－30			5－5	20－70	19
	5 －		15 －	5 －	15 －			10 －	－20			25 －	30－55	20
	5 －		20 －	5 －	20 －			15 －	－10	10 －	－10	35 －	40－30	21
				－5	－15							－5	40－35	22・23
－5	15 －	－5	15 －					－10	－20			－20	30－45	25
－5	10 －							－20	－40			－25	25－65	26
－5	5 －							－5	－45			－10	20－70	27
														28・29
	5 －		10 －		15 －		－15		－10		－45	5 －	25－70	30
－10	0	－15	0									－25	－70	11/1
														2
	5 －		5 －			－5	－15					5－5	5－75	4
														5
	5 －		5 －		10 －	－5	－20	－5	－20			10－10	15－85	6・8
														9
								5 －	－40			5 －	15－80	10
								5 －	－35			5 －	15－75	11
					15 －			10 －	－25			15 －	20－65	12
								25 －	0			25 －	20－40	13・15
								5 －	－25			5 －	25－40	15
	10 －					－5	－25	－5	－25			－25	15－55	16
－10	0					－5	－30	－5	－10			5－10	20－65	17
	5 －							－5	－15	－10	－10	－15	20－80	18
														19
														20・22
					10 －		－20	－5	－20			10－5	20－75	24
								－10	－30	－10	－20	－20	20－95	25
－5	×	5 －	20 －	5 －	－20	5 －	－15	5 －	－25	－10	－30	20－15	20－90	26×
														27・29
		－5	15 －	－5	－25		－15	5 －	－20	－5	－35	5－15	15－95	30

第33图　失败的交易谱（一）[①]

　　[①] 译者注：由于表格的大小的局限，在表中"未平仓"的含义为未平仓的头寸数。

第九章
头寸操作与平衡

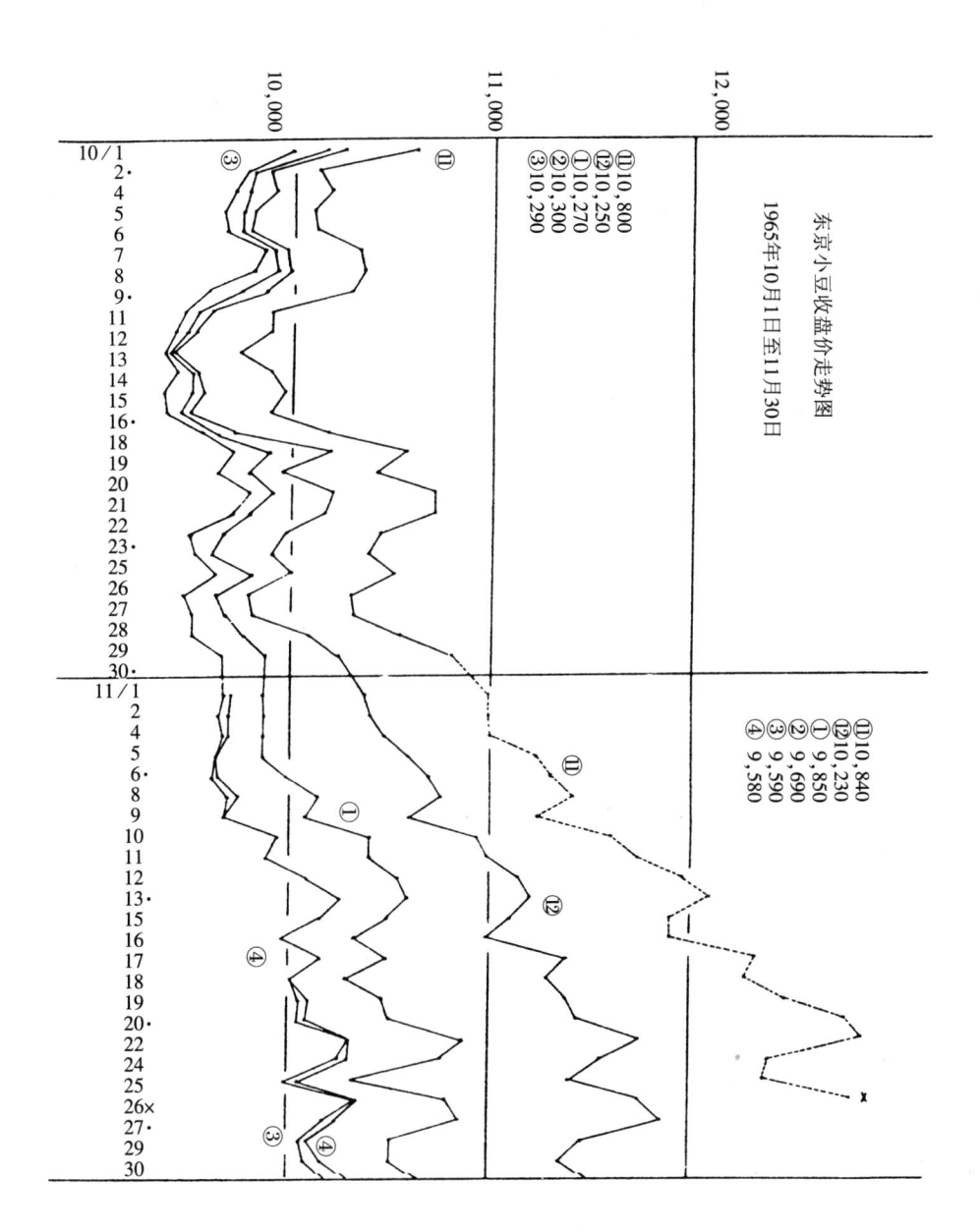

东京小豆收盘价走势图
1965年10月1日至11月30日

⑪ 10,800
⑫ 10,250
① 10,270
② 10,300
③ 10,290

⑪ 10,840
⑫ 10,230
① 9,850
③ 9,690
④ 9,580

第34图 失败的交易谱（二）

12月份期货		1月份期货		2月份期货		3月份期货		4月份期货		5月份期货		6月份期货		合　　计		
交易	未平仓	交易	未平仓	交易	未平仓	交易	未平仓	交易	未平仓	交易	未平仓	交易	未平仓	交易	未平仓	
−5	10 −				−25		−15	−10	−30		−35	−10	−10		−25	10 −115	12/1
−5	5 −	5 −	−20					−5	−40	−10	−20			5 −20	5 −125	2
																3
																4・
																6
																7
5 −	10 −	5 −	−15	5 −	−10	5 −	−25	5 −	−35	5 −	−15			30 −	10 −100	8
																9
		5 −	−10	5 −	−5									10 −	10 −90	10
																11・
																13
		10 −	0			5 −	−20			5 −	−10			20 −	10 −70	14
		5 −	5 −			5 −	−15			10 −	0			20 −	15 −55	15
5 −	15 −	15 −	20 −	5 −	0	10 −	−5							35 −	35 −40	16
5 −	20 −					5 −	0							10 −	40 −35	17
										−5	−5			−5	40 −40	18・
																20
																21
−20	×	5 −	25 −	5 −	5 −			20 −	−15					30 −20	30 −20	22 ×
								−10	−25	−20	−25			−30	30 −50	23
																24
																25・
		−5	20 −					−5	−30	−5	−30			−15	25 −60	27
				20 −	5 −					−30				25 −60		28
										−5	−5			−5	25 −65	1/4
		−5	15 −											−5	20 −65	5
																6
																7
		−5	10 −							−10	−15			−15	15 −75	8・
																10
																11
		5 −	15 −					−10	−40	−10	−25	5 −20	20 −95			12
																13
		−5	10 −					10 −	−20	10 −	−30	10 −	−15	30 −5	15 −65	14
										10 −	−20	−5	−20	10 −5	15 −60	17
										−10	−30			−10	15 −70、	18
																19
										−10	−30			−10	15 −80	20
										−10	−40			−10	15 −90	21
跌停板		10 −	20 −	10 −	15 −	10 −	10 −	10 −	−10					40 −	45 −80	22・
		10 −	30 −	10 −	25 −	10 −	20 −	10 −	0					40 −	75 −70	24
																25
		−30	×	−10	15 −	−10	10 −			20 −	−20	20 −	−10	40 −50	25 −30	26 ×
																27
																28
																29・
				15 −		10 −						−20		−10	25 −30	31
				−15	0	−10	0			20 −	0	10 −	0	30 −25	0	2/4

第35图　失败的交易谱（三）

232

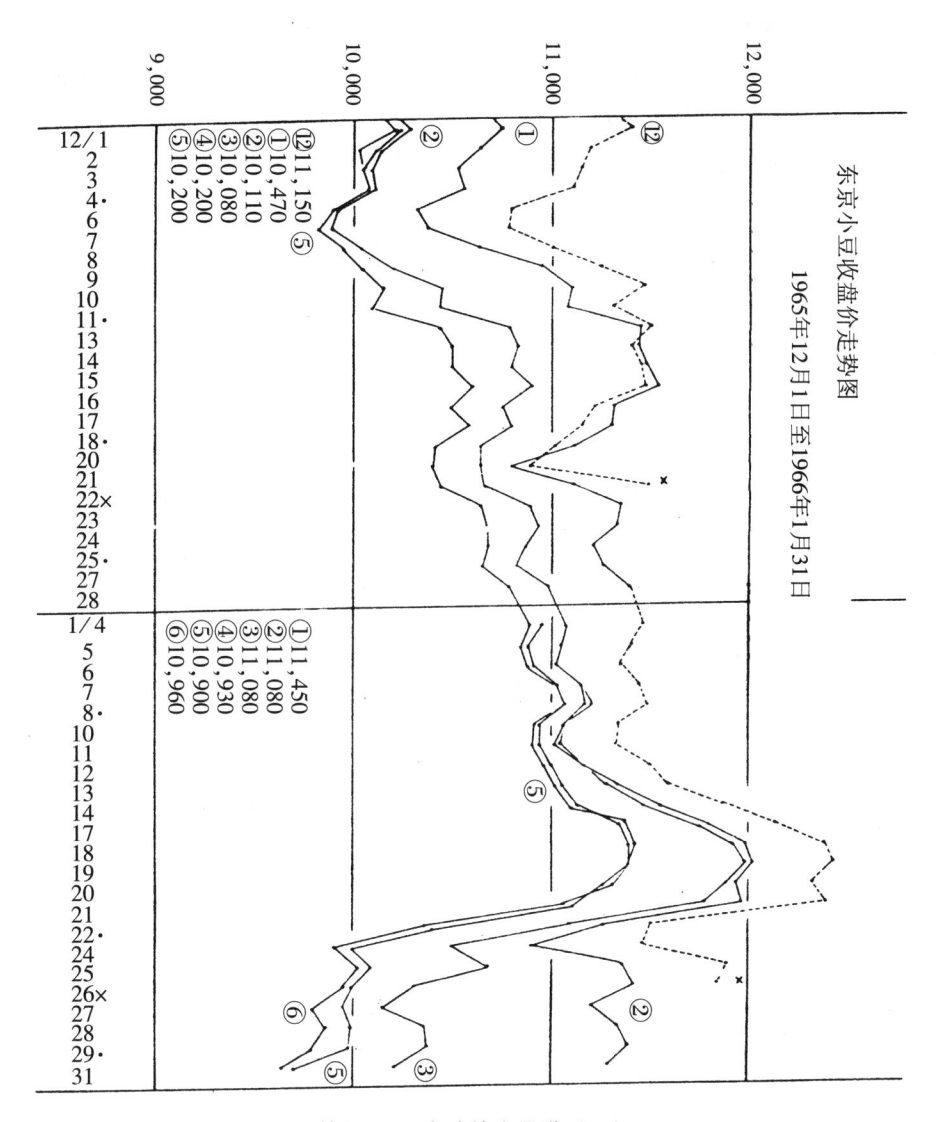

第 36 图　失败的交易谱（四）

七、成功确保利益的对冲

在前一节，我介绍的小豆交易是一个失败的例子。在同一时期，我还成功地进行了一次白扁豆交易。在本节中，我就给大家介绍这个成功交易的例子。这是一个灵活地运用了摊平加码技术和对冲技术，巧妙地跟上了行情走势的典型例子。

第37图和第38图表示了这次交易的内容和价格波动。让我按照顺序对交易谱进行一下简单的讲解。首先我说明一下第38图的走势图。它表示的是1965年11月—1966年3月之间的5个月内、白扁豆的价格波动，这种走势曲线叫作"远期合约价格连接线"。在11月份（11月1日—11月29日）是用1月份合约的价格波动曲线来表示的。①

在12月份就用2月份合约的走势图来表示。以此类推，把每个月新产生的远期合约的走势图连接起来。在第38图的11、12月份下方也有2个蜡烛图，那是各自月份的当月合约的走势图（11月份和12月份合约）。在图上当月的交割日用（×）号表示。纵线表示走势图月份变化的区间。在每个月的图线上方均排列着3个价格，那是各个月份合约在月初首日交易的开盘价。

让我们先按照时间的顺序看一下白扁豆的价格波动（仅列出几个主要的日子）：

	⑪	⑫	①	②	③	④	⑤
11月1日	5500	5540	5600				
12月1日		5590	6070	6080			
1月1日			6190	6190	6190		
1月10日开盘价			6220	6230	6170		
1月20日开盘价			6050	6070	6110		
1月26日交割日			5810	6000	6050		
2月1日				5800	5930	5860	
2月8日开盘价				5830	5910	5940	
3月1日					5780	5800	5770
3月14日开盘价					5580	5610	5610

下面请看交易谱。

下面我按顺序说明一下白扁豆的交易谱。

11月1日的未平仓头寸是10手11月份合约的买入头寸。买入价格是5260日元和5410日元。我在抱住这些买入头寸的同时，在11月份的上涨行情中逢高卖空1月份合约。正如前一节所介绍的那样，在同一时期（1965年11月份），我也正忙于小豆交易，而这边的白扁豆，我在上涨的

---

① 由于当时的白扁豆是3个月份制期货，在11月份的远期合约是1月份合约，12月份的远期合约是2月份合约，远期合约连接线就是把每个月所在的远期合约的走势图连接起来，形成的线图。

第九章 头寸操作与平衡

行情中成功地进行了逢高卖空,这一点还令我比较满意。

12月1日的未平仓头寸是25手1月份合约的卖空头寸。12月3日我买入5手当月的12月份合约,在12月20日我又加码买入了5手12月份合约,12月22日是交割日,我在当天价格最高的时候把这10手买入头寸全部平仓获利,虽然12月份合约的交易结果不错,但在临近交割的时候我还在进行投机交易,这样做有点冒险。1月份和2月份合约的交易也进行得过于频繁。

新年前夕,我对仓位进行了锁仓(仓位变成10手做多,10卖空),以便过个踏实年。

11月份期货	1月份期货	2月份期货	3月份期货	4月份期货	5月份期货	合 计
交易 未平仓	交易 未平仓	交易 未平仓	交易 未平仓	交易 未平仓	交易 未平仓	交易 未平仓
−10	5− 5− 5− 10− 5− 15− 5− 20− 10− 30− −15 15− 10− × 10− 25−					5− 5−10 1 5− 10−10 6· 5− 15−10 9 5− 20−10 11 10− 30−10 22 −15 15−10 24 10− 15− 26× 10− 25− 29
12月份合约 −5 −5 −5 −10 10− ×	−10 15− −10 5− −5 0 5− 5− 5− 10− −15 −20 10− −10	−5 −5 −10 −15 10− −5 −15 −20 10− −10				−10 15− 1 −10 15−10 3 −10 5−10 6 −10 5−20 10 −20 11· 5− 5−20 13 5− 10−20 15 10− 10−20 20 −20 10−30 22× 20− 10−10
	5− 15− 5− 20− −20 ×	10− 0	−5 −5 −5 −10 −5 −15 −10 −25 25− 0			−5 10−15 4 5− 15−15 6 5− 20−15 8· −5 20−20 17 −5 20−25 21 −10 20−35 24 35−20 0 26×
			5− 5− 5− 10− 5− 15− 5− 20− 10− 30− 5− 35−			5− 5− 1 5− 10− 8 5− 15− 9 5− 20− 10 5− 25− 12· 10− 35− 22 5− 40− 26·
			−5 0 −5 −5 −10 −15 −10 −15 −35 0 −20 −20 −10 −30 15− ×	−5 −5 −5 −10 10− 0 −30		−5 40−5 1 −5 35−5 2 −5 35−10 3 −10 35−20 4 −10 35−25 5· 10−35 −15 12· −20 −35 22 −10 −45 23 15− −35 28× −30 31

第37图 成功地进行了对冲的交易谱(一)

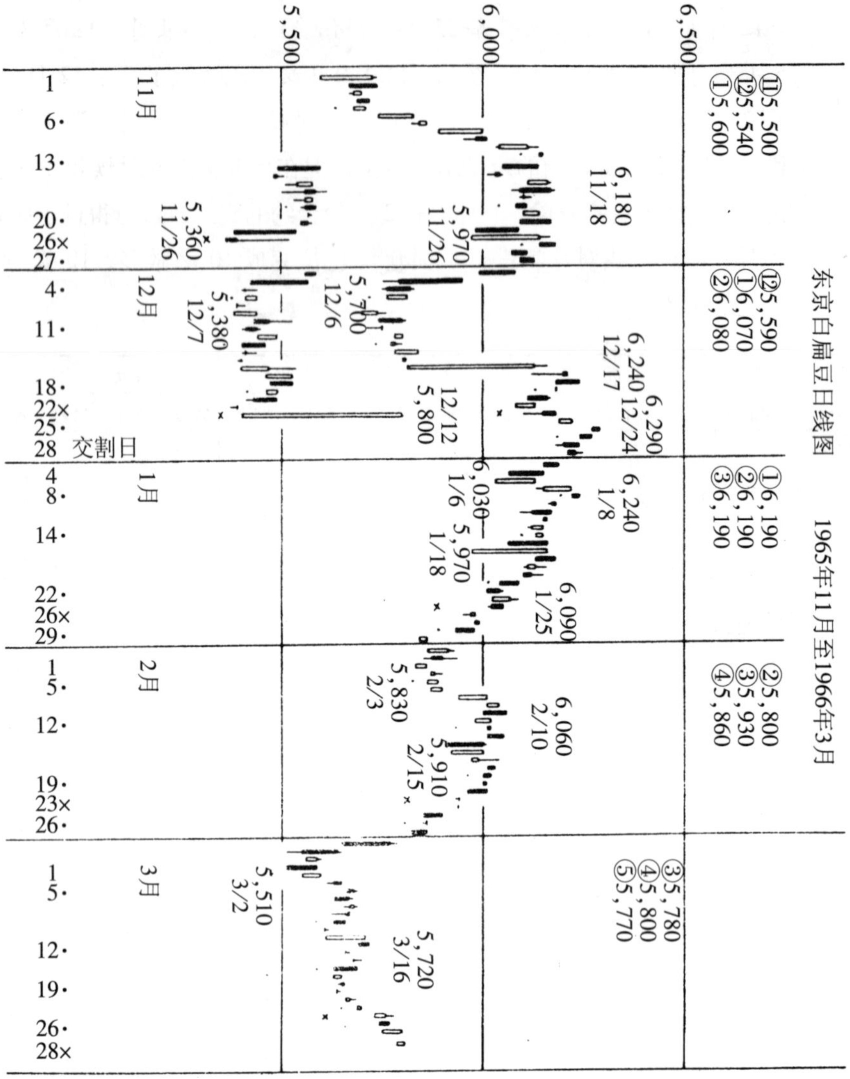

第 38 图　成功的进行了对冲的交易谱（二）

新年伊始，开市的第 1 节，3 个合约的开盘价都是 6190 日元，完全是零价差。在 1 月份，我一边卖空当期的 1 月份合约作为对冲头寸，一边买入远期的 3 月份合约。如果说 1 月 4 日和 1 月 17 日的买入（各 5 手）还过得去的话，1 月 21 日和 24 日的加码买入就做得不好了。结果，我于 1 月 26 日把 3 月份合约的买入头寸平仓止损。

2 月 1 日的仓位是空仓，在 1 月份没有遗留未平仓头寸。进入 2 月以后，每逢价格反弹，我就卖空远期的 4 月份合约。这次我总结了前面的失败的经验，加码卖空的时机掌握得不错，于是抱牢着 40 手卖空头寸（3 月份合约 5 手空单，4 月份合约 35 手空单），迎来了 3 月份。

一切顺利。

最后，我再说明一下 3 月份的交易。3 月初，3、4 月份合约的空单已经有了很大的浮动盈利，我买入 3 月份合约和 5 月份合约作为空单的对冲头寸，两者都做得非常完美。

在这为期 5 个月的行情中，白扁豆的交易虽然也有一些做得不太好的地方，但总的来说做得非常成功。如前一节所述，我在 1966 年 2 月初曾经把小豆全部平仓止损。我认为白扁豆的交易之所以如此顺利，与小豆变成空仓以后使资金变得宽裕有着莫大的关系。

第十章

职业炒手们的交易谱

一、什么叫职业炒手
二、P先生的像定期航班一样准时的卖空头寸
三、从市场新手的水平开始成长
四、自豪感很高的顺势操作
五、出神入化的对冲头寸
六、绝艺超群的职业炒手

第 39 图	低位震荡的周线图 …………………………………………	248
	东京小豆远期期货连续线周线图　1961 年 5 月至 1962 年 12 月	
第 40 图	堂堂皇皇的卖空头寸的演变过程交易谱 ……………………	249
	东京小豆日线图　1962 年 4 月 16 日至 8 月 11 日	
第 41 图	市场新手的交易谱 …………………………………………	252
	东京小豆收盘价走势图　1956 年 4 月 12 日至 5 月 29 日	
第 42 图	市场新手成熟之后的交易谱（一）…………………………	254
第 43 图	市场新手成熟之后的交易谱（二）…………………………	255
	东京小豆收盘价走势图　1957 年 4 月 27 日至 6 月 15 日	
第 44 图	全年价格波动幅度的计算 …………………………………	258
第 45 图	1958 年白扁豆期货下跌行情 ………………………………	260
	东京白扁豆日线图　1958 年 6 月份期货（上）、7 月份期货（下）	
第 46 图	加码卖空交易谱 ……………………………………………	261
	东京白扁豆期货日线图　1958 年 6 月份期货　4 月 19 日至 6 月 5 日	
第 47 图	手法细致的下单建仓交易谱 ………………………………	265
	东京小豆收盘价曲线　1956 年 6 月 20 日至 8 月 2 日	
第 48 图	手法细致的平均卖空交易谱（一）…………………………	266
第 49 图	手法细致的平均卖空交易谱（二）…………………………	267
	东京小豆收盘价走势图　1956 年 8 月 31 日至 11 月 7 日	
第 50 图	漂亮的空翻多交易谱 ………………………………………	272
	东京小豆收盘价走势图　1965 年 6 月 15 日至 7 月 29 日	
第 51 图	漂亮的头寸操作交易谱（一）………………………………	273
第 52 图	漂亮的头寸操作交易谱（二）………………………………	274
	东京小豆收盘价走势图　1965 年 7 月 30 日至 9 月 28 日	
第 27 表	宏伟的卖空头寸的仓位演变过程（卖空未平仓头寸数的变化过程）…………………………………………………	245
第 28 表	在震荡行情中采用顺势操作手法的头寸的运作过程 ……	259
第 29 表	S 氏在 1956 年 8 月小豆期货未平仓头寸的演变过程 ……	264

第十章
职业炒手们的交易谱

一、什么叫职业炒手

1. 低调地赚钱

什么叫职业炒手？什么样的人才能被称为职业炒手？

职业炒手的本质必将随着本书的进展而逐渐地清晰起来，让我们先考虑一下什么样的人才能获得这样的称呼。

炒股或做期货的人都是职业炒手。不管他是议员还是酒吧的侍者，只要他在炒股或做期货，他就是职业炒手。

只要是为了获利而进行交易的人，就完全可以称他们为职业炒手。他们与公司的股东不同，买的是与自己毫无关系的公司的股票，根本不想要现货却买入了小豆期货，是为了获利而交易的，因此称之为职业炒手是没有问题的。

就是说，谋求交易利益的人都是职业炒手，也就是投机师。但是，这只是广义上的说法，一般来说，职业炒手是相对于市场新手而言的，是投机老手。职业炒手在大多数人的印象中，是指那些进行大手笔的交易，在市场上兴风作浪，在行业内成为人们的话题那样的人物。

的确，大规模的投机并非易事，那需要从各个方面对市场进行调查研究，最大限度地运用脑力，使用一切能够想得到的谋略。要想使自己的交易向着有利的方向发展，仅凭浅薄的经验是办不到的，这需要高度的技巧。

雅戈夫·利得尔就是这样的人。

武藏野银行的原行长熊田克郎先生（1901—1992年）在评论被美国人称为"交易界的拿破仑一世"的雅戈夫·利得尔[1]的时候说：他在日常生活中除了做投机交易以外什么也不干。雅戈夫·利得尔对社会地位和社交活动等等一点也没有兴趣，他的全部生活都是以投机的计划为中心，整天

---

[1] 雅戈夫·利得尔是在1835年发明了卖空交易方法的人。日本人也在1697年设立了"堂岛大米交易所"，发明了类似于现代的期货的定盘交易的交易制度。

不断地思考的是如何把交易做得更佳，如何运用更新的策略，如何做更大规模的投机，这些都是他的日常的思考和烦恼的中心内容。投机是他的唯一的工作，是他的恋爱，是他的宗教。他对交易的感情完全就像一个年轻人对待恋人一样……

一般来说，人们似乎认为只有像雅戈夫·利得尔这样的人才是职业炒手，其实不是这样的。

在人们印象中是职业炒手的人物当中，既有像雅戈夫·利得尔这样的有真才实学的人，也有一些浪得虚名的人。尽管周围的人觉得他们非常出色，似乎总在赚大钱，但实际上这些人并不是那么赚钱，甚至有时候还在赔钱，只是一般的人不知道他们的赔钱的一面罢了。

那些操纵股价或期货价格，或在媒体上发布虚假消息利用他人而大赚其钱的人，也不属于职业炒手的范畴。

真正意义上的职业炒手就是指纯粹依靠自己的交易技术，单纯地追求交易利益，并以此为生的人。职业炒手的称号其实与交易的规模（即资金量的大小）是没有关系的。

当然，那些夸耀虚假的猜中概率，号称自己能够预测行情的人也不是职业炒手。

实际上，在我们的周围，默默无闻地在市场上稳定地获取利益的人比比皆是，这些人当中不仅有前面所述的职业炒手，也有市场新手。因此从这个角度来看，职业炒手并非被专家所独占的称号。

低调地赚钱的人们——这种人，根据他们自己的资金大小做着相应的交易，他们的操作手法很高明，这是前面所述的那些"猜行情"高明的人所绝对做不到的。

擅长交易技术的人谁都能在市场上获利，这是作为一个职业炒手的条件，职业炒手是低调的人物。

我们身旁的某个不引人注目的人，很可能就是一个职业炒手。而那些被媒体大肆宣扬的人，他们难道真的是投资界的大人物吗？他们也许只是一个擅长于宣传的人。

低调地赚钱——我认为这才是职业炒手的本来面目。

2. 风险的计算

让我们考虑一下职业炒手所担的风险。在期货或股票市场上，人们不需要费很大的苦力就有可能获得巨大的利益。但为了赚到利益，必须切实地计算好风险。

一般的实业在启动以前必须正确地计算风险，同样地，在期货、股票市场上每逢介入一波行情以前，也要正确地计算风险。大多数人只想到赢不考虑输，但在期货、股票市场上是不可能这么一帆风顺的。

在期货、股票市场上损失的原因有多种多样。有时候交易方向正确也会出现损失，有时候在看错行情时因没有采取正确的止损措施而造成了损失。虽然这两种情况都是损失，但前者相当于一般的实业的正常的支出，这是一般实业与期货、股票市场的巨大差异。这就要求市场的参与者在理解这一点的基础上考虑市场的风险。

一般的实业不可能"瞬间就破产"，但在期货、股票市场上"瞬间破产"却是可能的。因此，在交易以前进行风险评估的目的，就是为了回避"瞬间破产"的风险，预估风险是保护自己的唯一的方法。

在公司就职的话，即使犯了少许的错误也不会导致工资为零，不会因此而破产。但在期货、股票市场上犯错的话，马上就会导致自己财产缩水。

以职业炒手为生的人在市场上犯错的话，尽管不会受到任何人的批评或责骂，然而却会破产，因此才必须在交易之前预先评估风险。正因为如此，职业炒手具备发财致富的资格是理所当然的，这也是成功的职业炒手能够过着远比其他的人群更加富裕的生活的原因。

3. 各人按照各自的感觉进行交易

从下一节开始，我给大家介绍两个人的交易谱，其中一个人是市场新手。由于他俩都有各自的特点，通过观察他俩的差异来看他们的交易谱，必然会对我们的学习起到帮助的作用。

交易谱是保存交易记录的一个很好的形式，其形成也经历了一个很长的过程，如何做才容易阅读，前人尝试过各种各样的方法。

最初有的人只是把交易公司邮寄过来的交易报告装订起来，但这样的交易记录的缺点是无法进行分析，因为顺序凌乱，不仅无法搞清楚交易的目的，甚至搞不明白交易的流程。

经过前人的总结，才形成了如今的这种交易谱的形式。本书选用的这种交易谱的形式已经非常明白易懂。

我们可以拿不同的两个人的交易谱进行比较。初看两个人的开始的头寸都一样，但继续看下去就会发现两个人的展开完全不同。从交易谱中，可以看到各人在按照各自的感觉进行着交易。读者可以发现，不管是多么特别的交易法，它们的头寸的增减和对冲，必然是按照基础交易法的法则进行的。

有一点请读者明白，我这里列举出来交易谱，都是他们赢钱的时候的交易谱，输钱的时候的交易谱就没有必要列举出来了。另外，有的时候没有行情，这种时候他们或者是空仓，或者是抱住头寸不动，在这种乏味的时期也不在我列举的范围之内。

二、P先生的像定期航班一样准时的卖空头寸

1. 大规模的头寸变化

我介绍的第一个人是P先生。P先生是在日本居留的中国人，他这个人，即使记者向他提出预约采访的申请，一般也很难得到机会采访他。这一点，显示出他是某种有性格的职业炒手。他与一向在期货市场上以大手笔闻名庄家、近藤纺织的老板近藤一样地出名，有关P先生在期货市场上的传闻真假交错，众人的传闻使得老百姓把P先生当作神一样地看待。由于他行事低调，人们难以接近，便仿佛隔着一层薄纱一样让人看不真切。

有关P先生的传言之一是他珍藏着一本中国的期货书，"他就是按照这本书进行交易的""这本书像韦伯斯特大辞典一样厚，总是放在他的座椅的右边。谁也不让看一眼"。但珍藏书籍是P先生的个人私事，别人是没有资格说三道四的。

P先生一般不与别人谈论期货的问题，也许他明白外行才喋喋不休地谈论期货的问题，这种谈话是毫无意义的，期货中奥妙最深的地方是不可言传的。

而P先生的交易风格，用什么词来形容呢——可以说是气势恢宏，天衣无缝，或者说是浑然天成。

气势恢宏，就是规模宏大，堂堂皇皇。

天衣无缝，据说天上的神仙的衣服不像人工做的那样有缝纫的接缝。在这里就是形容他的头寸与行情严丝合缝。

浑然天成，不是经过千辛万苦方才达到顺境，而是听凭自然的行动而达到完美的结果。P先生的交易特点就是这样的。

第十章
职业炒手们的交易谱

他的在其他人看来"这样做很不合理，一定会亏钱"的头寸，随着时间的推移，在不知不觉之间都会变成了盈利的头寸。而曾几何时，当初议论他的人惨遭套住，而P先生所建的"不合理"的头寸，却恰恰漂亮地赚到了全部的行情，他所建的仓位的变化过程往往就是这样地出人意料。

P先生总是从大的方面把握行情，从不理会行情的细微波动，每每通过漂亮地改变头寸来抓住行情。让我来举例加以说明。

请看第27表。

第27表 宏伟的卖空头寸的仓位演变过程（卖空未平仓头寸数的变化过程）

	⑪	⑫	①	②	③	④	⑤	⑥
1965/10/11	70 –							
10/20	70 –	200 –	100 –		– 45			
10/30	40 –	170 –	80 –		– 5			
11/10	120 –	230 –	110 –					
11/20	120 –	230 –	70 –	5 –	5 –	5 –		
11/30		350 –	40 –	15 –	20 –	20 –		
12/10		370 –	45 –	25 –	30 –	20 –	10 –	
12/20		400 –	170 –	140 –	80 –	50 –	50 –	
12/21		370 –	190 –	160 –	110 –	70 –	80 –	
12/22 ×			200 –	180 –	150 –	100 –	90 –	
12/23			200 –	180 –	150 –	100 –	100 –	
12/28			200 –	190 –	160 –	110 –	110 –	
1966/1/10			200 –	190 –	160 –	110 –	120 –	10 –
1/20			90 –	190 –	270 –	120 –	110 –	10 –
1/21			60 –	190 –	400 –	300 –	140 –	10 –
1/29				190 –	360 –	260 –	80 –	10 –
2/1				90 –	350 –	200 –	50 –	
2/21					20	300 –	110	

这是在第7章的第30图（或34图和36图）所示的小豆行情中P先生所进行的交易。在第7章的"失败交易的交易谱"中我介绍了我的小豆交易遭遇到的失败。在同样的行情中，P先生取的却是如此漂亮的仓位！

P先生的交易是从卖空开始的，最初的卖空头寸只是试探性的头寸。10月20日，这是上涨行情开始启动稍前的时候，P先生45手3月份合约，成功地捕捉到了大底。但是，P先生并不精工细作地加码追高，而是堂堂皇皇地逆势逢高卖空，彻底地贯彻卖空的方针。

12月份，价格波动不大，12月份合约的卖空头寸随着交割而消失，但P先生又卖空了其他的月份，所以整体的卖空头寸的数量变化不大。

1月21日，在行情的顶部附近，我们可以看到P先生的卖空头寸漂亮地增加了。1月22日是跌停板，很遗憾，他的交易记录到了1月21日戛然而止，但我们可以很容易地想象出在跌停板以后，他从容地逐步减少卖空头寸，分步平仓获利，进入空仓休息状态的情形吧。

同样的行情，他如此成功，而我却惨遭失败，令我感到汗颜。

2. 像定期航班一样准时到来的卖空

从1958年到1962年，小豆连续4年都是大丰收。第39图是这个大丰收最后的1年半（1961年5月至1962年12月）的远期合约连续线图。

从1961年9月至1962年8月，小豆的价格一直在5000～5500日元的低价范围内往复波动。请注意这个往复震荡行情的下跌幅度呈逐渐缩小的倾向：

1961年11月至1962年1月，是710日元的跌幅；

1962年2月至4月，是650日元的跌幅；

1962年5月至6月，是520日元的跌幅。

这个低价往复震荡行情夹在两个高价之间，前面的高价是第39图的起始：1961年5月的7880日元，后面的高价在第39图中没有表示出来，是1963年4月的8080日元。在这两个高价之间的价格都是小幅波动，在这样的行情里，即使相当熟练的职业炒手也很难赢到钱。

但P先生在这价格处于底部徘徊的1年中赚了大钱。下面我就介绍他是怎么做的吧。

在看P先生的整体交易以前，让我们先看一下P先生对7月份合约从诞生到交割，每天的交易吧。

第十章 职业炒手们的交易谱

1962 年	7 月份合约交易	未平仓的头寸
5月1日	10 —	10 —
2	10 —	20 —
3（休）		
4	10 —	30 —
5（休）		
6（日）		
7	10 —	40 —
8	20 —	60 —
9	10 —	70 —
10	10 —	80 —
11	10 —	90 —
12	20 —	110 —
13（日）		
14	20 —	130 —
15	10 —	140 —
16	10 —	150 —
17	20 —	170 —
18	10 —	180 —
19	10 —	190 —
20（日）		
21	10 —	200 —
22	10 —	210 —
23	10 —	220 —
24	40 —	260 —
25	40 —	300 —
26	30 —	330 —
27（日）		
28（交割）	50 —	380 —
⋮		
6月7日		
8	−10	370 —
9	−10	360 —
10（日）		
11	−10	350 —
12		
⋮		
28（交割）		
29	−20	330 —
30	−20	310 —
7月1日（日）		
2	−20	290 —
3		
4		
5	−20	270 —
6		
7	−10	260 —
8（日）		
9	−10	250 —
10		
⋮		
27（交割）	−250	0

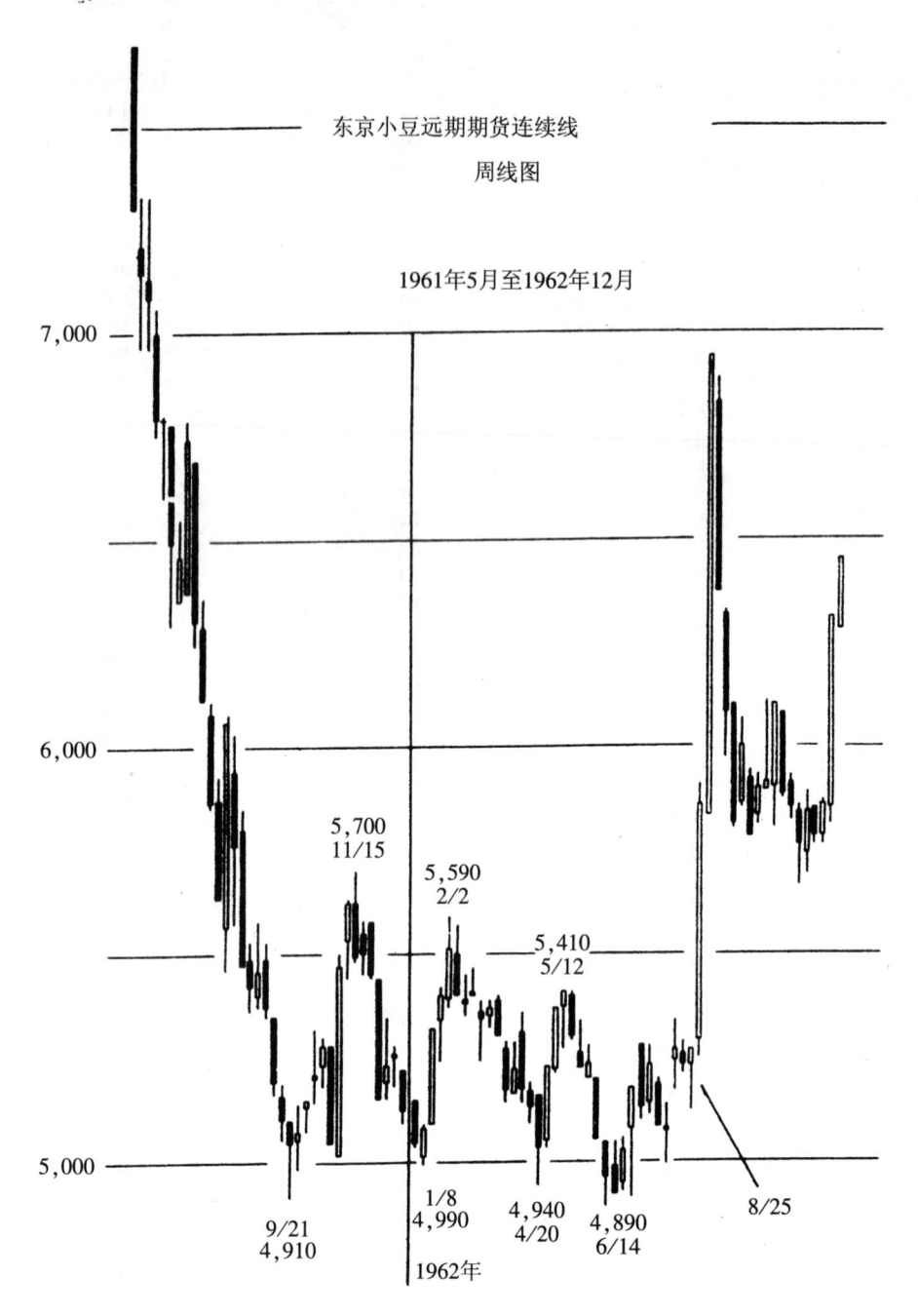

期货市场的技术
由新手修炼成职业炒家的必经之路

东京小豆远期期货连续线
周线图

1961年5月至1962年12月

7,000

5,700
11/15

5,590
2/2

5,410
5/12

6,000

8/25

5,000

9/21
4,910

1/8
4,990
1962年

4,940
4/20

4,890
6/14

第 39 图　低位震荡的周线图

7月份合约诞生以后，P先生在每天早晨开盘的时候必卖空10手。看到P先生这样做的人都开玩笑地说："瞧，P先生的定期航班又来了！"

在5月12日或5月14日这样的价高的日子里，他就比平时多卖空10手。事后来看，这正是7月份合约的最高价格，不得不承认P先生的卖空

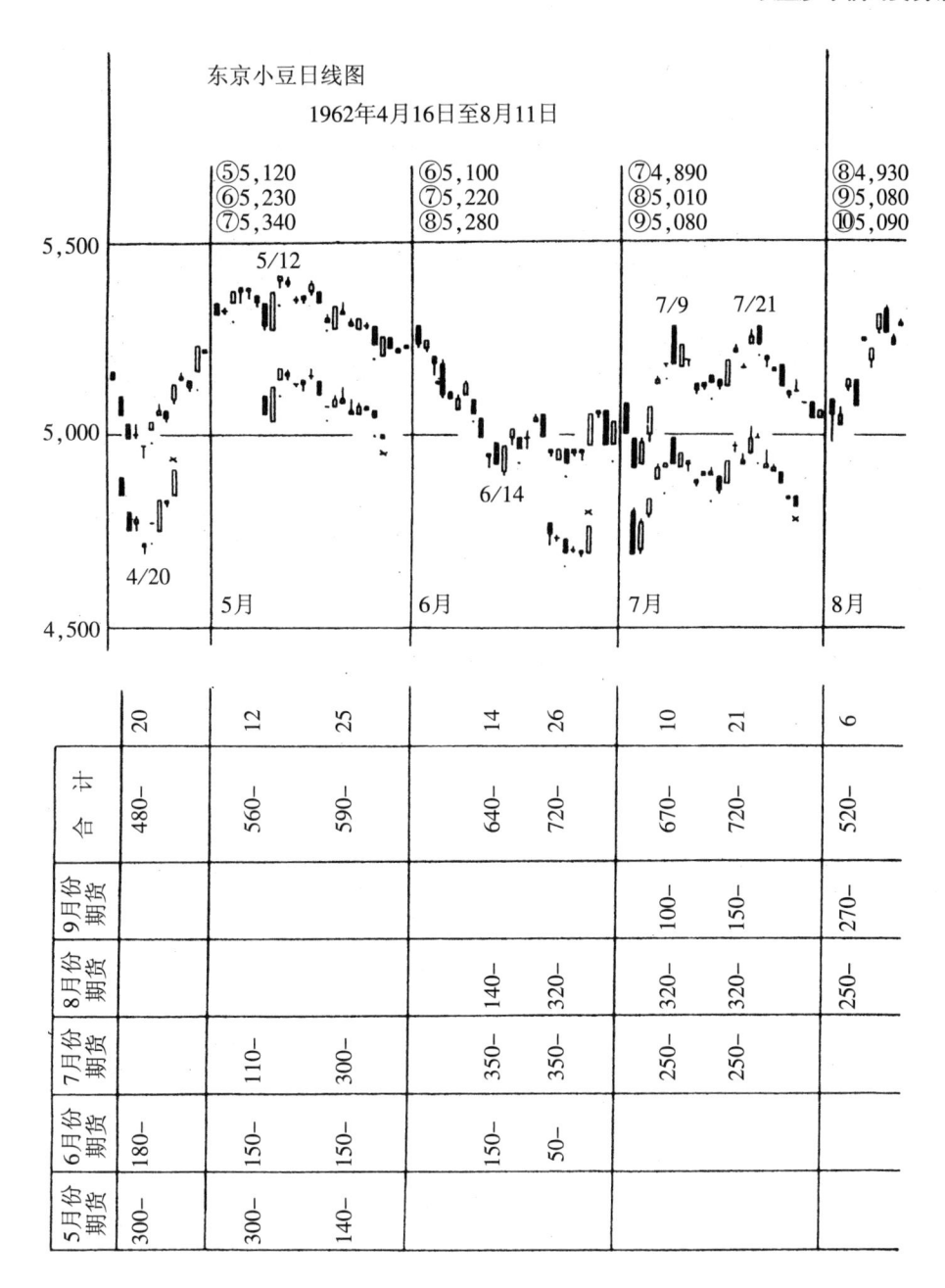

第十章
职业炒手们的交易谱

东京小豆日线图
1962年4月16日至8月11日

	⑤5,120	⑥5,100	⑦4,890	⑧4,930
	⑥5,230	⑦5,220	⑧5,010	⑨5,080
	⑦5,340	⑧5,280	⑨5,080	⑩5,090

		20	12	25	14	26	10	21	6
合计		480—	560—	590—	640—	720—	670—	720—	520—
9月份期货							100—	150—	270—
8月份期货					140—	320—	320—	320—	250—
7月份期货			110—	300—	350—	350—	250—	250—	
6月份期货		180—	150—	150—	150—	50—			
5月份期货		300—	300—	140—					

第40图　堂堂皇皇的卖空头寸的演变过程交易谱

做得非常漂亮。

P先生的卖空节奏也不是毫无变化，在6月底至7月上旬价格较低的时候，P先生对卖空数量就有所节制，这体现了P先生的技艺的细致入微之处。

他这种交易做法，就像一个愚笨的人在那里不断地重复他仅仅学会的一招。这种做法究竟是困难还是容易，效果是好还是不好，一般的人粗看之下很难判断，达到了大巧若拙的境界。

以上是P先生对7月份合约进行的交易，再看一下他这个底部徘徊的行情中整体是如何做的。

请看第40图（1962年4月16日至8月11日）。走势图上方的走势曲线是远期合约连续线，下方是各个月的当月合约的走势图，最下方的交易谱表示的是未平仓的头寸的数量变化过程。

在5、6、7各个月份合约诞生以后，P先生在当月之内以300手为目标，每天定期地卖空（每天卖空10手左右），在价高的日子卖空的数量增多一些。但对像6月份合约这种诞生于低价区的合约卖空得比较少。当这些合约演变成当月合约时，P先生又会根据当时的情况来调整平仓的时机：在交割月，5月份合约已经被平仓了一半，6月份合约在交割月被大部分平仓，但7月份合约一直持有到交割日才平仓。

P先生就是这样，在别人无事可干的行情中照样能够大赚其钱。

三、从市场新手的水平开始成长

1. 头寸的睡眠方法和交易的频繁程度

在业内有一种形容一个人的交易水平的说法叫"市场新手的做法"。这虽然不是贬低新手的说法，但也的确不是夸赞说法。像"猜行情的赌客"才是贬低的说法。"赌客"这个称呼，是讽刺那些漠视建仓技术、拼命地猜测行情的方向的贪心的人的。

而"新手的做法"这种说法，既指交易员带有新手的朴素的操作风格，又指交易员还没有养成老手的一些坏习惯。

但话虽如此，一般来说还是不太肯定带有新手味道的做法的。有关职业炒手和市场新手在观念上的差别，以及两者在建仓方法上的最显著的差别，已经在第五章一开始的部分即兴地讲过了。

把职业炒手的交易记录拿来让市场新手看的话，市场新手一定会说："老手们交易进行得如此频繁呀。"

但是其实人们对老手的交易存在着极大的误解。

比如说这里有 200 手分量的资金，让我们来看新手和老手运用资金的手法上的不同之处。

新手：

（1）瞄准某个机会把 200 手资金一举全部投入建仓。

（2）看错行情以后虽然慌张，但抱牢做错的头寸不放，让错误的头寸睡觉。这非常危险。

老手：

（1）建立少量的试验头寸。

（2）如果发现"行情的发展似乎与所建的头寸一致"，就继续加码直到用掉一半的资金（例如分 10 次，每次加码买入（或卖空）10 手）。

（3）只有在看对行情的时候才让头寸睡觉。但常常进行试验性的对冲。

老手的交易次数虽多但每次的数量很少。而且，老手考虑未来的行情"会涨还是会跌"的时间惊人地少。就是说，老手不会每节都去考虑下一节"会涨还是会跌"之类的问题，老手也是在预测的基础上建仓，虽然也会在意自己的预测是否命中，但决不会去"猜行情"。因为老手不会过于相信自己的预测，因此时常建立一些试验头寸来观察市场行情：一般早上看一下报纸的行情栏，白天一般不考虑行情的方向。因此，与其说老手总是在思考行情的涨跌，不如说老手把更多的时间花在考虑恰当的多、空头寸的数量对比上面。老手不像新手那样，总是追求梦想，而是总是考虑下一步的交易是否"合算"。

2. 追低的卖空

在我著的《小豆行情的基础》一书中，记载着 G 先生的事迹。他在 1955 年—1957 年的三年间，以最初的区区 50 万日元本金赚到了 3000 万日元。我至今收藏着他绘制的 K 线图。在我与 G 先生会面的 11 年之后，在新加坡又遇到了一位在锡的交易中赚了几千万美元的华侨，他平时使用的是与 G 先生同样形式的走势图，就是第 41 图所示的收盘价连接线走势图。虽然这种走势图比日本人用的蜡烛图信息量少，但由于其简洁，有利于观察价格走势的流向或趋势，因而自有其合理之处。

我听说有一个在伦敦金属交易所赚了几亿英镑的超级交易员使用的也是收盘价连接线走势图，但目前一般还很少有人使用这种走势曲线。

在这一节，我想介绍 G 先生刚开始做期货时的一个水平较低的交易。

虽然只是一个不大的交易，但作为坏的样本还是有足够的参考作用的。让我按顺序说下去吧。

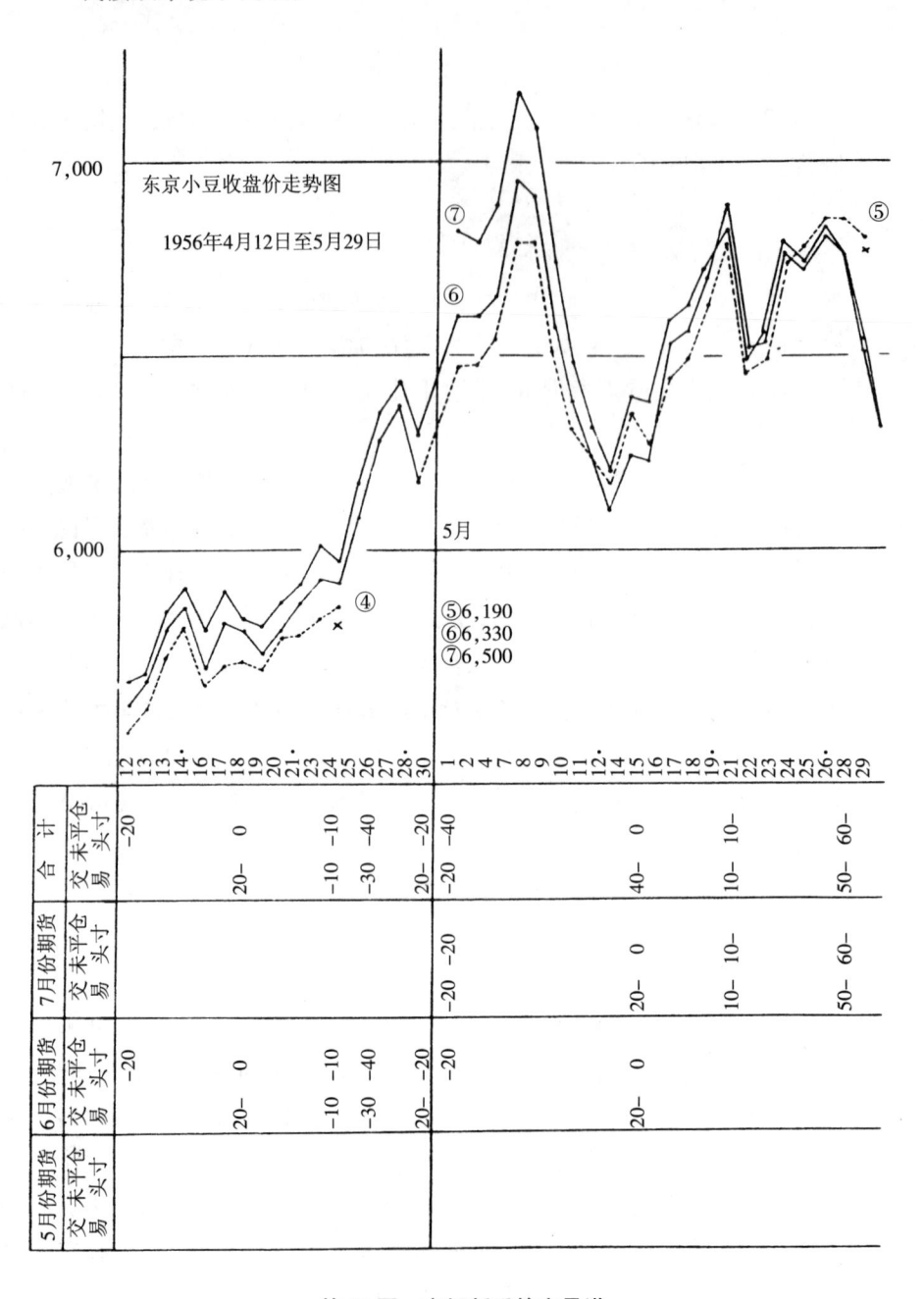

东京小豆收盘价走势图

1956年4月12日至5月29日

⑤6,190
⑥6,330
⑦6,500

第 41 图　市场新手的交易谱

第十章
职业炒手们的交易谱

1956年4月24日，G先生看到行情突破了徘徊局面创出了新高，就出手买入了10手小豆。行情继续走高，G先生也跟随加码买入。这是典型的只知道买入的新手的做法，由于头寸都是在价高的日子加码买入的，所以形成了一个不利的扇形的仓位。

4月30日，价格回落，G先生平仓掉20手买入头寸，但平仓的价格依然比买入价高，所以这笔交易是盈利的，对此交易我并不认为有何不妥。但次日G先生买入7月份合约是一笔坏交易。即使在7月份合约刚诞生时看多后市，考虑到要空出对冲的月份，适合于买入的应该是5月份合约和6月份合约。虽然如果认为后市是一个大的上涨行情的话，也可以买入6月份合约，但为了在7月份合约中建立对冲头寸，还是买入5月份合约比较稳妥。而且，6月份合约中已经有了买入头寸，正确的做法是：即使是少量的也好，也应该在7月份合约中建立一些卖空的对冲头寸。就是说，G先生所建的仓位是一个无法建立对冲头寸的仓位，这才是失败的根源。

5月15日，G先生把7月份合约被套的买入头寸平仓止损，5月21日新建了10手卖空头寸。看来这时G先生改变了对行情的看法，开始看跌后市，但G先生不是在反弹的时候卖空，却总是采取追低卖空的建仓方法。这时虽然G先生所建的头寸还很少，资金还很宽裕，但他却慌忙地卖空，使平均成交价变得很不利。5月24日和25日，价差缩小，这是行情将要下跌的预兆。按理说这时应该卖空一些，但G先生却偏偏不卖空，反而等到行情大幅度下跌的时候才一举卖空50手，这是典型的追低卖空，完全没有考虑如何使卖空的平均值变得有利。虽然，由于这时候市场进入了趋势行情（下跌趋势），G先生的这些低位卖空的头寸也依然获得了良好的结果，但如果是遇到往复震荡行情的话，G先生的这种追低卖空的做法一定会遭受重创的。

通过上述介绍，读者可以很清楚地看到新手所容易犯的一些错误了吧。

5月份期货		6月份期货		7月份期货		8月份期货		合　　计		日期
交易	未平仓的头寸	交易	未平仓的头寸	交易	未平仓的头寸	交易	未平仓的头寸	交易	未平仓的头寸	
40 −	170 − 170 −	20 −	20 − 20 −					60 −	190 − 190 −	4/27 · 30
		30 − 	50 − 	20 − 30 −	20 − 50 −			50 − 30 −	240 − 270 −	5/1 2 4 · 6 7
−50 −20 −100 −50 −100	120 − 100 − 0 −150 −150	−20 −30 −50 −100	30 − 0 −50 −150	−20 −30	30 − 0			−50 −60 −160 −100 −200	220 − 160 − 0 −100 −300	8 9 10 11 · 13 14
100 − 100 − 	−50 50 − 	100 − 100 − 100 −	−50 50 − 150 −	100 −	100 −			200 − 200 − 200 −	−100 100 − 300 −	15 16 17 18 · 20 11 22 23 24
−50	0	−200	−50	−100	0			−350	−50	25 · 27 28 ×
		100 − 100 −	50 − 150 −	100 −	100 −			200 − 100 −	150 − 250 −	29 30 31
						50 − −50	50 − 0	50 − −150	300 − 150 −	6/1 · 3 4 5 6 7 8 ·
		−100	50 −							
		100 − 100 −	150 − 250 −					100 − 100 −	250 − 350 −	10 11 12 13 14 15 · 17

第 42 图　市场新手成熟之后的交易谱（一）

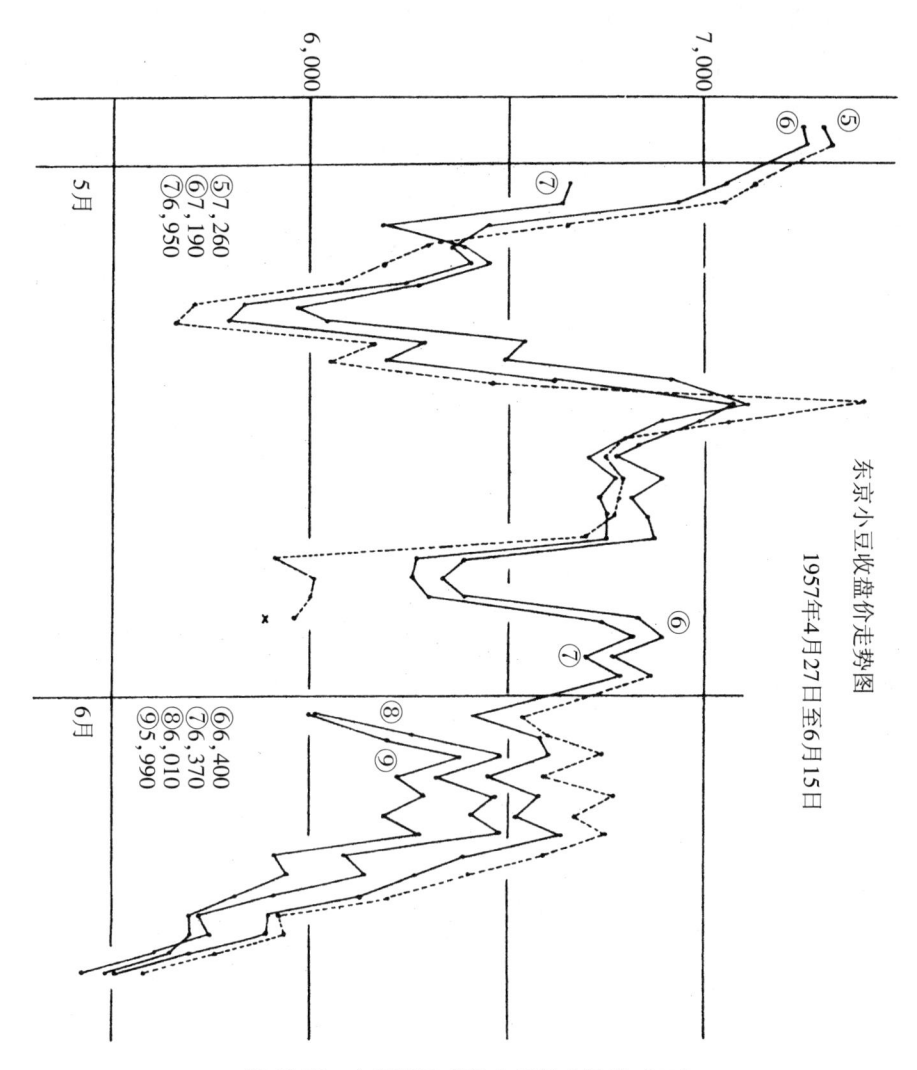

第十章
职业炒手们的交易谱

东京小豆收益价走势图
1957年4月27日至6月15日

⑤ 7,260
⑥ 7,190
⑦ 6,950

⑥ 6,400
⑦ 6,370
⑧ 6,010
⑨ 5,990

第 43 图　市场新手成熟之后的交易谱（二）

3. 不知道单方向头寸的危险性

在前一节我介绍的是 G 先生刚开始做期货时的交易，是典型的新手交易。但 G 先生无师自通，自己学会了做期货。下面我再介绍自那次失败 1 年以后，G 先生在 1957 年 5 月和 6 月的交易。

当时，东京小豆暴跌。原因是庄家吉川商店独家包购 4 月份小豆的操纵行为失败，导致 5 月份和 6 月份的小豆价格也连续崩溃。

G 先生在上一节的交易以后，又经过了几次历练，到达了期货技术确立的最后阶段。他不仅巧妙地赚到了本节所介绍的上涨行情，又赚到了之后的下跌行情，达成了他的赚够3000万日元的夙愿，然后，金盆洗手，退出了期货生涯。

G先生虽然成长起来了，但由于还依然习惯于猜测行情，因此他的交易还存在着新手交易的危险性——尽管他屡屡猜中。

4月份暴跌时，G先生的仓位是：5月份合约170手空单，6月份合约20手空单，合计190手空单，没有多单对冲。5月1日的开盘价如下：

5月份合约　7260日元

6月份合约　7190日元

7月份合约　6950日元

请看第42图和43图。

G先生在5月1日继续加码卖空：6月份合约卖空30手，7月份合约卖空20手。第2天（5月2日），G先生又加码卖空了30手7月份合约。此时是贴水价差，就是说G先生在加码卖空价低的远期合约。按照交易法则，在贴水价差时应该卖空下跌空间较大的近期合约。因此，职业炒手一般采用比较稳当的做法：①买入7月份合约，作为对5、6月份合约的卖空头寸的对冲；或②认为接近底部而逢低买入7月份合约。

5月8日，行情变成了远期合约价高，近期合约价低的升水价差。看到这样的行情，G先生将5、6月份的空单平仓，反手做多。5月9日、10日、11日、13日，G先生依次买入了20手、30手、50手、100手6月份合约，由空翻多。最后的100手虽然有一些追高的味道，但由于价格变化剧烈，这也是没办法的事情。与此同时，5月份合约也反手做多。G先生对5、6月份合约进行空翻多操作的时机掌握得非常出色。

5月15日，近期合约涨停板，行情再次变成为近期价高、远期价低的贴水价差状态。G先生又开始由多翻空，反手做空。之后，到了5月25日，G先生把5月份和7月份合约的空单平仓获利，同时反手买入200手6月份合约。

虽然这一连串的空翻多、多翻空的操作G先生都做得准确无比，犹如神助，几乎每次都在顶部的最高点和底部的最低点及时掉头，但这都是运气好而已。有道是"好花不常开，好运不常来"，这样好的运气重复再现的可能性是不大的，只要在操作节奏上稍有一些不合拍，就有可能遭到重大损失。应当看到，他的这种做法是十分危险的，危险之处就在于他在激烈变化的行情中总是用单方向的头寸赌胜负，不加入对冲头寸。

四、自豪感很高的顺势操作

1. 顺势操作及其价格波动的计算

在包括对冲手法在内的各种各样的交易手法被发明出来以前，人们一般认为顺势操作手法是期货技术的主流或源流，但我认为顺势操作与逆势操作是在相互影响的过程中发展起来的。在某个时期出现一个擅长逆势操作的交易员，而在另一个时期又会出现一个擅长顺势操作的交易员——期货技术就是在这样的循环过程中发展起来的。但是，擅长做多还是擅长卖空，与擅长顺势操作还是逆势操作不是同一性质的问题。

下面让我们比较一下顺势操作和逆势操作的异同。

请看第44图。这是某个擅长逆势操作的交易员在考验我的交易技术的时候拿给我看的线图。这张图上从出发点A到终点N之间的期间是1年。他问我："在这一年之中，最可能赚钱是哪一段行情？"我又用这个问题问了很多人，被问的人都说："跟上从G到J这段行情的话就能赚钱。"

让我们来计算一下看看。假定相邻线与线之间的价格差是200日元，就是说，AB = 1000日元的跌幅，BC = 1000日元的升幅；GJ = 2800日元的升幅。

AB + BC + CD + …… = 20200（日元）

就是说，如果把这一年之间所有的涨幅和跌幅都赚到手的话，能获得20200日元幅度的盈利。

如果假定像GJ这样的趋势行情能够用顺势操作的手法赚到，其他的震荡行情能够用逆势操作的手法赚到，让我们来比较一下，顺势操作和逆势操作哪一个盈利的幅度大？

首先分析一下能够用顺势操作赚取的GJ段。这一段的涨幅是2800日元，但一般不可能把2800日元的涨幅全部赚到。H是低位震荡行情的突破点，假如赚到了HJ段，也只有2000日元。如果再计算得保守一点的话，赚到了IJ段，那只有1800日元。如果只赚到了1800日元的涨幅的70%的话，就只有1260日元的涨幅了。

与顺势操作相比，采用逆势操作能够赚到的价格幅度，全年总计有

20200 日元。当然，逆势操作也不可能全部赚到 20200 日元的价格变动幅度。但是，即使仅仅赚到其中的 1/3，也有 6700 日元的价格幅度，即使仅仅赚到其中的 20%，也有 4000 日元的价格幅度。这就可以看出逆势操作手法的有利程度。

综上所述，对于期货市场而言，从全年整体来看，采用逆势操作手法比顺势操作手法有利。

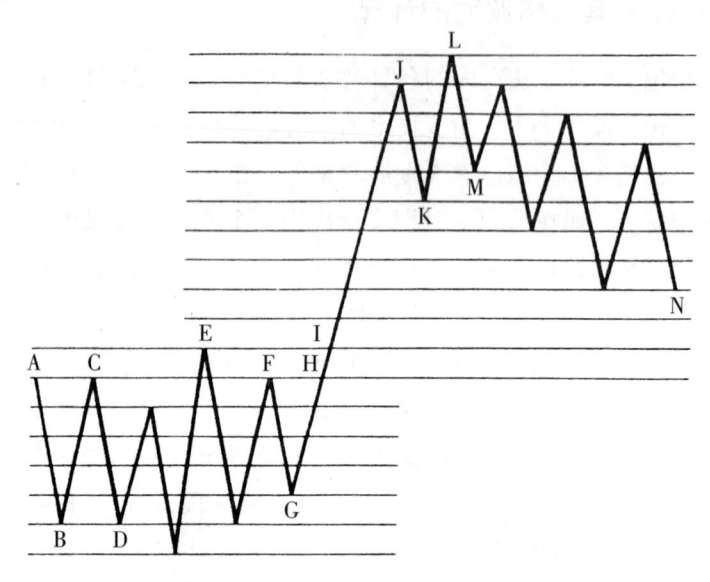

第 44 图　全年价格波动幅度的计算

2. 顺势操作的宿命

在前一节我虽然讲解了"逆势操作有利"的原则，但这并不意味着全面否定顺势操作。在这一节，我要介绍一个擅长顺势操作手法的交易员的交易实例，他的名字叫 T。

T 先生平时是在他自己的房间里思考期货行情的。他的房间的墙上贴满了 K 线图，靠床的房顶上也贴着 K 线图，以便在躺着的时候也能够看。T 先生在床边也贴着大张白纸，以便产生灵感的时候马上记录。T 先生即使在睡梦中想到了行情上的事情，也会突然跳起，记录在白纸上。

T 先生的房间虽然有桌子却没有椅子。因为他认为坐在椅子上就不能认真思考期货问题了，他的观点是"职业炒手不需要椅子"。

下面我来介绍一下 T 先生的交易实例。

1958 年 4 月 30 日，周一，白扁豆的价格暴涨（见第 45 图，5 月 12

第十章
职业炒手们的交易谱

日，白扁豆6月份合约6140日元，7月份合约6200日元）。但是，之后价格回落，拉开了暴跌行情的序幕。在这波下跌行情中，T先生一直抱牢卖空头寸直到底部的最低点才获利了结，大赚了一笔。

第46图是T先生赚取这段下跌行情的交易谱。

T先生认为后市是趋势行情，所以就采用顺势操作的手法。第28表所记录的就是这部分交易。

第28表　在震荡行情中采用顺势操作手法的头寸的运作过程[①]

行情的状况	顺势操作的行程	③	④	⑤	⑥	合 计
开始上涨	1		-50			-50
继续上涨	2		-10			-60
短期顶部	3		-10			-70
开始下跌	1			20-		20-70
继续下跌	2	10-	20-	50-		80-50
交　　割	3	-10		10-		80-50
靠近底部				-30		50-50
开始上涨	1		-20	-50		-70
继续上涨	2		-10			-80
短期顶部						
开始下跌	1		10-		20-	20-70
继续下跌	2		20-		30-	50-50

一般新手都喜欢追涨杀跌，但请看T先生每次交易的头寸数量，不是扇形的（1、2、3、4），而是像（5、1、1）或（2、5、1）这样的倒三角形或菱形的分布，这样成交的平均值比较有利。虽然T先生在震荡行情中由于采取了顺势操作手法而遭遇失败，但与完全的新手还是有些不同。

当T先生认为后市即将大幅上涨而顺势加码买入时，却偏偏遇到震荡行情，买入处即是短期高点。这是顺势操作的宿命。那么，是否存在着区分震荡行情或趋势行情的方法呢？我认为世界上是不存在这种方法的。如果存在这样的方法，那么世界上所有的财富有可能都被知道这个方法的人所赚去，而这是很荒谬的，显然是不可能的。我们只能在主观预测的基础上建仓，然后再根据行情的动向调整仓位，除此之外，别无它法。

---

① 译者注：在表中，各期期货下方的数字表示参加交易的头寸的数量，合计下方的数字表示未平仓的头寸的数字。

顺势操作手法在遇到震荡行情的时候就会发生亏损。如何最大限度地抑制这种亏损就是顺势操作专家的最大的研究课题。

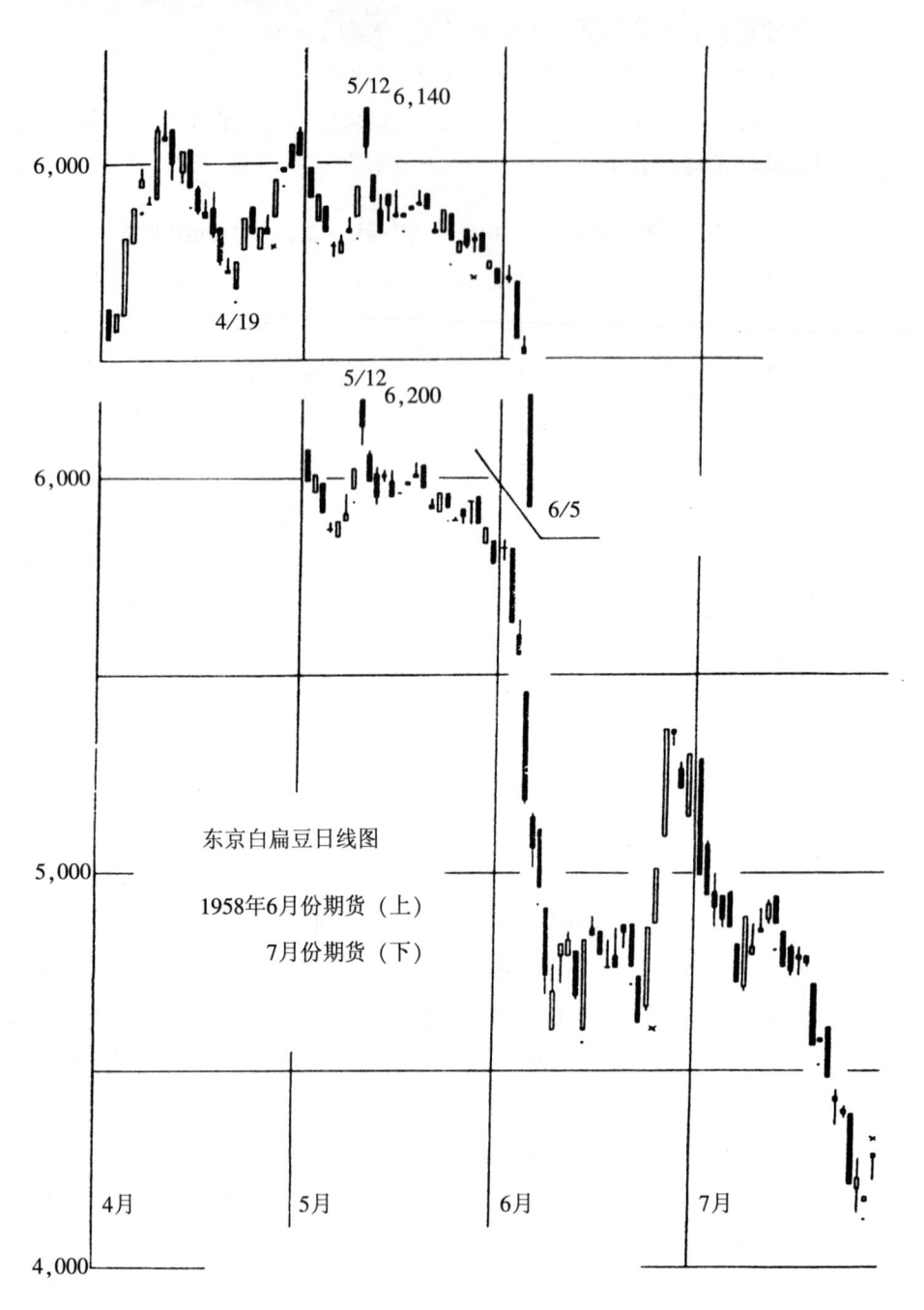

东京白扁豆日线图

1958年6月份期货（上）

7月份期货（下）

第45图　1958年白扁豆期货下跌行情

第十章
职业炒手们的交易谱

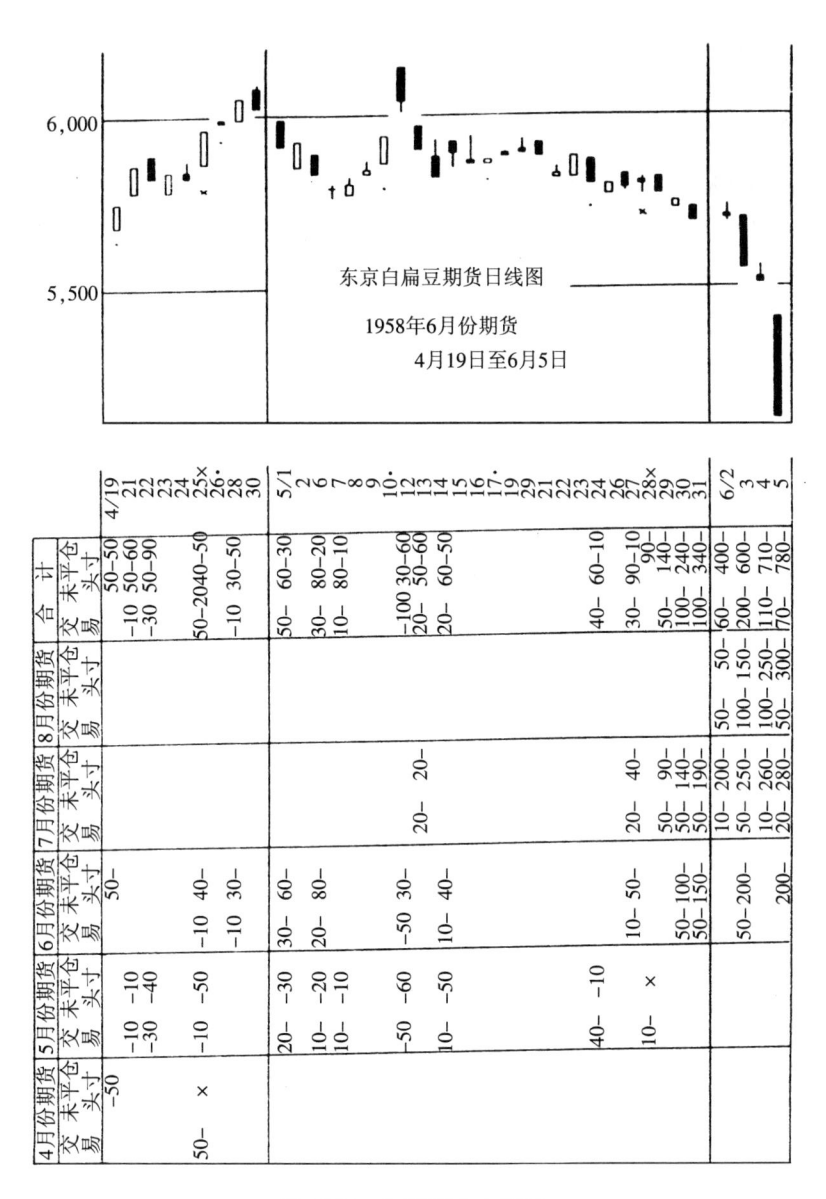

第 46 图　加码卖空交易谱

3. 顺势操作大师所独有的大手笔

下面我根据第 46 图来详细讲解一下 T 先生的这笔白扁豆的交易。为了赚取这波行情，T 先生的交易是从第 28 表的最后一行：仓位（50 – 50）的状态开始的。在第 45 图以前，T 先生所建的都是一些试验头寸。因为想跟上趋势行情，所以采取的都是一些豁出去的建仓手法。例如 4 月 25 日是第

· 261 ·

3根阳线，T先生买入了5月份和6月份合约的白扁豆期货；5月6日是第3根阴线，但T先生也在卖空。

如前一节所述，5月12日，白扁豆的行情因日本与中国的贸易突然停止而暴涨。在这一天，T先生买入了100手白扁豆。由于此时是震荡行情，而T先生却采用了顺势操作的手法，因而惨遭失败。为此，T先生重新建立试验头寸：卖空20手7月份合约。接下来在5月14日，T先生卖空了5月份和6月份合约各10手，这些也是试验头寸。5月24日，T先生把买入的50手近期合约（5月份合约）中的40手平仓止损。

T先生为了赶上大行情而不断地建立试验头寸，却一直很不顺利。终于在5月29日、30日、31日下出了确信行情下跌的决定性的卖空单子。但真正做得出色的是他在此之后的一连串的交易。

6月份，行情下跌已成定局。一般在这样的大幅下跌之后，大多数人都会认为马上卖空"不合算"，而是高高挂出卖空的指定价，待行情反弹的时候再行卖空。但T先生却认为此时不卖，更待何时！不愧为顺势操作大师所独有的大手笔。

请看第46图，加码卖空的交易谱。

加码卖空一直进行到6月5日才结束，后面只是一些小单子。建仓完毕，T先生抱紧空单静候下跌。

完成这笔交易以后，T先生马上就出发去旅行了。旅行归来，等待着他的是交易公司寄来的一张巨额盈利的结算单。

顺势操作手法在震荡行情时会输得很惨，但一旦赶上了趋势行情，就能够获得巨大的盈利。

我们可以想象得到，在景色优美的酒店里，夏夜凉爽的晚风徐徐吹来，平时不苟言笑的T先生此时也许正在与酒店的服务生谈笑呢。

五、出神入化的对冲头寸

1. 先于行情之动而动的技术

我首次看到S氏的交易谱是在1956年8月初。在当时，我只对S氏的用少量头寸进行加码的方法留有印象，在看交易谱的时候，也只查看他的加码建仓的手法。但其实S先生的交易中做得最漂亮的就是对冲头寸。由于他做得高明得不露痕迹，粗看之下让人意识不到这就是对冲头寸。当初我看他的交易谱的时候，没有留心到他的漂亮的对冲头寸，却只对他的少量的加码头寸感兴趣，一个劲地研究他的加码头寸。

但当我正式开始收集众人的交易谱进行研究以后，我才看懂了原本看不懂的 S 先生的卖空头寸，原来这些卖空头寸就是对冲头寸！一时之间我惊讶得说不出话来。

这绝不是夸张。竟然还有这样的交易方法！职业炒手就是这样进行交易的吗？真正的期货做法也许就应该是这样的。迄今为止还没有人对我说过这样的交易方法——我浮想联翩。

S 先生的交易，由于往往领先行情太远，以至于我领会不了其意图。一开始，我看不出那些卖空头寸就是漂亮的对冲头寸。

从那以后，我在研究价差问题的同时，又开始专心研究对冲的问题。

直到现在，我的观点也是"未来行情的变化方向均可从价差的变化中找出蛛丝马迹来""期货技术中最奥妙的部分就是对冲"。

围棋的规则是执黑先行（古代是执白先行）。对于围棋而言，一般是先行者有利。但对于期货行情来说呢，我们应该在行情变化之前预先建仓布局呢，还是应该根据行情的变动来建仓呢？

布局领先行情的发展变化相当于逆势操作，布局落后行情的发展变化相当于顺势操作。顺势操作与逆势操作哪种方法更有利？这个问题无法一概而论。但我认为大部分人喜欢顺势操作。我希望读者以 S 先生的交易为基础，研究一下逆势操作的技术，努力掌握这种技术，使之成为自己的技术。

2. 建仓的手法细腻，平仓的手法粗犷

提起期货中的执白先行的战术，你也许会把它与是攻击性的战术联系起来吧。但我认为用领先行情的逆势操作手法进行建仓属于"防守"，用追随行情的顺势操作手法进行建仓属于"进攻"。

追随价格波动的顺势操作手法在高明的人的手里，也是作为一种很好的期货技术被利用的，因此不能一概地说顺势操作手法必定不利。

但逆势操作由于采用的是在时间上比较宽裕的"等待行情的变动"的手法，因此还是比较有利。特别是逆势操作的对冲手法，非常有利。

下面，让我们看一看 1956 年 S 先生的交易吧。第 47 图的内容是 1956 年 6 月 20 日至 8 月 2 日的价格波动和 S 先生的交易。

我先说明一下第 47 图涵盖的期间以前的价格波动。由于小豆在 1955 年是丰收的年成，因此在 1956 年 1 月，远期的 3 月份合约走出了 4000 日元的低价格（其时 1 月份和 2 月份合约是 3910 日元）。之后，小豆价格逐步反弹，在 3 月份的交割会上，曾经买入了 8414 手的买方承接了卖方交割过

来的全部实物，交割价格为5200日元，这是一个坚挺的交割会。之后小豆价格继续上涨，5月份，7月份合约创出了7180日元的高价，但由于卖方三菱商事大量的提前交割而导致行情暴跌，6月9日小豆的价格跌破5500日元。在这之后的价格波动就是第47图。第47图上的这张交易谱是从1手买入开始的。6月21日，S先生买入了1手7月份合约。6月25日，S先生在前场1节买入2手，后场3节买入2手，以上共计买入5手。6月26日，S先生在前场1节买入2手，后场1节买入2手，合计加码买入了4手。以上共计买入9手。

6月28日，S先生又加码买入了6手，分别是在前场3节、后场1节和后场3节分3次买入的。

7月2日，S先生买入了7、8月份合约合计33手，也是分散在各个场节买入的。

7月11日，S先生在各个场节中分批买入，共计买入了28手8月份合约。

7月27日，7月份合约交割，S先生在1天当中把7月份合约的61手买入头寸一举平仓。

整体来看，S先生的交易特点是建仓的时候资金分批进入，平仓时集中进行，一举平仓退出。

3. 出色的反手做空的卖空头寸

第29表记载的是S先生在1956年8月份的未平仓的头寸的演变过程。

第29表　S氏在1956年8月小豆期货未平仓头寸的演变过程

	⑧	⑨	⑩	合计
8月2日	－228	5 －		5－228
⋮				
9日	－228			－228
10日	－150			－150
11日	－100			－100
13日	－100	－6	－2	－108
⋮				
24日	－100	－60	－35	－195
25日	－100	－61	－37	－198
27日	－100	－62	－41	－203
28日×	×	－63	－41	－104
29日		－64	－60	－124
30日		－67	－82	－149
31日		－73	－109	－182

第十章
职业炒手们的交易谱

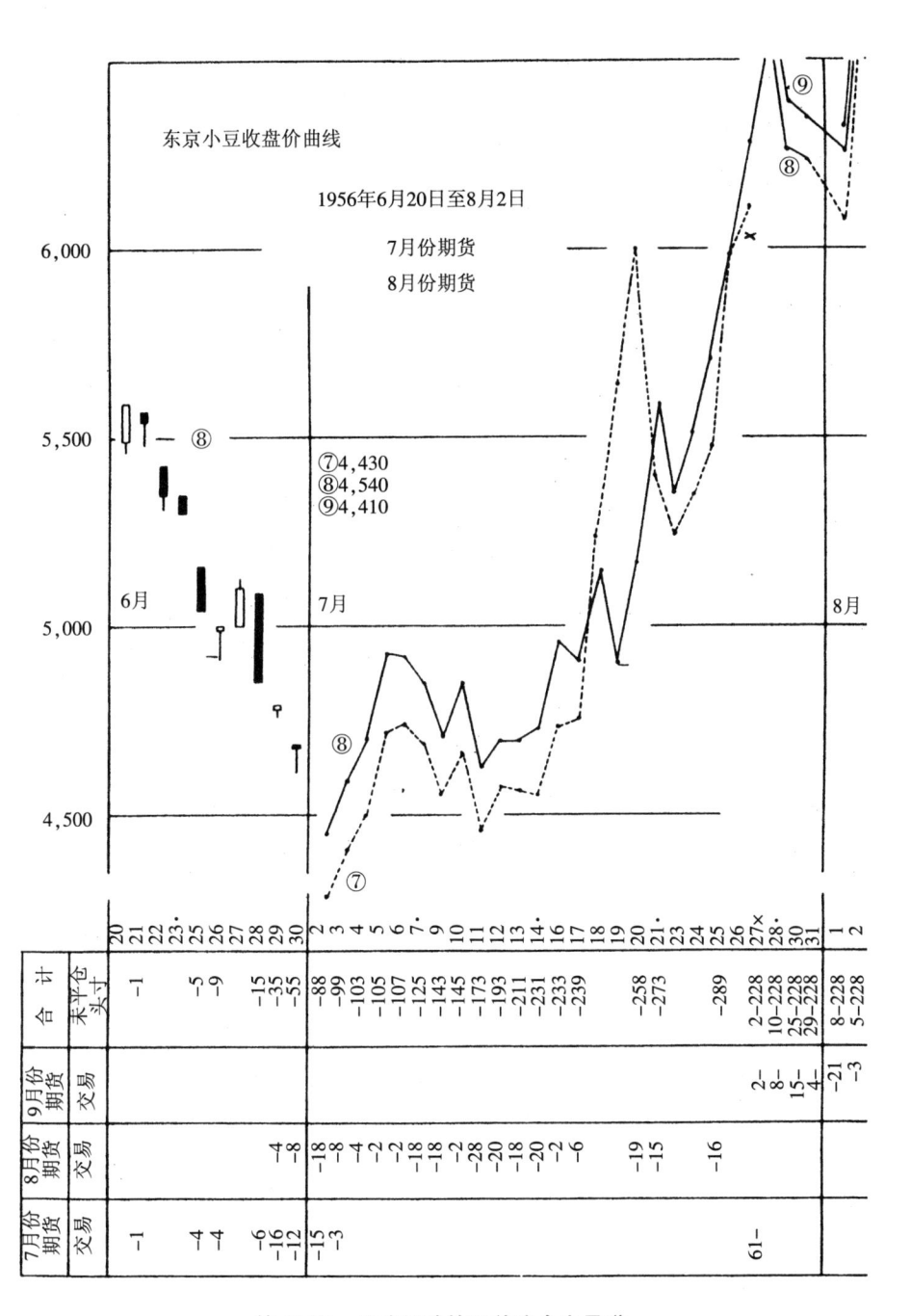

东京小豆收盘价曲线

1956年6月20日至8月2日

7月份期货
8月份期货

⑦ 4,430
⑧ 4,540
⑨ 4,410

第 47 图　手法细致的下单建仓交易谱

9月份期货		10月份期货		11月份期货		12月份期货		合　　计		日期
交易	未平仓的头寸	交易	未平仓的头寸	交易	未平仓的头寸	交易	未平仓的头寸	交易	未平仓的头寸	
−6	−73	−27	−109					−33	−182	8/31
				2 −	2 −			2 −	2 − 182	9/1 ·
				2 −	4 −			2 −	4 − 182	3
				10 −	14 −			10 −	14 − 182	4
				5 −	19 −			5 −	19 − 182	5
				12 −	31 −			12 −	31 − 182	6
				3 −	34 −			3 −	34 − 182	8 ·
				10 −	44 −			10 −	44 − 182	10
				10 −	54 −			10 −	54 − 182	11
		40 −	−69	3 −	57 −			43 −	57 − 142	12
				8 −	65 −			8 −	65 − 142	13
				6 −	71 −			6 −	71 − 142	14
				3 −	74 −			3 −	74 − 142	15 ·
				7 −	81 −			7 −	81 − 142	17
				10 −	91 −			10 −	91 − 142	18
23 −	−50	39 −	−30	2 −	93 −			64 −	93 − 80	19
										20
										21
				3 −	96 −			3 −	96 − 80	22 ·
				3 −	99 −			3 −	99 − 80	24
										25
50 −	×							50 −	99 − 30	26 ×
		−3	−33	6 −	105 −			6 − 3	105 − 33	27
		−10	−43	3 −	108 −			3 −10	108 − 43	28
		−7	−50					−7	108 − 50	29 ·
		−4	−54					−4	108 − 54	10/1
		−12	−66					−12	108 − 66	2
		−10	−76					−10	108 − 76	3
										4
		−13	−89	−58	50 −			−71	50 − 89	5
										6 ·
		−4	−93					−4	50 − 93	8
		−5	−98					−5	50 − 98	9
		−6	−104					−6	50 − 104	10
		−2	−106					−2	50 − 106	11
		−10	−116			−2	−2	−12	50 − 118	12
		−2	−118			−2	−4	−4	50 − 122	13 ·
		−2	−120			−10	−14	−12	50 − 134	15
										16
		−1	−121					−1	50 − 135	17
										18
						−8	−22	−8	50 − 143	19
										20 ·
						−10	−32	−10	50 − 153	22
						−10	−42	−10	50 − 163	23
						−10	−52	−10	50 − 173	24
										25
		121 −	×					121 −	50 − 52	26 ×
										27 ·
				−50	0			−50	−52	29
										30
						42 −	−10	42 −	−10	11/1
										2
										5
										6
										7

第48图　手法细致的平均卖空交易谱（一）

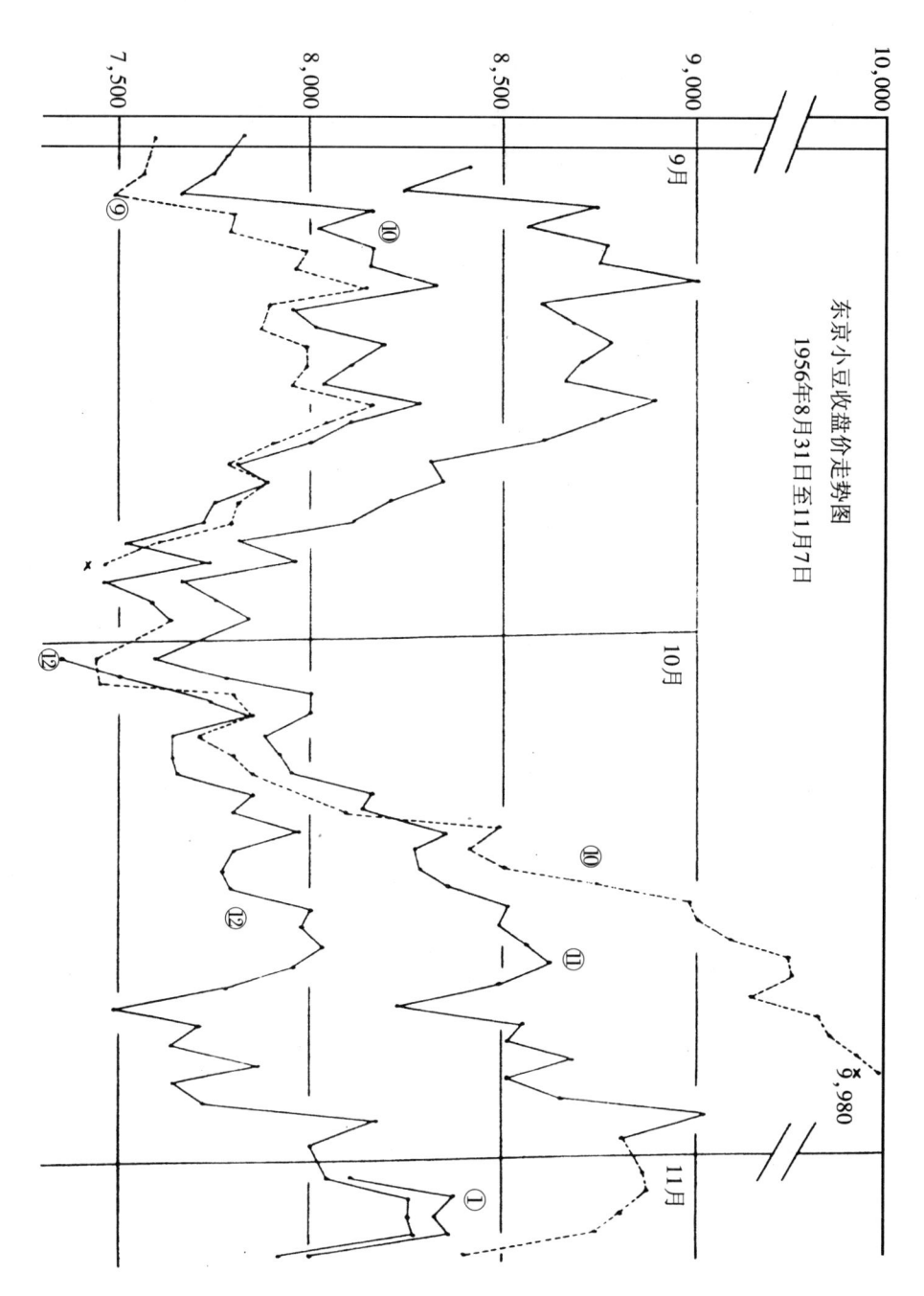

第49图 手法细致的平均卖空交易谱（二）

7月27日，S先生把7月份合约的61手买入头寸全部平仓，在这天，他首次建立了2手对冲的卖空头寸。之后他又继续增加对冲头寸，直至7月31日，对冲头寸增加到29手，但8月1日，他又一下子平仓了21手，大幅度减少了对冲头寸。在第 47 图的交易谱的最后还剩下 5 手对冲头寸，这 5 手对冲头寸也在 8 月 9 日以 7760 日元的价格平仓止损，亏损了 1500 日元的价幅。8 月份，S 先生在没有建立对冲头寸的情况下买入了远期合约、10 月份合约。这不符合他一贯的谨慎风格。搞不明白他为什么会这样。

8 月份，S 先生持有的是做多的仓位，8 月份合约买入头寸的平仓依然是集中进行：8 月 10 日，78 手集中平仓；8 月 11 日，50 手集中平仓。平仓价格都在 8000 日元左右。在 8 月 28 日（交割日），把剩下的 100 手分 3 节全部平仓。交割价是 7950 日元。在 8 月份合约交割以前，S 先生已经开始逐步买入 9 月份和 10 月份合约了，交割以后，他也继续买入。新建头寸的时候是分批进行，不慌不忙，而平仓的时候干净利落，一举平仓，这正是 S 先生的交易特点。第 29 表的最后时期是 8 月 31 日，买入头寸的数量：9 月份合约 73 手，10 月份合约 109 手，共计 182 手。

第 48 图和 49 图是接下去的交易谱。

平均卖空的对冲头寸

9 月份的交易主要是建立对冲头寸。对冲头寸是建立在远期合约、11 月份合约中的。请看 S 先生是如何进行的吧。S 先生的风格是细腻的分批建仓，但在这里，我们看到 S 先生不在意琐细的价格波动，而是单纯按照天数了进行分批建仓。其结果，总计 108 手左右的对冲头寸的平均卖空价格达到 8720 日元，这是令人惊讶的高价格。

9 月 19 日，价差开始收缩，S 先生开始减少 9 月份和 10 月份合约的买入头寸，反手做空。由于 9 月份合约的单子有一半是止损平仓，也许 S 先生从这时起已经变得完全看跌，但 9 月末 S 先生又再次开始买入 10 月份合约，漂亮地赚到了 10 月份的上涨行情。

10 月份的买入建仓是在独特的气氛中进行的。贴水价差在扩大，S 先生跟上了一波轧空行情，耐心地进行买入，很明显，他要彻底地赚到这波行情。加码买入进行得非常出色。

这个交易谱的最后是 11 月 5 日，12 月份合约的 52 手买入头寸平仓了 42 手，只剩下了 10 手。看来 S 先生打算缩小战线休息一下了。

S 先生的交易特点是建仓节奏慢，平仓节奏快。用对冲头寸来确保和扩大主力头寸的利润的技术，是值得我们效仿的出色技术。

六、绝艺超群的职业炒手

1. 头寸的布局不佳

我是在一个红日高照、万里无云的夏日去拜访有着 40 年左右交易经验的 M 先生的，他现在是一个投资公司的老板。谈话是在他的窗明几净的公司总经理室进行的。

他的头发近半花白，面色浅黑，言谈热情，工作专注，谈起期货的时候，连周围的气氛都带有一种协调的美感。

他的气质令人肃然起敬，他通达人情、明晓事理。仅仅通过短短的交谈我就可以感受到他曾经经历了数不清的期货波澜，有着丰富的人生经验。

他说："我最近感到我的头寸的布局不好。"

我说："你的布局进可攻、退可守，不是很好吗?"

他说："可我总觉得有什么地方不对劲儿。"

1 周前（8 月 14 日），M 先生的仓位如下：

⑪	⑫	①	合计
12490	11570	11500	
91 –	1 – 15	1 – 50	93 – 65

短短的一周之间，M 先生把仓位变成这样（8 月 20 日）：

⑪	⑫	①	合计
12890	12010	12060	
111 –	1 – 90	21 –	133 – 90

请你稍看一下后面的第 52 图，在这一周之间，价格仅仅是略有上涨，但 M 先生已经对仓位进行了大幅度的调整：增加了 11 月份合约的卖空头寸，1 月份合约由多翻空，反手做空。在我看来他已经做得非常出色了，

但 M 先生却说头寸的布局不理想，搞不明白他所谓的"不理想"是什么意思。

让我们再看一看他后面的操作（见第 51 图的交易谱）。8 月底，M 先生迅速地把仓位变成了只剩下卖空头寸的单方向仓位，由此我豁然开朗：也许早在 8 月 20 日，M 先生就已经意识到他在 12 月份合约中布置的买入头寸太多了！

他就是一个如此细心的人。

2. 既像行云一般变化万端，又如音乐一样有规律可循

如前所述，M 先生的交易手法细腻，变化多端，可以称之为艺术。因此如果不用节线图来描述不足以表现出其细腻的手法，但这样一来又变得太繁琐，因此我还是以日为单位来讲解 M 先生的交易吧。

在上一节，为了说明 M 先生的细心程度，我介绍了 M 先生对 8 月份仓位的自我感想，而第 50 图展示的是 6 月中旬到 7 月份的价格波动，第 51 图和第 52 图展示的是 8 月份和 9 月份的价格波动和交易谱。

首先请看第 50 图。6 月份能够交易的只有 11 月份合约，这是由于极端歉收造成了异常缺货而停止了其他月份的交易。11 月份合约的上市开盘价格是 10990 日元，开盘以后就开始暴跌，6 月 15 日是第 50 图开始的日子，这天小豆的价格是 9650 日元，从开盘的高价已经下跌了 1300 日元了。

7 月 1 日，是 12 月份合约的开盘日，从这天起，交易的合约变成了 2 个。从低价反弹上来以后进入往复震荡行情，之后由于天灾原因，小豆价格暴涨。

请看 51 图和 52 图。8 月 5 日行情见顶。之后就一路下跌。10 月 13 日跌至谷底。

8 月 5 日，峰顶 11 月份合约价格为 13300 日元，12 月份合约价格为 12380 日元，1 月份合约价格为 12260 日元。当、远期合约的贴水价差为 1040 日元（11 月份合约与 1 月份合约）。

10 月 13 日，谷底 11 月份合约价格为 9620 日元，12 月份合约价格为 9290 日元，1 月份合约价格为 9310 日元，2 月份合约价格为 9260 日元，3 月份合约价格为 9270 日元。当、远期合约的贴水价差为 350 日元（11 月份合约与 3 月份合约）。

由此可见第 51 图所示的 11 月份合约的卖空头寸是多么正确。

M 先生的交易给人的总体感觉是其头寸操作的复杂化，让人搞不明白

究竟哪个合约中的头寸才是主力头寸。极端地说，把他某些日子的仓位拿出来看，甚至看不出他究竟是在做多还是在做空。

但他的仓位有时候也处在只有单方向头寸的状态。例如，第 50 图的 7 月 17 日和 7 月 27 日，第 51 图的 8 月 5 日（峰顶）和 8 月 31 日，9 月 22 日（下跌前夕）等等。我把以上这几天的仓位列出来看一下吧。

	⑪	⑫	①		合计
7 月 17 日	9190	8810			
	10 -	-149			10 - 149
7 月 27 日	10300	9960			
	10 -	-169			10 - 169
8 月 5 日	13000	12000	12000		
	191 -	1 -	1 -		193 -
8 月 31 日	11100	10500	10600		
	81 -		50 -		131 -
9 月 22 日	11530	10910	10800	10790	
	151 -		80 -		231 -

M 先生的交易虽然复杂，像行云一样变化万端，但也是有一定内在规律的。他不是漫无目的的复杂，在这些仓位的流动中，时不时地会告一个段落，这仓位转换的瞬间给人的印象就像舞台上的演员亮相一样，让人感受到有着细腻技术的 M 先生的独特魅力。

3. 各个月份合约头寸的不同意图

请看第 50 图的 M 先生的交易。

在第 50 图起始以前，是一个下跌行情。在跌破 10000 日元以前，M 先生时而买入，时而做空。在跌破 10000 日元的时候，M 先生已经卖空了 30 手 11 月份合约。6 月 15 日，M 先生将其中 5 手卖空头寸平仓获利，又买入 10 手 11 月份合约，以便锁住其中 10 手卖空头寸的浮动盈利。这就是第 50 图一开始展示的仓位：25 手卖空，10 手买入。

6 月 16、17 日，M 先生继续加码买入共计 30 手，18、19 日的反弹高位处，M 先生平仓了 20 手买入头寸。6 月 21 日的低位处，M 先生把剩下的 20 手买入头寸也止损平仓。

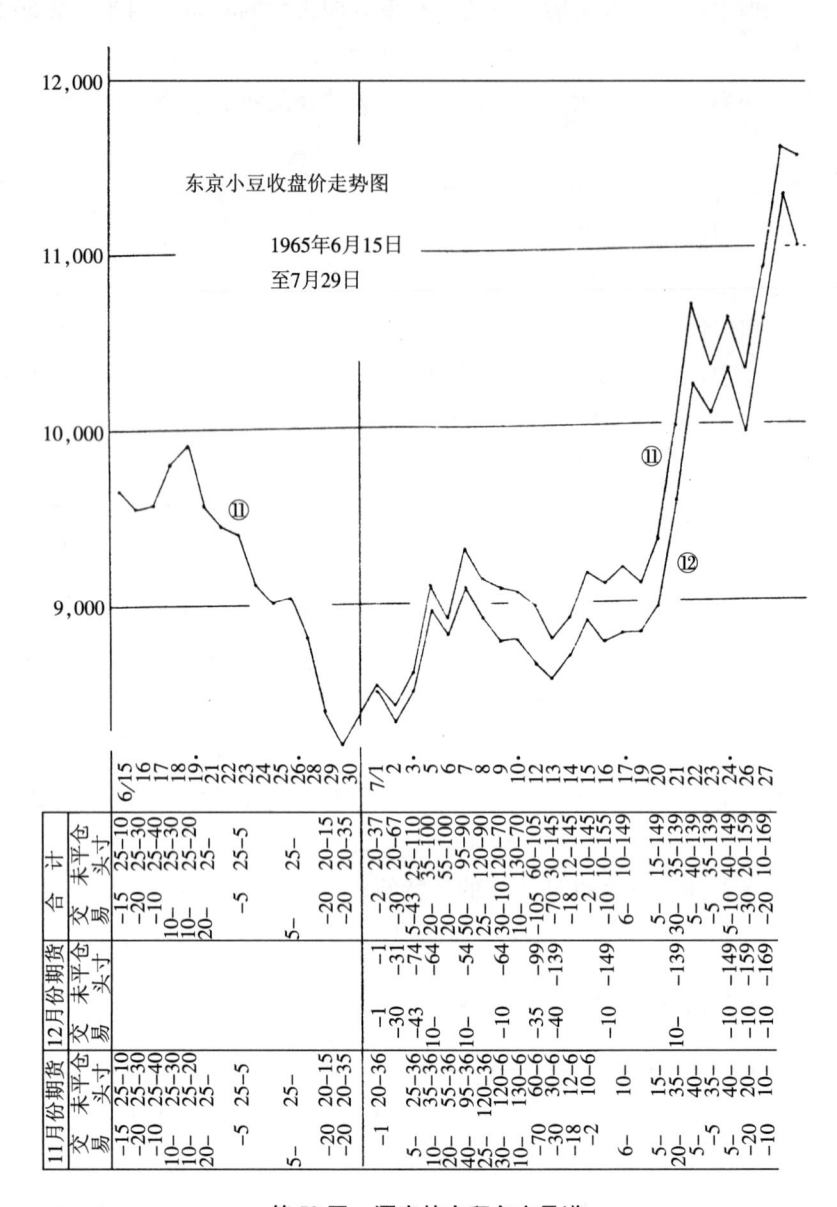

第50图 漂亮的空翻多交易谱

11月份期货		12月份期货		1月份期货		2月份期货		3月份期货		合计		日期
交易	未平仓头寸	交易	未平仓头寸	交易	未平仓头寸	交易	未平仓头寸	交易	未平仓头寸	交易	未平仓头寸	
10 -	77 -									10 -	77 - 141	7/30
	77 -		- 141								77 - 141	31
1 -	78 -	1 -	1 - 141	1 -	1 -					3 -	80 - 141	8/2
20 -	98 -									20 -	100 - 141	3
23 -	121 -	90 -	1 - 51							113 -	123 - 51	4
70 -	191 -	51 -	1 -							121 -	193 -	5
- 20	171 -			- 10	1 - 10					- 30	173 - 10	6
- 45	126 -			- 10	1 - 20					- 55	128 - 20	7·
- 70	56 -			- 20	1 - 40					- 90	58 - 40	9
												10
25 -	81 -									25 -	83 - 40	11
10 -	91 -									10 -	93 - 40	12
												13
		- 15	1 - 15	- 10	1 - 50					- 25	93 - 65	14·
- 10	81 -	- 15	1 - 30	- 15	1 - 65					- 40	83 - 95	16
		- 20	1 - 50							- 20	83 - 115	17
				15 -	1 - 50					15 -	83 - 100	18
20 -	101 -	- 20	1 - 70	30 -	1 - 20					50 - 20	103 - 90	19
10 -	111 -	- 20	1 - 90	40 -	21 -					50 - 20	133 - 90	20
10 -	121 -									10 -	143 - 90	21·
10 - 1	130 -	- 1	- 90	- 1	20 -					10 - 3	150 - 90	23
11 -	141 -	1 -	1 - 90	21 -	41 -					33 -	183 - 90	24
												25
10 -	151 -			10 -	51 -					20 -	203 - 90	26
		40 -	1 - 50							40 -	203 - 50	×27
												28·
- 30	121 -									- 30	173 - 50	30
- 40	81 -	50 - 1	0	- 1	50 -					50 - 42	131 -	31
20 -	101 -					- 20	- 20			20 - 20	151 - 20	9/1
						- 10	- 30			- 10	151 - 30	2
20 -	121 -			20 -	70 -	- 20	- 50			40 - 20	191 - 50	3
												4·
10 -	131 -									10 -	201 - 50	6
												7
												8
						- 10	- 60			- 10	201 - 60	9
						- 20	- 80			- 20	201 - 80	10
						- 30	- 110			- 30	201 - 110	11
						10 -	- 100			10 -	201 - 100	13
						30 -	- 70			30 -	201 - 70	14
						20 -	- 50			20 -	201 - 50	15
10 -	141 -									10 -	211 - 50	16
						10 -	- 40			10 -	211 - 40	17
10 -	151 -					20 -	- 20			30 -	221 - 20	18·
												20
												21
						10 -	80 -	20 -	0	30 -	231 -	22
												24
												25·
												27
	151 -						80 -				231 -	28

第51图 漂亮的头寸操作交易谱（一）

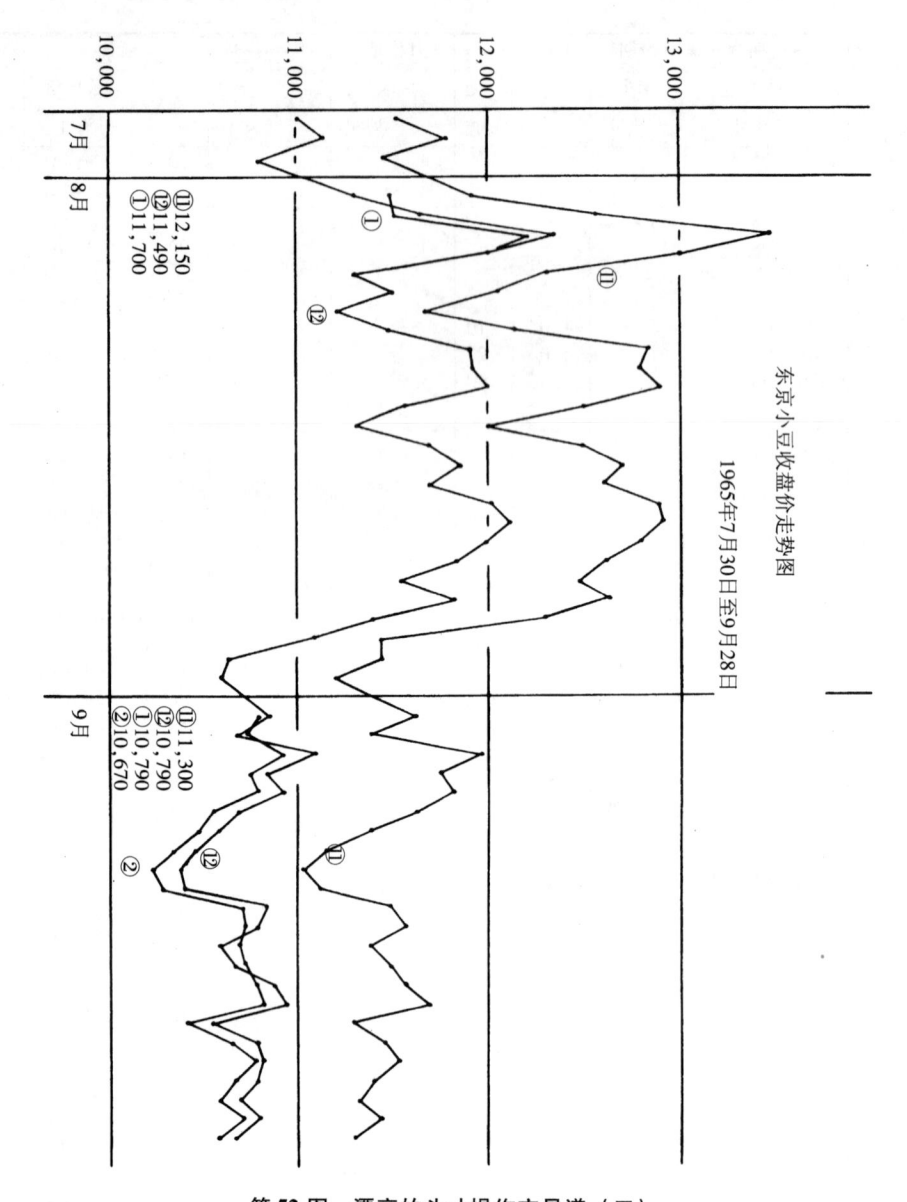

第 52 图　漂亮的头寸操作交易谱（二）

6月29日，行情降到了谷底。M先生把25手卖空头寸中的5手平仓获利，同时新买入15手11月份合约，仓位渐渐地由空翻多。

7月1日，12月份合约开盘上市，从此M先生在建仓的时候开始兼顾考虑11、12月份2个合约的头寸数量之间的平衡。7月上旬，M先生逢高卖空11月份合约，然后，在行情回调的过程中又将其平仓获利；与此同时，对12月份合约M先生则一直采取加码买入的方针。

7月20日以后，M先生对11月份合约进行试探性建仓，但时机总是拿

第十章
职业炒手们的交易谱

捏得不好：卖空以后价格立刻暴涨，买入以后价格立刻暴跌，两边挨着耳光。但在同一时间段内，12月份合约的买入建仓进行得很顺利：不仅抱牢建仓成功的头寸，并且加码买入。

第50图所示的交易谱被结束于7月27日，第51图的交易谱起始于7月30日，很遗憾，中间缺少了3天的数据，未平仓的头寸的数量发生了如下的变化：

		⑪	⑫	①	合计
第50图的交易谱的最后的仓位	7/27	10 –	– 169		10 – 169
第51图的交易谱的最初的仓位	7/30	77 –	– 141		77 – 141

可见在这3天中，M先生新卖空了67手11月份合约，平仓了28手12月份合约的买入头寸。

8月2日，M先生对11、12、1月份合约各卖空1手作为试验头寸。请看8月份M先生的交易做得多么漂亮。

先看11月份合约。在8月份的上涨行情中，M先生逆势逢高卖空11月份合约，做得非常漂亮。然后，在下跌过程中的回补平仓获利也做得非常漂亮。在这之后又有一波反弹行情，M先生耐心沉着地重新卖空，8月底，行情创出新低，M先生把一部分11月份合约的头寸逢低回补获利，到9月份，又继续逢高加码卖空。

再看12月份合约。在8月初的峰顶，M先生把所有的买入头寸一举平仓获利，之后又逢低买入12月份合约，这些买入头寸是作为11月份卖空头寸的对冲。虽然这些对冲头寸在8月底最终被平仓止损（与此同时11月份合约回补获利），但其细腻的做法值得我们注意。

1月份合约于8月2日开盘上市，一开始，M先生逢低买入1月份合约，估计这些买入头寸与12月份的买入头寸一样，也是作为11月份卖空头寸的对冲头寸。但自8月18日起，M先生开始把这些买入头寸逐步平仓，并继续卖空，反手做空。自此，仓位变成一个做空的仓位。

2月份合约于9月1日开盘上市。一开盘，M先生就开始买入，最多的时候，2月份合约的买入头寸达到110手。看来这些买入头寸也是作为11月份合约的卖空头寸的对冲头寸。

从9月中旬起，M先生开始平仓2月份合约的买入头寸，被平仓的头寸有一半是盈，有一半是亏，盈亏相抵还是略亏一点。

275

4. 深谋远虑

M 先生在 11、12、1、2 等 4 个月份合约中都建有头寸。让我们把这几个月份分开来看。

对 11 月份合约，M 先生耐心地逆势逢高卖空，12 月份合约的买入头寸作为其对冲头寸。

1 月份合约由回挡买入开始，逢高反手做空。而 2 月份合约是慢慢地买入。

想象一下各个月份合约的关系的话，11 月份合约是卖空的主力部队，如前所述，12 月份合约的买入头寸是 11 月份合约卖空头寸的对冲头寸。而建立在 1 月份合约中的头寸与其他月份合约的头寸无关，属于自由行动。

在 9 月初，M 先生把 11 月份合约的卖空头寸全部平仓获利，在这个时候建立的 2 月份合约的买入头寸显然属于打算做多的主力头寸，但如前所述，在第 51 图的期间结束以后行情依然在下跌，一直下跌到 10 月份，在最后的大幅度下跌以前，9 月 22 日，M 先生把这些 2 月份的买入头寸全部平仓，盈亏相抵仅以小幅的亏损躲过了后面的大幅下跌的行情。

以上的分析有一大部分是出于我的想象，但请读者以我这个想象为基础再重新阅读一下这个交易谱，你一定会惊讶地发现，这真是绝妙的交易！大家同样都是做期货的，他怎么能够做出如此高明的操作？我认为这已经不是"技术"，而是"艺术"了！M 先生所说的"布局不佳"的 8 月 20 日的仓位，在不知不觉之间已经发生了巨大的变化。请看：

	⑪	⑫	①	②	合计
8/20	111 –	1 –90	21 –		133 –90
8/24	141 –	1 –90	41 –		183 –90
8/27	151 –	1 –50	51 –		203 –50
8/31	81 –		50 –		131 –
9/3	121 –		70 –	–50	191 –50
9/9	131 –		70 –	–60	201 –60
9/14	131 –		70 –	–70	201 –70
9/28	151 –		80 –		231 –

以上讲解都是我对 M 先生的交易意图的想象，这部分交易我比较确信我把握了他的意图。但也有一部分他的交易比较难以揣摩其意图。例如：为什么要在 8 月份底把 90 手 12 月份合约的买入头寸平仓？这一点比较耐人寻味。如果说 M 先生因为看空后市而把 12 月份合约的 90 手多单平仓，但为什么在同一时期他还把 11 月份合约的卖空头寸回补平仓呢？显然这种推测也解释不通。M 先生在 8 月底将 12 月份合约的多单平仓的目的，可能性最大的原因就是为了把买入头寸转移到低价开盘的 2 月份合约中去吧。

一定是这样的！再看后来的行情发展，例如 10 月 13 日的价格和价差，就可以发现 12 月份合约的多单平仓得非常及时。看来 M 先生做交易真是深谋远虑。

旷世罕见的棋圣吴清源下的棋，在走过了好几十步以后，人们才开始佩服他的棋前后关联，影响深远，这个身怀绝技职业炒手在做期货的时候，是否也和棋圣一样能看透几十步以后的"棋"呢？

后　　记

　　把这么多的材料汇集成一本书，并得以交付印刷，我真的很高兴。从开始执笔写作这本书至今已经花费了6年时间，从开始收集资料到现在已经经过了10年以上的时间。

　　这些内容本来是为了我自己的期货研究而收集的，但因为曾经一度被某月刊杂志所连载，所以这本书就被写得像一部教科书一样了，与此同时，如山一般的资料在不知不觉之间被整理成册，这也是令我高兴的原因之一。

　　以前我还从未为自己的书写过后记。在本书漫长的写作期间，发生了几件小事，在此我把它们介绍给大家。

　　很久以前有一次，我在旅行的时候挂念起行情，就走进当地的交易公司。由于正处于交易时间，交易公司里有四五个顾客，我加入到他们当中观看公司提供的行情数据。只听一个交易公司的业务员对一个客户说："你后悔吧？但你是男人。拿出勇气来，买入100手，马上就能够赚回来的！"

　　"嗯，看来的确还会上涨。要不我到银行再去贷一些款？"

　　"保证金晚些拿来也没关系，总之今天就买进吧。这样的话，就能下决心了。"

　　听到这里，我从他俩身边走开，听不下去了。

　　估计这个人是跑外勤的业务员，仅凭着盲目的大胆和一厢情愿的猜测就劝客户使用500万日元的巨款赌行情，而且还是用借来的钱，客户将要亏大钱是显而易见的，我不忍看下去了。

　　但是，谁也怨不着，因为所有的一切都是在投资者本人同意的情况下进行的。当时我就暗想，我要写一本书，把我所知道的正确的交易方法教给那些只知道这种粗暴的交易方法的人——虽然我知道也有一些人没有学习的愿望。

　　在与某个有名的股评家会面以后，我也产生了写一本真正的行情技术著作的愿望。我读了那个股评家写的书以后，感到他有冷静客观的分析能力，产生了务必与他会一会面的想法，但与他见面以后，我很失望。

此人对经济局势的分析、公司的内幕、市场内外的小道消息、信用交易的持仓量等数据令人惊讶地精通，简直就像一个活字典。但是他的能耐也仅限于此。我认为把市场的材料或小道消息全部收集起来，像图书馆一样把信息保存起来，这些都不是我们行情研究的目的，赚钱的手段主要不是靠信息，而是靠技术。重要的是把有限的信息与自己掌握的投机技术结合起来。

在与股评家会面结束以后回来的路上，我总感到那个股评家的感觉与我的感觉在什么地方不一样，但是，究竟是什么地方不一样，我也想不出来。后来，当我听说那个股评家从未亲自买过股票，我才恍然大悟——就是这个原因。

期货技术有着悠久的传统和漫长的研究历史，但也有其秘密性，因此存在否定期货技术的人并非不可思议，对介绍期货技术的书籍《八木龙的卷》持反对意见也是个人的自由。但没有期货实际操作经验的人，不知道期货的痛苦和欢乐，因此他们写的期货著作必然把事情想得太简单，往往对实际操作者带有轻蔑的语气。前面所述的那个股评家与我在感觉上的差异，一定就是这种原因。

如果没有在市场上被套住的痛苦经验，当实际亏钱的人来找他商量的时候，他就会带有情绪："这么容易做的行情还亏钱，水平真低"，天长日久，他就会对所有的人都采取这样的态度了。而且，越是常做模拟交易的人，这种倾向就越强。

我曾经购入一本厚厚的、装订漂亮的期货教科书，其中也充斥着这种华而不实的内容，我几次因为厌恶感读到一半而读不下去。后来我听说这本书的作者虽然长期在期货界活动，但从未亲自进行过期货操作，而是以自己的所见所闻为基础写作了这本书，我才明白自己为什么会讨厌这本书，这本书的作者也与股评家一样，没有实际操作的经验，写的东西与实际情况有很大的偏差。这种人的感觉与实际参与期货操作的人的感觉存在着很大的差异。即使他们擅长写作，他们写的东西也不是正宗的期货的方法，实际操作者一看就觉得不真实，没有"认真劲"。我认为期货的境界与武士时代的剑道境界有些相似，都是那么残酷。

股评家所说的都是一些对实际操作没什么帮助的空洞理论，这些装饰性

后　记

的东西是没什么用处的。

我希望在期货书中不要有这种没有用处的东西。那么去掉了这些东西以后，剩下来的就是行家的绝招。

我阅读众多的职业炒手的交易记录以后，发现虽然不同的职业炒手的资金大小、交易方式（顺势操作或逆势操作）、交易对象（股票或期货）各不相同，但是他们都遵循着一定的基本原则进行操作，都会灵活运用对冲的手法。我看到不仅普通人对期货多有误解，很多已经开始做期货的人也不知道正宗的做法，书店里充斥着外行写的期货书，所以我产生了一个强烈的愿望：把期货的绝招写进书里。

我在前言里也提到，要让写出的文字被读者理解是一件相当费劲的事情，不是随意书写就能够办到的。自己的想法和主张如何表达才好，用什么顺序才能把它们更好地表达出来，有时候写作不顺利也令我很焦急。

的确，现在一般的人都认为对冲手法是期货技术的最高境界，即使"老手"中也有很多人认为对冲手法是秘而不宣的，因此，很多人认为技术提高到了一定的阶段自然会理解对冲手法的。

但我在入门的时候就知道对冲手法了，因此我认为刚入门的人也能够理解对冲手法。极端地讲，我这本书所有的内容都是为了理解对冲手法而写的。

有一个主业是医生的老年业余炒手在他去世前一年对我说："我告诉你期货的秘密。做期货最重要的就是对冲。这是一个有名的职业炒手教我的。他只教给了我一个人。我也只教给了你一个人。"

但我当时早已知道了对冲手法。虽然我这样说对这个郑重地教我对冲手法的老人有点失礼，但我认为谁都能够理解并实行对冲手法。

我出生于1926年10月17日。1948年，当时还流行一种黑市的股票交易，股票的制度尚未完善，我在证券公司存入了100日元保证金，买入了10股平和不动产股票，这是我有生以来首次炒股。我买入以后不久由于庄家的操纵股票暴涨，最后由交易所出面多空双方协商解约，这只股票使我大赚了一笔。然而第二年由于突如其来的通货紧缩造成股市大暴跌，我赚来的钱全赔进去了，最后连学生服也卖掉了。

自那以后，我又经历了各种各样的股市波澜，渐渐地被期货市场的合理性和有趣之处所吸引，后来投入于期货的资金超过了投入于股票的资金，最后终于转变为专做谷物期货的交易。

1957年，小豆期货的多头庄家策动了多逼空的市场操纵行为，使小豆价格暴涨，发生了被业界称为"红钻石（红小豆）"的独家包购事件。在这波行情中，我也是做多。1957年4月，由于多头的市场操纵行为的失败，行情暴跌，我也亏惨了，在4月16日，我那刚刚封顶的房子也不得不中止了装修的施工，在随后的两年中，我一直住在只安装了一半房门的毛坯房中。

我从开始做期货至今已经过了二十多年了。这些年中，我每天早上早早起床，直到夜晚睡觉为止，除了做期货和研究期货以外，对什么也没有兴趣，除了做期货之外什么也没有干。

我由衷地感受到了期货的可怕的魅力。

从今往后我依然只依靠做期货来维持生计，我的期货研究即使如百尺竿头，再进一步，我也应该依然为此继续做不懈的努力。

与读者一起不断地获得成功是令我最愉快的事情。我认为做期货是最适合我秉性的职业。